Zu diesem Buch

Littleton, jener Ort im US-Bundesstaat Colorado, in dem im April 1999 ein Schulmassaker die Amerikaner erschütterte, schien weit weg. Doch wenige Monate später ereigneten sich auch in Deutschland Amokläufe gleich in Serie, erschütternd-unbegreifliche Taten, wie wir sie hier zuvor nicht kannten: In Bad Reichenhall feuert ein 16jähriger wahllos aus dem Fenster der elterlichen Wohnung, tötet vier Menschen und dann sich selbst; in Koblenz erschlägt ein 19jähriger Eltern und Schwester mit einem Beil; in Meißen ersticht ein 15jähriger seine Geschichtslehrerin. Wir möchten glauben, daß die Häufung solcher individuellen Gewaltausbrüche nur ein schrecklicher Zufall ist. Aber dem ist nicht so.

Im Juni 1993 legte Götz Eisenberg (mit Reimer Gronemeyer) den aktuell-Band «Jugend und Gewalt» vor, der die Diskussion über die Ursachen von Gewalt durch einen viel beachteten Erklärungsversuch bereicherte. Die FAZ bezeichnete das Buch als «beklemmend hellsichtigen Wanderführer auf dem langen Marsch in die Barbarei», und der Süddeutsche Rundfunk ergänzte: «Wer das brillant geschriebene Buch liest, wird überrascht sein, wie einseitig er die Problemlage bislang gesehen hat.»

Unter dem Eindruck der Amokläufe in Deutschland nimmt Götz Eisenberg den Faden wieder auf und zeigt in seinem Buch, warum die jüngsten Gewaltausbrüche kein Zufall sind. Er beschreibt sie als Folge eines gesellschaftlichen «Fortschritts», der nicht nur unsere Lebensverhältnisse, sondern auch die «inneren Verhältnisse» nachhaltig verwandelt. Die radikalen wirtschaftlichen und sozialen Veränderungen in den letzten Jahren – der «Amoklauf des Kapitals» – haben sich in der psychischen Konstitution der jüngeren Generationen niedergeschlagen und ein Potential an Wut und Haß freigesetzt, das früher innerhalb klar strukturierter Lebensläufe fest eingebunden war. Der von Wirtschaft und Gesellschaft angeblich so dringend benötigte «flexible Mensch» soll alle Hemmungen ablegen – damit er zu allem fähig werde. So ist es denn auch.

Das heißt keineswegs, daß wir uns zu einer Gesellschaft von Amokläufern entwickeln, es bedeutet aber, daß wir mit einer Zunahme ungebundener und ungerichteter Aggressivität rechnen müssen – wenn wir nicht gegensteuern.

Götz Eisenberg, geb. 1951, Dr. rer. soc., arbeitet als Gefängnispsychologe im Erwachsenenvollzug. Buchveröffentlichungen u. a.: An den Rändern. Abseitige Texte aus zehn Jahren, Gießen 1988; Jugend und Gewalt. Der neue Generationenkonflikt oder Der Zerfall der zivilen Gesellschaft (zusammen mit Reimer Gronemeyer), Reinbek 1993.

Götz Eisenberg

Amok – Kinder der Kälte

Über die Wurzeln von Wut und Haß

Rowohlt Taschenbuch Verlag

rororo aktuell
Herausgegeben von Frank Strickstrock

Originalausgabe
Veröffentlicht im Rowohlt Taschenbuch Verlag
GmbH, Reinbek bei Hamburg, April 2000
Copyright © 2000 by Rowohlt Taschenbuch
Verlag GmbH, Reinbek bei Hamburg
Alle Rechte vorbehalten
Lektorat Rüdiger Dammann
Umschlaggestaltung Susanne Heeder / Philipp Starke
(Foto: Gulliver Theis)
Satz Minion PostScript (PageOne)
Gesamtherstellung Clausen & Bosse, Leck
Printed in Germany
ISBN 3 499 22738 X

Inhalt

Einleitung

*«Dem dritten Jahrtausend freundlich
entgegenzublicken, das ist eine Frage
der Selbstbeherrschung.»*

(György Konrád)

Bis vor kurzem trug «Amok» amerikanische Namen und buchstabierte sich Littleton, Atlanta oder Jonesboro. Wir Europäer wähnten uns durch gewisse sozial-moralische Immunreserven und den erschwerten Zugang zu Waffen vor der Infektion durch den «Amok-Virus» leidlich geschützt. Spätestens nach den Ereignissen von Bad Reichenhall ist eine solche entlastende Abspaltung kaum mehr möglich: Amok findet (und fand gelegentlich bereits zuvor) auch vor unseren Haustüren statt!

In Gießen dringt im August 1999 ein 26jähriger amerikanischer Soldat in eine studentische Wohngemeinschaft ein, ersticht einen und verletzt zwei Bewohner schwer; in Bad Reichenhall feuert ein 16jähriger aus den Fenstern der elterlichen Wohnung auf alles, was sich bewegt, und tötet, bevor er sich selbst umbringt, vier Menschen; in Koblenz erschlägt ein 19jähriger seine Eltern mit einem Beil und zerstückelt seine kleine Schwester; in Meißen ersticht ein 15jähriger Schüler im Unterricht seine Lehrerin; in Bielefeld erschießt ein türkischer Mann, der sein Begehren nach einer «Zweitfrau» nicht durchsetzen konnte, eine siebenköpfige Familie, ein Verbrechen, das sich von den anderen dadurch unterscheidet, daß – horribile dictu – wenigstens noch ein Motiv zu erkennen ist.

Die Häufung solcher Gewalttaten, deren Gemeinsamkeit

darin besteht, daß entweder überhaupt kein Motiv erkennbar ist, die zutage getretene Brutalität also grundlos erscheint, oder daß die ausufernde Reaktion in keiner Relation zu dem Ereignis steht, das den Racheaffekt auslöste, hat eine erneute Debatte über Gewalt hervorgebracht, die eine abgrundtiefe Ratlosigkeit enthüllt. Der «acte gratuit» (André Gide) des Amoklaufs läßt unsere gängigen Erklärungsmuster ins Leere laufen. Die von André Breton ironisch gepriesene «einfachste surrealistische Handlung», nämlich «mit Revolvern in den Fäusten auf die Straße zu gehen und blindlings soviel wie möglich in die Menge zu schießen», findet neuerdings mehr und mehr jugendliche, aber auch erwachsene Anhänger. Die medialen und von Experten vorgetragenen Versuche einer interpretierenden und erklärenden Aneignung des Schrecklichen und Unbegreifbaren erinnern mehrheitlich an den Versuch eines Betrunkenen, seinen verlorengegangenen Schlüssel im Lichtschein einer beliebigen Straßenlaterne zu suchen statt dort, wo er ihn verloren hat. Im fahlen Licht approbierter Deutungsmuster stößt man zwar auf allerhand Erklärungsversuche, der Schlüssel zum «Rätsel Amok» indessen scheint dort nicht zu finden zu sein. Doch den leeren, gänzlich motivlosen «acte gratuit», sagte André Gide, «gibt es nur dem Anschein nach», und er hoffte, daß die psychologische Wissenschaft jene «unerforschten Bezirke auf der Landkarte der menschlichen Seele» eines Tages erschließen und uns ein Verstehen sinn- und grundloser Gewalt ermöglichen werde.

Die allgemeine Ratlosigkeit angesichts unerklärlicher Gewaltakte sowie der Beschwichtigungscharakter vieler vorgetragener Lösungsvorschläge für das «Gewaltproblem» bilden die Ausgangspunkte zu diesem Buch. Sein Autor gehört zur aussterbenden Gattung jener, die es sich nicht ausreden lassen, daß das, was man in der philosophischen Tradition als «Einheit des Mannigfaltigen» bezeichnet hat, nach wie vor in den Bewegungsgesetzen der ökonomischen Sphäre zu suchen und zu finden ist. Je uneingeschränkter kapitalistisch die Welt wird, desto weniger wird vom Kapitalismus und seinen gewalttätigen und Gewalt freisetzenden Folgen geredet. Es wird also auch vom «Amoklauf der Deregulierung» die Rede sein, dem gegenwärtig viele gesellschaftliche Instanzen und Strukturen zum Opfer fallen, die bislang zwischen Individuum und Gesellschaft vermittelten und für die leidliche Pazifizierung des gesellschaftlichen Verkehrs sorgten.

Das, was heute euphemistisch «Modernisierung» genannt und von der «geistigen Leibstandarte» (Hugo Ball) des globalisierten Kapitals als «Zugewinn an Freiheit und Individualisierung» gefeiert wird, ist in Wahrheit und für die Masse der betroffenen Menschen die Auferstehung eines zynischen und brutalen Sozialdarwinismus, der den einzelbetrieblichen Gewinn zur Sozialutopie der ganzen Gesellschaft erklärt. In seinem «Werwolfshunger» (Karl Marx) nach Einverleibung aller Lebensgelände ist der Kapitalismus im Begriff, einige der tragenden «Äste abzusägen, auf denen er selber sitzt» (Eric Hobsbawm), und jede Menge «Kollateralschäden» zu produzieren. Der kapitalistische Modernisierungsprozeß zehrt neben den natürlichen Ressourcen auch jene Traditionsbestände auf, auf deren wie immer gebrochene und überformte Fortexistenz er angewiesen ist: identitätsstiftende Lebenszusammenhänge, Familie, Moral und all die Tugenden der «kleinen Leute», die den sozialen Kitt der Gesellschaft bildeten. Wie man die Bedeutung der Vitamine erst im Augenblick ihres Mangels entdeckt, wird man sich der Bedeutung von «Werten» erst bewußt, wenn die Moral von der «Furie des Verschwindens» bedroht ist. Wenn in Gesellschaften anhaltend über «Werte» gesprochen werden muß, ist es bereits zu spät, und der ganze Wertediskurs zeugt nur noch vom Krisencharakter der Epoche. Denn Werte wie etwa Toleranz und zwischenmenschliche Rücksichtnahme lassen sich nicht predigen oder von oben dekretieren: Tolerant und rücksichtsvoll kann nur sein, wer in seinen frühen Bedürfnissen nicht ständig mißachtet und wem in den Zeiten extremer Abhängigkeit die Erfahrung von Empathie und Schutz zuteil wurde.

Der Kapitalismus, so hatte Marx prophezeit, verhalte sich seinen eigenen Bestandsvoraussetzungen gegenüber «kannibalisch» und trage eine Tendenz in sich, seine Naturbasis zu zerstören. Eine Gesellschaft, die sich vollständig ihrem ökonomischen System ausliefert, trägt den Keim zu ihrer Selbstzerstörung in sich. Wenn eines Tages alles Hemmende beseitigt ist, wird es auch nichts mehr geben, was die Gesellschaft trägt und stützt, und am Ende muß alles synthetisch, therapeutisch und / oder gewaltförmig zusammengehalten werden. Die tektonischen Beben, die durch die Wucht von Modernisierungs- und Globalisierungsprozessen ausgelöst werden, erschüttern nicht nur die tragenden Gerüste des Gesellschaftsbaus, sondern auch die tradierten Formen sozialer Integration und reichen bis in den Menschen hinein. Was da mobilisiert und flexibilisiert wird, ist eben nicht nur die Ware Arbeitskraft. Da diese, wo man sie noch benötigt, nach wie vor in den Körpern real existierender Menschen, die von den Apologeten des «Neuen Zeitalters» als «Unternehmer ihrer Arbeitskraft» begriffen werden, eingebunden ist, verflüssigt sich deren psychische Struktur gleich mit. Von den neuen Funktionsimperativen des hochfluiden, globalisierten Kapitals dazu aufgefordert, sich permanent psychisch umzumontieren und auf sich drehende Marktwinde wendig und prompt zu reagieren, sind immer mehr Menschen genötigt, eine fragmentarische Identität auszubilden, die «borderline-artige» Züge trägt.

In mancherlei Hinsicht sehe ich mich genötigt, die ohnehin nicht allzu optimistischen Thesen aus dem mit Reimer Gronemeyer verfaßten Buch «Jugend und Gewalt» (Reinbek 1993) zu radikalisieren. Dort hatten wir den Versuch unternommen, die Anfang der neunziger Jahre grassierende, überwiegend im Gewand des Rechtsradikalismus und des Rassismus auftretende Jugendgewalt als Resultat der Erosion der sozialisierenden Instanzen und der sich daraus entfaltenden Tendenz zur «Entstrukturierung des Über-Ich» zu fassen. Wir wagten bereits die Prognose, daß sich die Gewalt aus ihrer «Verbräunung» lösen und sich tendenziell in eine «frei flottierende, richtungslose Gewalt» verwandeln werde. Und wir haben auf erschreckende Weise recht behalten.

Eine der über «Jugend und Gewalt» hinausgehenden zentralen Thesen dieses neuen Buches besteht darin, daß das, was man bislang für schwere Krankheitszeichen hielt und mit den Namen «narzißtische» oder «Borderline-Störung» belegte, zur sozialpsychologischen Signatur des «Neuen Zeitalters» zu werden droht. Die «Entstrukturierung des Über-Ich» schreitet fort zur «Liquidation des Ichs» (Theodor W. Adorno), das als integrierende und vermittelnde psychische Instanz aus dem Verkehr gezogen und durch eine fluide und wendige Anpassungsfähigkeit ersetzt wird, die den gewandelten Funktionsimperativen des «flexiblen Kapitalismus» besser Folge zu leisten vermag als das traditionelle Konzept des geprägten «Charakters». Die Verwandlung von «Fremdzwängen in verinnerlichte Selbstzwänge» (Norbert Elias) findet unter diesen Umständen nicht mehr mit ausreichender Zuverlässigkeit statt, so daß es gehäuft zu unkontrollierten Trieb- und Impulsdurchbrüchen kommt, die im Extremfall die Form des blinden Amoklaufs annehmen können.

Die Auseinandersetzung mit dem Phänomen des «Borderline-Sydroms» nimmt breiten Raum ein, weil der Autor hofft, daß sich durch ein Verständnis von dessen Dynamik und Symptomatik ein verstehender Zugang zu gegenwärtigen Gewaltphänomenen erschließen läßt. Von Theodor W. Adorno,

Klaus Horn und Peter Brückner* hat der Autor gelernt, daß Psychodynamik die Reproduktion gesellschaftlicher Konflikte im Individuum darstellt, das – mühsam und ständig von Störungen und Krisen bedroht – eine Balance zwischen den Anforderungen seiner inneren Triebnatur und den gesellschaftlichen Imperativen ausbilden muß. Die ausführliche Betrachtung dieser innerpsychischen Balancearbeit leistet keineswegs einer unzulässigen Psychologisierung Vorschub, sondern dient dem Versuch, deutlich werden zu lassen, welche Folgen die gesellschaftlichen Umbrüche der Gegenwart zeitigen, wenn sie den Durchgang durch die Subjekte antreten und sie in ihrer psychischen Struktur erfassen. Die «Verhältnisse» tun nichts, aber ohne sie wären Gewalttaten wie jene, die gegenwärtig für Verstörung sorgen, nicht möglich.

Der folgende Text versucht, die Dialektik von Allgemeinem und Besonderem, gesellschaftlich-ökonomischen Prozessen und innerpsychischem Geschehen immer wieder konkret zu entfalten und nicht durch eine ökonomiekritische Pflichtübung zu Beginn ein für allemal abzuhaken und sie auf diese Weise stillzustellen. Manches, was wie eine Wiederholung anmutet, ist dem Versuch geschuldet, lebensgeschichtliche Triebschicksale und Erfahrungen im Detail immer wieder mit gesellschaft-

---

* In gewisser Weise versteht sich der hier vorliegende Text als zeitgemäße Fortschreibung von Peter Brückners sozialpsychologischen Büchern «Zur Sozialpsychologie des Kapitalismus» (Frankfurt am Main 1972), «Versuch, uns und anderen die Bundesrepublik zu erklären» (Berlin 1978) und «Psychologie und Geschichte» (Berlin 1982), in denen er, ähnlich wie Adorno, viele Tendenzen bereits antizipiert, die unter unseren Augen Wirklichkeit werden. Beide hätten über das Eintreffen ihrer dunklen Prognosen keine Genugtuung empfunden. «Theorie», sagte Max Horkheimer, «erklärt wesentlich den Gang des Verhängnisses», auf dessen Unterbrechung und endliche Aufhebung der kritische Theoretiker als Mensch dennoch nicht aufhört zu hoffen.

lichen Prozessen zu vermitteln, in die sie eingebunden sind. Nachdem der Textfluß sich länger durch innerpsychische und individuelle Lebensgelände bewegt hat, führt er uns immer aufs neue unter die giftigen Bäume des neoliberalen Dschungels, der zum Ausklang des Jahrhunderts den gesamten Globus überwuchert. Am Ende dämmert uns, daß der blindwütige Amoklauf, der vielen vorkommt, als stamme er von einem anderen Stern, die kriminelle Physiognomie des anbrechenden globalen Zeitalters prägen wird.

Wie manch psychisch Kranker die Wahrheit seiner Familie, der Zigeuner die Wahrheit des seßhaften Bürgers, der Knecht die Wahrheit seines Herrn, so bringt der individuelle Amoklauf *ex negativo* die verdrängte Wahrheit unserer Gegenwartsgesellschaften ans Licht. Weit davon entfernt, lediglich Ausdruck pathologisch entglittener, individueller Anpassungsprozesse zu sein, was er gleichwohl auch ist, zeugt der Amoklauf von einer Indifferenz und Kälte, die die Praxis der Deregulierer und Modernisierer zum vorherrschenden gesellschaftlichen Klima gemacht hat. Der individuelle Amoklauf, in dem ein in die Position abseitiger Verzweiflung geratener Mensch seinen eigenen Tod mit dem Fremder verknüpft, hängt viel enger mit dem Amoklauf des globalisierten Kapitals zusammen, als wir wahrhaben wollen. Der Neoliberalismus arbeitet seit zwei Jahrzehnten daran, den gegenwärtigen Tendenzen der kapitalistischen Akkumulation den Status eines Naturprozesses zu verleihen. Ihre Natur und Menschen gleichermaßen schädigenden Folgen sollen den Charakter von Naturereignissen annehmen, die den Kritiker in die Position desjenigen rücken, der so töricht ist, «einem Erdbeben Vorwürfe zu machen» (Friedrich Nietzsche).

Schließlich geht uns auf, daß wir, indem wir uns «mobilisieren» und «flexibilisieren» lassen, an einem globalen Amoklauf teilnehmen, der in uns allen regressive Tendenzen entbindet. Wir alle haben gelegentlich einen «Haß» und wissen immer weniger, wohin wir uns damit wenden sollen. Wir werden von unsinnlichen Abstraktionen beherrscht, deren immer offensichtlicher werdender Wahnsinn im Gewand ökonomischer Vernunft und als neue Theologie avancierter Marktlogik daherkommt, gegen die Widerstand nur noch in Gestalt individueller Wahnsinns- und Verzweiflungstaten möglich zu sein scheint. Das mag André Breton im Sinn gehabt haben, als er in Fortführung des oben zitierten Satzes wütend schrieb: «Wer nicht wenigstens einmal im Leben Lust gehabt hat, auf diese Weise mit dem derzeit bestehenden elenden Prinzip der Erniedrigung und Verdummung aufzuräumen – der gehört eindeutig selbst in diese Menge und hat den Wanst ständig auf Schußhöhe.»

Sage also niemand, er habe nicht gelegentlich Lust, alles in die Luft zu sprengen und in der unerträglichen Dichte städtischen Verkehrs blind um sich zu schlagen. «Es gibt keine Verbrechen, so groß sie auch sein mögen, die zu begehen ich mich nicht an gewissen Tagen fähig gefühlt habe», sagte Goethe. Ist nicht der Straßenverkehr inzwischen zu einer gerade noch mühsam eingehegten Form des täglichen Amoklaufs aller gegen alle geworden? Tobt nicht unter der Decke unseres homogenisierten und pasteurisierten Alltagslebens eine immerwährende unsichtbare Schlacht? Ein Verständnis dessen, was Amok sein mag, wird sich nur dem erschließen, der sich eingesteht, daß er in gewissen Augenblicken selbst dazu in der Lage wäre und daß es allein einer immer noch fortexistierenden inneren Selbstkontrolle zu verdanken ist, wenn es bislang nicht dazu kam.

Zur Skepsis auch den eigenen Gedanken und theoretischen Gewißheiten gegenüber neigend, möchte ich jedoch die Möglichkeit nicht unerwähnt lassen, daß auch mein Versuch, den Amoklauf verstehen zu lernen, letztlich etwas von einer «Sinngebung des Sinnlosen» (Theodor Lessing) haben mag. Als jene kleinen überspannten Säugetiere, über die die Katastrophe des Bewußtseins hereingebrochen ist, können wir uns mit quälender Ungewißheit und allzu vielen Schwebezuständen nur schwer abfinden und befriedigen unser Kausalitätsbedürfnis, indem wir Unbekannt-Bedrohliches auf leidlich Bekanntes reduzieren, das sich unserer Verarbeitungsroutine fügt. Gewalttaten wie die, von denen hier die Rede sein wird, werden aber letztlich immer etwas Rätselhaftes bewahren, zu dem wir mit unseren Erklärungsversuchen nur annähernd vordringen.

Meine Doppelidentität als Sozialwissenschaftler und Gefängnispsychologe ist mir bei der Suche nach den Wurzeln von Haß und Wut sicher zugute gekommen. Man hat im Gefängnis gewissermaßen den Finger am Puls der Gewaltwirklichkeit der Gegenwart, und manches wird durch die dort zugespitzten Wahrnehmungsmöglichkeiten erst kenntlich.

Zu danken habe ich für Geduld mit einem schwer zu ertragenden Schreibenden, Vertretung während meiner längeren Abwesenheit vom «Dienst» in der Justizvollzugsanstalt Butzbach, Hilfestellung bei der Materialbeschaffung, Hinweise und Zuhören: Uschi Klose, Reimer Gronemeyer, Lothar Baier, Ulrike Eichin, Michaela Fink, Ilse Schiborr, Guido Rabanus und meinem Lektor Rüdiger Dammann – sowie jenen Gefangenen, die es mir gestatteten, ihnen in ihre psychischen Abgründe zu folgen, was mitunter nicht nur meinen Erfahrungen, sondern auch ihnen zugute gekommen ist.

Gießen, November / Dezember 1999

«Ich dachte, so etwas gibt's nur in Amerika.»

Amoklauf, jetzt auch auf deutsch

Eben dachten wir noch, das blinde Um-sich-Schießen von Jugendlichen sei ein auf die USA begrenztes Phänomen, vor dem wir hierzulande durch das Fortdauern gewisser bürgerlicher Residuen einstweilen noch geschützt seien. Jugendliche Gewalt dieses Ausmaßes wurde mit Namen wie Littleton oder Jonesboro assoziiert, um nur zwei neuere Stationen in der nicht abreißenden Kette von Amokläufen zu nennen. Da schießt am katholischen Feiertag Allerheiligen 1999 der 16jährige Martin P. in Bad Reichenhall blindlings aus den Fenstern der elterlichen Wohnung auf Passanten und ein gegenüber gelegenes Krankenhaus. Zwei Menschen sind sofort tot, sechs werden zum Teil schwer getroffen, einer von ihnen erliegt tags darauf seinen Verletzungen. Bevor er sich selbst erschießt, tötet der Junge seine 18jährige Schwester mit fünf Schüssen aus einem Revolver. Auch die hauseigene Katze entgeht nicht dem Gemetzel. Die Tatwaffen stammten aus dem reichhaltigen Arsenal seines Vaters, der als «Waffennarr» gilt und Mitglied der örtlichen «Reservistenvereinigung» ist. Lähmendes Entsetzen und Ratlosigkeit legen sich über die bayerische Kleinstadt, die bis dahin nur als Luftkurort und Salzlieferant bekannt war.

Niemand hatte so etwas für möglich gehalten. «Ich kann das nicht glauben», sagt ein Schulkamerad, «er war einfach ein netter, ruhiger Typ.» So beschreiben ihn auch seine Arbeitskollegen: nicht unsympathisch, einer, der nicht viel redete und selten lachte. Sein Ausbilder schildert den Schlosserlehrling als ruhigen, bescheidenen und zuverlässigen Jungen. In der Berufsschule soll er schon mal von Klassenkameraden gehänselt worden sein, aber das läßt sich nicht so genau festmachen. Auch soll er gelegentlich Hakenkreuze in seine Schulhefte gekritzelt und Gewaltvideos angeschaut haben. Die polizeiliche Ermittlungsarbeit ergibt später, daß er sein Zimmer mit Nazi- und Wehrmachtssymbolen ausstaffiert und gewaltverherrlichende Musik gehört hatte. Hinweise auf Alkohol- oder Drogenkonsum zum Tatzeitpunkt und eine Zugehörigkeit zu rechtsradikalen oder neonazistischen Gruppierungen oder sonst irgendeiner jugendlichen Subkultur finden sich nicht. Alkoholprobleme des Vaters werden ruchbar, der erst Zeitsoldat, dann Hausmeister war und schließlich arbeitslos ist. Ansonsten erfährt man über die schockierten und nach der Tat abgetauchten Eltern und ihre Erziehungspraxis nicht viel.

Der Blick in die Presse enthüllt eine große Ratlosigkeit. Man stochert auf der Suche nach Gründen und Motiven im Nebel. Außer den dürren Hinweisen auf eine gewissse Vorliebe des Jungen für Nazi- und Wehrmachtssymbole und die Alkoholprobleme des Vaters läßt sich nichts finden, was uns einem Begreifen und Verstehen näherbringen könnte. Welche Fingerzeige können wir unter Inanspruchnahme interpretatorischer Freiheiten diesen vagen Andeutungen dennoch entnehmen?

Der Vater ist Mitglied der örtlichen «Reservistenkameradschaft», ein Vereinsname, der für sich spricht: Männer treffen sich, weil sie ihrer Militärzeit nachtrauern. «Deutsche Menschen fühlen sich einsam, seit ihnen die Möglichkeit, einen zur Treibjagd offiziell freigegebenen Feind zu erschlagen, genommen wurde», schrieb Peter Brückner 1966, und ein treibendes Motiv, sich einem Verein anzuschließen, speiste sich im Nachkriegsdeutschland sicher auch aus dem Wunsch, den verlorengegangenen «Bruder an der Seite», den «Kameraden» wiederzufinden. Im dumpfen Milieu ländlich-kleinstädtischen Vereinswesens werden manch trübe Traditionen bis heute mitgeschleppt und gepflegt, und vor allem wird dort getrunken, was das Zeug hält. Nach dem fünften Glas Bier wird dann schon mal ein «schnapsglasgroßer Hitler» zurückgewünscht und auch sonst übel herumschwadroniert. Die meisten Vereine dienen Männern als Vorwand, sich aus einem tristen Familienleben davonzustehlen und nach irgendeiner sportlichen oder hobbyartigen Betätigung zum Trinken überzugehen. «Dazu muß ich ganz klar sagen», äußert sich der Vorsitzende der «Reservistenkameradschaft», «er hat schon mal was getrunken. Aber immer nur nach den Schießübungen.» Der örtliche Polizeisprecher reagiert auf die öffentlich laut gewordene Forderung, man solle Leuten, die Alkoholprobleme hätten, die Lizenz zum Schießen entziehen: «Wenn ein Bayer sein Bier trinkt, ist das nicht gleich ein Alkoholiker.»

Was trinkende Väter an Unglück und Gewalt über Frauen und Kinder bringen, ist sattsam bekannt. Der von der *Süddeutschen Zeitung* zu Rate gezogene Hannoveraner Kriminologe Pfeiffer wagt denn auch die Ferndiagnose: «Es sieht doch so aus, als wollte er vor allem die Eltern bestrafen.» Die blind gewählten Opfer als Verschiebungsersatz für die Eltern? So etwas kommt vor, aber solange wir nicht wirklich wissen, was diese mit dem Sohn gemacht haben, scheint diese Schlußfolgerung voreilig und gewagt. Von einer Vernehmung der Eltern ist nicht viel zu erwarten. «Es hat dem Jungen an nichts gefehlt», werden sie sagen, «und es gab nichts, das auf das Schreckliche vorauswies.» Was sollen sie auch sagen? Erziehung, schrieb Alexander Mitscherlich, gehöre zu den Aufgaben des menschlichen Lebens, die nicht ideal, sondern immer nur annähernd gut lösbar seien, so daß «mißlungene Anpassung, sei es aus Gründen eines schwer sozialisierbaren Triebüberschusses, Indolenz der Eltern oder einem Versagen der gesellschaftlichen Umgebung» nicht verschwinden werde. Erziehung ist immer ein Unternehmen, das den Zöglingen Gewalt antut und Narben zufügt. Sie ist ein Zwangsunternehmen zur Transplantation eigener Vorstellungen in fremde Körper und Köpfe, ohne sich die Frage zu stellen, ob diese Vorstellungen den Körpern und Köpfen, die sich hinfort nach ihnen ausrichten sollen, entsprechen. «Welches Kind hätte nicht Grund, über seine Eltern zu weinen?» fragte Nietzsche. Das Drama heutiger Erziehung besteht darin, daß sie in weiten Teilen der Gesellschaft gar keine mehr ist.

«Waffennarren sind Leute, die es nötig haben», sagt Pfeiffer weiter, und da kann man ihm nur beipflichten. Waffen sind männliche Identitätsprothesen. Eine schwache und am Boden liegende männliche Identität und Potenz richtet sich mit Hilfe dieser mächtigen Instrumente wieder auf. Autos, Motorräder und Waffen sind das Viagra des gekränkten männlichen Stolzes. Die «Vernarrtheit» in Waffen hat Martin vom Vater übernommen, was uns erste Hinweise auf die Brüchigkeit einer in der Entwicklung begriffenen männlichen Identität liefert – mehr aber zunächst einmal nicht.

Es gibt in Deutschland über zwei Millionen «Waffennarren», die sich Sportschützen, Jäger oder Waffensammler nennen. Die Sportschützen bescheren «uns Deutschen» immer wieder reichlich olympische Medaillen, als nennenswerte Rekrutierungsbasis für Amokläufer sind sie, zumindest hierzulande, bisher nicht hervorgetreten. Aber wir werden noch sehen, daß die Identität als «Waffennarr» im Verbund mit einer fragilen psychischen Struktur durchaus eine gewisse Disposition zum Amokläufer ergeben kann.

Und was ist mit dem Auffinden von Nazi- und Wehrmachtssymbolen für die Motivsuche gewonnen? Nicht viel, denn diese fragwürdige Vorliebe teilt Martin P. mit tausenden Jugendlichen seiner Generation, die deswegen nicht gleich blindlings aus dem Fenster schießen. Die Abwesenheit von anderen, dichter an der Vernunft siedelnden sinnstiftenden Deutungen für die eigene Lage führt dazu, daß viele junge Leute nicht den gewünschten Weg zum braven Jungwähler einschlagen, sondern in ihrer schweifenden Suchbewegung nach Identität auch zu allerhand historisch diskreditierten, verheerenden Angeboten greifen, die diese Gesellschaft nach wie vor bereithält.

Das Blinde und absolut Wahllose seines Vorgehens deutet eher darauf hin, daß Martin P. im rechten Milieu nicht wirklich ideologisch verankert war. Denn dort hat man sehr konkrete Feindbilder und Feinde, worüber uns ein Blick auf die Gewaltrealität in den neuen Bundesländern belehrt. Im Vergleich zu dem Haß, der etwa in Bad Reichenhall durchbrach und dem die Zukunft zu gehören scheint, ist das rassistische Pogrom Ausdruck «kleinbürgerlich-rückständiger Leidenschaften». Psychodynamisch kann man, wie wir im Fortgang unserer Überlegungen noch genauer sehen werden, zwei Formen von Aggression unterscheiden: die Aggression des traditionell Autoritären, der das, was er in sich an Triebwünschen per Verdrängung niederhält, aus sich heraussetzt, auf andere überträgt («Sündenböcke») und dann objektgebunden bekämpft; und die Wut desjenigen, der von der Angst aufgezehrt wird, daß seine fragile psychische Struktur sich auflösen könnte, und dem Aggression als «Ich-Erhaltungsmechanismus» (Mahler / Theweleit) dient. Das einzige, worüber Jugendliche wie Martin verfügen, heißt es in einem der wenigen klugen Kommentare zu den Ereignissen, den die *Frankfurter Rundschau* am 3. 11. 1999 veröffentlichte, «ist subjektloser Haß, für den alle Versprachlichungen – mögen sie Hitler, Krieg oder sonstwie heißen – nur Chiffren sind».

Was sagt uns die Tatsache, daß die Eltern die sichtbare Anwesenheit von Nazisymbolen im Zimmer des Jungen hinnahmen? Entweder stießen sie sich nicht daran, weil es eigenen, verschwiegenen Tendenzen entsprach, oder sie stießen sich an gar nichts, waren also von einer erschreckenden Gleichgültigkeit den Lebensäußerungen des Sohnes gegenüber. Die provokative Absicht, die junge Leute mitunter mit dem Vorzeigen von Hakenkreuzen verknüpfen und die darauf abzielt, die Erwachsenen zu einer eindeutigen Stellungnahme zu bewegen, wird in der Watte familiärer Indolenz stumpf und geht ins Leere. Was soll ein Junge noch für Anstrengungen unternehmen, um seine Eltern zu einer begrenzenden Reaktion zu nötigen? Wir werden auf diese Frage im Kontext unserer Überlegungen zur Jugendkriminalität noch zurückkommen.

Beim Durchforsten der Presseberichte konnte man mitunter fast den Eindruck gewinnen, daß manche Kommentatoren erleichtert auf die Funde von rechtsradikalem Material und den Nachweis des väterlichen Alkoholimus reagieren: «Aha, das ist es also!» Befriedigt darüber, daß das Unbekannte in Bekanntes verwandelt ist und sich die Ereignisse eingeschliffenen Deutungsmustern nun doch zu fügen scheinen, geht man dazu über, Vorschläge zu unterbreiten, wie den eingegrenzten, individualisierten und damit handhabbar gewordenen Problemen zu Leibe zu rücken wäre. Doch all die Vorschläge – eine Art Drogen-Screening für Freizeitschützen einzuführen, die Aufbewahrung legal erworbener Waffen gesetzlich strenger zu regeln etc. – erinnern letztlich an das Verhalten jenes antiken Seehelden, der, nachdem er bei der Heimkehr seine Frau mit einem fremden Mann auf dem ehelichen Lager angetroffen hat, die Bettstatt aus dem Haus entfernen läßt.

Pseudobegründungen der genannten Art befriedigen auf höchst simple Weise unser Kausalitätsbedürfnis und schaffen die große Verstörung darüber aus der Welt, daß diese Formen von Gewalt ohne Begründung auskommen und frei von jeder ideologischen Begleitmusik sind. «Wenn einer Nazisymbole über seinem Bett hängen und einen Waffennarren und Alkoholiker zum Vater hat, dann kann man ihm alles zutrauen. So einer schießt auch aus dem Fenster auf wildfremde Menschen.» Früh hat Max Horkheimer* auf den Entlastungscharakter sol-

---

* Dämmerung, Zürich 1934, S. 34.

cher Erklärungsmuster hingewiesen: «Beim Gang durch ein Ir-
renhaus wird der schreckliche Eindruck, den der Laie von dem
Tobsüchtigen empfängt, durch die sachliche Feststellung des
Arztes beschwichtigt, dieser Patient befinde sich eben in einem
‹Erregungszustand›. Durch die wissenschaftliche Einordnung
wird der Schrecken über das Faktum gewissermaßen als unan-
gebracht hingestellt.»

Kinder morden Kinder, ein 19jähriger erschlägt seine Eltern
mit einem Beil und zerstückelt seine kleine Schwester, halb-
wüchsige Schüler schießen auf ihre Schulkameraden und
Lehrer, ein Lehrling feuert blindlings aus dem Fenster der elterlichen Wohnung auf Passanten, ein Schüler ersticht seine
Lehrerin. Solche Barbareien vermelden die Medien inzwischen
fast jede Woche. Möglicherweise ist das wahrhaft Erschrek-
kende an solchen Verbrechen, daß sich in ihnen eine psychische
Kälte und Vergleichgültigung ausdrücken, die das exakte Abbild
der sich universalisierenden äußeren Kälte und Indifferenz darstellen. Unvermittelt stößt man in den Tätern auf Gesellschaft-
liches. Die jugendlichen oder noch kindlichen Täter leiden an
keiner offensichtlichen psychischen Störung oder Krankheit,
die das Problem individualisieren und unser Kausalitätsbedürfnis beruhigen könnte. Die Phänomene lassen sich in den Dia-
gnosekatalogen der Psychiatrie nicht unterbringen, sie scheinen
nichtklinischer Natur zu sein. Die Gesellschaft ist keine «Krankheit», die einer individuellen Therapie zugänglich wäre.

Vielleicht ließen sich Erklärungen eher im Bereich einer Dis-
ziplin finden, die Günther Anders bereits im zweiten Band der
«Antiquiertheit des Menschen» (München 1980. S. 58 ff) gefordert hat, die aber bis heute erst in Gestalt von vereinzelten Vor-
überlegungen (etwa von Lütkehaus und Sigusch) existiert:
einer «Dingpsychologie», die näher an einer «Soziologie der
Dinge» läge als an traditionellen individualpsychologischen
Theorietraditionen. Günther Anders beobachtete seinerzeit ja-

panische Spielhöllenbesucher und bemerkte, wie sie an den Automaten die Produktionstraumata eines zur Technokratie fortgeschrittenen Herrschaftssystems abreagierten. Das zentrale Aggressionstabu des Industriezeitalters verbietet dem Arbeiter einen direkten Anti-Maschinen-Affekt und jede Maschinenstürmerei. «So verschiebt er seine Wut auf den ‹Abend der Rache›. An und mit ‹synthetischen Gespielinnen›, den schöneren Schwestern jener Apparate aus der ‹Gerätefamilie› spielend, die ihn tagsüber betrügen, wird ihm eine unmittelbare, sozusagen persönliche Begegnung von Mensch zu Gerät mit sichtbaren Resultaten gewährt.»* Der Feierabend-Bordellbesuch im Gasthaus zu den «Verchromten Sirenen» dient der Spannungsabfuhr wie weiland der heimliche Abstecher ins Hurenhaus. Menschliche Beziehungen sind heute noch weniger als zu der Zeit, da Anders sein Desiderat einer «Dingpsychologie» formulierte, primär Beziehungen von Menschen zu Menschen. Technikfetischismus, mediale Idiotisierung, Automobilobsessionen und Computersymbiosen sind die heutigen Alltagspsychosen und die Quellen von gängigen Omnipotenzphantasien.

Ein Stück erschreckender «Dingpsychologie» liefert im Kontext unserer Fragestellung der ehemalige amerikanische Militärpsychologe Dave Grossman in einem Interview mit der Wochenzeitung DIE ZEIT vom 23. 9. 1999. Unter der Überschrift «Warum töten wir?» führt er uns vor, wie Kinder und Jugendliche in den USA denselben Mechanismen ausgesetzt werden, deren sich das Militär bedient, um Soldaten zum Töten zu konditionieren. «Das geschieht durch Gewaltdarstellungen in den Massenmedien und, viel dramatischer, durch gewaltgetränkte interaktive Videospiele. Die Folgen sehen wir in den USA fast wöchentlich: Kids erschießen kaltblütig ihre Schulkameraden,

* Ludger Lütkehaus, Psychoanalyse ohne Zukunft?, Frankfurt am Main 1966, S. 133 f.

Lehrer oder einfach Leute, die mal genervt haben. Ich rede von jahrelanger Konditionierung. Das geht los mit der Brutalisierung. Vier- und Fünfjährige werden desensibilisiert, indem sie Filme gucken, in denen Menschen grausam abgemetzelt werden ... Für Kinder unterhalb einer gewissen Altersschwelle ist grausames Morden auf dem Bildschirm Wirklichkeit. Dieser Prozeß entspricht dem der Gehirnwäsche in militärischen Bootcamps ... Vor knapp zwei Jahren ging der 14jährige Michael Carneal auf den Schulhof seiner Schule in Paducah, Kentucky. Der Junge hatte noch nie zuvor eine Pistole in der Hand gehabt. Er feuerte achtmal. Acht Schüsse, acht Treffer: fünf in den Kopf, drei in den Oberkörper. Drei Tote, fünf schwer verwundet ... Ein durchschnittlicher Polizist hat eine Trefferquote von eins zu fünf. Wie ist Michael Carneal so ein erstklassiger Schütze geworden? Durch sein Training mit Gewaltvideospielen wie *Doom* und *Quake* ... Er pumpte jeweils nur eine Kugel in jedes Opfer. Die tauchten quasi auf seinem Bildschirm auf: *one shot, one kill.* Die Spiele gaben dem Jungen das Können, seine Tat auszuführen. Die amerikanischen Kultprogrammierer Romero und Carmack erfanden *Doom* und *Quake*, superrealistische Videos mit einem hohen Kill-Faktor. Die sagen, sie hätten im Grunde nur ein modernes Cowboy-und-Indianer-Spiel entwickelt. Das stimmt deshalb nicht, weil man beim wirklichen Spiel den realen Schmerz mitbekommt, den man dem anderen zufügt, und dann aufhört. Die Video- und Computerspiele pervertieren das: Ihr einziger Sinn und Zweck besteht darin, daß der Spieler immer mehr Menschen abschlachtet, foltert, wegpustet. Und daran Spaß hat. So konditioniert man Pseudosoziopathen. Eltern lassen es zu, daß ihre Kinder sich mit solchen Spielen die Zeit vertreiben. Auch die hohe Verbreitung und Verfügbarkeit von Waffen sind ein Problem in den USA. Um zu töten, braucht man drei Dinge: eine Waffe, das Können und den Willen. Gewaltvideos geben zwei davon, das

Können und den Willen. Spiele, bei denen Kinder und Jugendliche tatsächlich eine Waffe in der Hand haben, sind praktisch Mordsimulatoren. Die neuesten Entwicklungen bieten sogar den Rückstoß, den man bei einer Pistole spürt. … In der neuesten Version von Quake lassen sich Fotos einscannen, so daß ich meine Lehrer virtuell abknallen kann. Die Anzeige dafür zeigt einen Toten im Leichenschauhaus mit dem Text: «Bring deine Freunde ohne Schuldgefühle um.» Schon nach der Einführung des Fernsehens hatte sich innerhalb von 15 Jahren die Mordrate verdoppelt. Die mörderischen Video- und Computerspiele für Kids sind relativ neu. Wir werden uns noch umgucken.

Eltern kommen in den Ausführungen von Grossman nur als Statisten vor, die am Treiben ihrer Sprößlinge kaum noch Interesse zeigen. Ihre prägende Kraft haben sie an Apparate abgetreten, mit denen die Kinder weitaus mehr Zeit verbringen und deren verheerende Wirkungen immer weniger durch ein gegenläufiges Familienleben abgefedert werden. Der Erziehungsanspruch vieler Eltern schrumpft zu einem bloßen Vorsatz: «Wir möchten oder würden gern …». Man kann sich der Frage, was die von Grossman beschriebenen Tendenzen und Erscheinungen für die Entwicklung des Ich- und Weltverhältnisses, für die Erfahrungsbildung der Heranwachsenden bedeuten, angesichts der jüngsten Welle blinder Gewalt nicht länger entziehen. Das immer wieder vorgebrachte Argument, jemand, «der Freunde habe und eine halbwegs funktionierende Familie, dem schade das nichts», dient angesichts des Zustands vieler sogenannter Familien eher der Beschwichtigung.

Die neurotischen «Familienromane» der klassischen Psychoanalyse sind angesichts der Konkurrenz der «Gerätefamilie» nur noch begrenzt interessant, ganz zu schweigen von König Ödipus, der schon zu Anders' Zeiten vom Flipperautomaten abgelöst wurde, der ein Freispiel verweigert. «Die Mutter», heißt es bei Negt und Kluge, «ist nicht nur untreu, weil sie es mit dem Vater hält, sondern weil sie das Kind mit der Realität betrügt.» Ein Analytiker hätte demzufolge sein Erstinterview nicht mehr mit der Aufforderung zu beginnen: «Erzählen Sie mir von Ihrer Beziehung zu Ihren Eltern», sondern mit den Fragen: «An welchem Computersystem sind Sie aufgewachsen? Wann hatten Sie Ihren ersten Sony?» Auch die klassische Gewissensfrage: «Hast du es getan?» läuft ins Leere, weil es das «Ich» und den inneren Gerichtshof des Gewissens nicht mehr gibt.

Die Verbrechen, die alle Welt verstören, weil sie sich jeder psychiatrisch-medizinischen, psychologischen oder sozialwissenschaftlichen Klassifizierung entziehen, sind möglicherweise «soziologische Taten», Ausdruck von «Soziosen». Die Konkurrenz der im Tausch zwar gleich geltenden, aber auch gegeneinander gleichgültigen Warensubjekte verwandelt den anderen tendenziell in den Gegenmenschen, der die eigenen Markt- und Lebenschancen schmälert. Der gewaltsame und menschenfeindliche Charakter einer Gesellschaft, die sich als ganze den Imperativen der Markt- und Kapitallogik unterworfen hat, wird durch solche Verbrechen gleichsam aus der Abstraktion gerissen. Ein Teil unserer Weigerung oder unseres Unvermögens, diese Taten zu verstehen, wäre dann dem Umstand geschuldet, daß wir nicht wahrhaben wollen, wie unmittelbar die scheinbar fremden, von einem anderen Stern stammenden Täter das Ensemble ihrer und unserer gesellschaftlichen Verhältnisse sind. Der Finger, mit dem wir auf die vermeintlichen Monster deuten, würde unvermittelt auf uns zurückweisen: Wir alle fänden uns am Ende unseres eigenen Gewehrlaufs wieder.

Noch befinden wir uns in einer Übergangsphase zwischen der Ära der «individualistischen Vergesellschaftung» und dem, was die Kritische Theorie als «totale Vergesellschaftung» vorweggenommen hat. Die «total verwaltete Welt» verglich der späte Horkheimer mit einem «Ameisenhaufen», der zu seinem Funktionieren weder der Moral noch einer synthetisierenden psychischen Instanz bedarf, und Adorno bemerkte: «Die vorbürgerliche Welt kennt Psychologie noch nicht, die total vergesellschaftete nicht mehr.» Noch befinden wir uns auf dem Weg dorthin, und diese Zwischenstufe gestattet es uns, auf Deutungszusammenhänge und Kategorien zurückzugreifen, die uns die zeitgenössische Psychoanalyse und die kritische Sozialpsychologie zur Verfügung stellen. Unser Versuch der interpretierenden Annäherung wird von der Annahme getragen, daß die psychische Realität und das Naturhafte am Menschen nicht ohne Rest und ohne Beschädigung in den Formen ihrer gesellschaftlichen Aneignung und Bearbeitung aufgehen.

Der Amoklauf ist möglicherweise eine barbarische Reaktionsform von «Kindern der Kälte», mit der sie auf neuartige Entbehrungen, emotionale Unterernährung und die nur noch partielle Sozialisierung ihrer Antriebspotentiale antworten, und noch nicht jener «acte gratuit», den André Gide Verbrechen zugrunde liegen sah, die sich dem Zugriff der traditionellen Psychologie und der Logik juristischer Kausalitätsbedürfnisse entziehen. Im Vorwort zu «Die Affäre Redureau» schreibt er: «Die Affäre Redureau etwa, die wir hier darstellen, zeigt uns einen folgsamen und sanften Jungen, der körperlich und geistig für völlig gesund gilt, von gesunden und rechtschaffenen Eltern stammt und plötzlich, aus unerfindlichen Gründen, sieben Menschen die Kehle durchschneidet. ‹Geistig normal›, werden die ärztlichen Gutachter sagen; also nicht krank. Doch das Motiv für diese Schreckenstat ist weder Geldgier noch Eifersucht, noch Haß, noch enttäuschte Liebe – nichts, was mühelos erkennbar und einzuordnen wäre. Freilich handeln Menschen nie wirklich unmotiviert; den ‹acte gratuit› gibt es nur dem Anschein nach. Wir werden hier aber zugeben müssen, daß uns der heutige Wissensstand der Psychologie nicht ermöglicht, alles zu verstehen, und es auf der Landkarte der menschlichen Seele noch so manchen unerforschten Bezirk, noch so manche terrae incognitae gibt.» *

Findet man also für ein Verbrechen keine Motive in der äußeren Realität, wird man sie in der psychischen Innenwelt des Täters aufspüren müssen. Schauen wir, ob es uns der inzwischen fortgeschrittene Wissensstand verschiedener Wissenschaften erlaubt, etwas Licht ins Dunkel des vermeintlichen «acte gratuit» des Amoklaufs zu bringen.

---

* Schwurgericht. Drei Bücher vom Verbrechen, Frankfurt am Main 1997, S. 137 f.

Mutmaßungen über den Amoklauf

«Von dem Vulkan, der in mir brütet und
kocht, hat kein Mensch eine Ahnung.»

(Aus den Memoiren des Amokläufers
Ernst Wagner)

Ein Blick auf die spärlichen schriftlichen Zeugnisse der deutschsprachigen akademischen Wissenschaft – Psychiatrie und Kriminologie – enthüllt, daß der «derzeitige Kenntnisstand über Amok unbefriedigend ist.* Als Begründung wird angegeben, die Taten seien für systematische Untersuchungen zu selten, die Täter nach der Tat meist tot oder schwer verletzt und, wenn sie überlebten, in Gefängnissen oder forensischen Psychiatrien untergebracht, wo sie wissenschaftlichen Untersuchungen nur schwer zugänglich seien. Wir stoßen hier auf die typische Selbstbeschränkung oder Borniertheit einer Wissenschaft, die dort, wo ihr empirische Fakten und Daten fehlen, resigniert, statt auf die Kraft der Reflexion und einer begrifflich gezügelten Empathie zu setzen.

Künstlerisch-schriftstellerische Versuche, sich des Themas anzunehmen, wie etwa Fassbinders Film «Warum läuft Herr R. Amok?», in dessen Zentrum ein kleiner Angestellter steht, der an der sterilen Normalität seines Lebens verzweifelt, oder der Deutungsversuch des Bad Reichenhaller Blutbades, den Karen

---

* L. Adler et al.: «Amokläufer» – Kontentanalytische Untersuchung an 196 Pressemitteilungen aus industrialisierten Ländern, in: Fortschritte der Neurologie und Psychiatrie, Stuttgart / New York 1993, S. 424.

Duve in der *ZEIT* vom 11. 11. 1999 vorgelegt hat, bringen womöglich mehr über die verborgene Wahrheit des Amok zum Vorschein als die dürren Fakten, die die Wissenschaft uns zu bieten hat. So haben sich die «Experten» geeinigt, den Amoklauf als eine Form des «erweiterten Selbstmords» in die Lehrbücher aufzunehmen, dem eine depressive oder wahnhafte Erkrankung zugrunde liege. Eine Antwort auf die sich auch im Falle Martin P.s aufdrängende Frage, warum sich ein Mensch, der es in sich und mit sich und der Welt aus irgendwelchen Gründen nicht länger aushält, nicht mit einem «normalen» Selbstmord zufriedengibt, sondern bei seinem eigenen Abschied noch möglichst viele Fremde mit sich reißen muß, liefert uns der rein deskriptive Begriff des «erweiterten Selbstmords» nicht.

Zu jedem Suizid gehört eine gehörige Portion von Wut, aber die des Amokläufers ist zu groß, so können wir vermuten, als daß er sich mit seiner Selbstzerstörung zufriedengeben könnte. Der sogenannte erweiterte Selbstmord des Amokläufers wäre dann zu verstehen als die Verzweiflungstat eines Menschen, dessen Leben in Folge von Unglücksserien mehr und mehr in den Bann eines ausufernden Hasses – orthodoxe Freudianer würden sagen: des Todestriebes und seiner Abkömmlinge – geraten ist und der seine im Laufe dieses Prozesses verlorengegangene Gesellschaftlichkeit nur noch tödlich herzustellen vermag. Möglicherweise amalgamieren sich frühkindliche narzißtische Größenphantasien, die ursprünglich dem Schutz vor dem Gewahrwerden der realen Schwäche und Ohnmacht dienten, mit dem wuchernden «Todestrieb», so daß dem Suizidanten ein «einfacher Abgang aus der Welt» zu unspektakulär vorkommt und er ihn statt dessen in seinen letzten großen Auftritt, in eine grandiose Mordorgie, eine letzte «Super-Show» verwandeln muß.

Das Wort «Amok», ursprünglich «amuk», erfahren wir in einem aufschlußreichen Text des Schweizer Arztes Thomas

Knecht*, stammt aus dem Malaiischen und bedeutet im Kontext kriegerischer Rituale, in die Amok ursprünglich eingebunden war, soviel wie «im Kampf sein Letztes geben». Die frühesten Beschreibungen stammen von europäischen Reisenden, die im 16. Jahrhundert im Zuge der Kolonisation des malaiischen Archipels auf diese merkwürdige Tradition stießen. Krieger stürzten sich mit dem Kampfgeschrei «Amok» auf die Reihen ihrer Gegner, wobei sie ihren eigenen Tod in Kauf nahmen und ihn mit dem Tod möglichst vieler Feinde zu verknüpfen trachteten. Unter dem Einfluß des Islam mutierte «Amok» in der Folgezeit zu einem Akt religiösen Fanatismus, um dann im Laufe des 19. Jahrhunderts zu einer Sache des einzelnen Amokläufers zu werden, des «Pengamok», der als Reaktion auf irgendeine ihm von der Gemeinschaft zugefügte reale oder imaginierte Ungerechtigkeit mit einem Dolch bewaffnet und in einem tranceähnlichen oder opiumberauschten Zustand seine Hütte verläßt, um auf jeden einzustechen, der seinen Weg kreuzt. «Amok» bedeutet jetzt soviel wie «Raserei», «Wut» oder «Rache», die aus Demütigung und Gesichtsverlust aufsteigen.

In dem Maße, wie der Amoklauf seine kriegerische oder religiöse Einbindung und Ritualisierung einbüßte und zur Tat eines einzelnen wurde, verlor der Amokläufer den Nimbus des unbesiegbaren Helden, der ihn bis dahin umgab, und geriet immer mehr in die Nähe des seelisch Kranken und damit unter die Deutungsmacht der neu entstandenen Wissenschaft der Psychiatrie, die ihn als wahnhafte Erkrankung und Geistesstörung klassifizierte.

Als Spezifikum des reinen Amoklaufs gilt die Zufälligkeit der Opferwahl; das unterscheidet ihn von anderen extremen Ge-

* Transkulturelle Betrachtungen über eine Extremform menschlicher Aggression, in: *Kriminalistik* Nr. 10 / 1998.

walttaten mit ähnlich hoher Opferzahl, die eher Abrechnungscharakter tragen. Wenn etwa dieser Tage ein 40jähriger Techniker auf Hawaii, der Probleme am Arbeitsplatz hatte, in seine Firma geht und dort sieben Kollegen erschießt, oder ein frustrierter «Day-Trader» in Atlanta in Broker-Firmen eindringt, um dort wild um sich zu schießen, handelt es sich strenggenommen um Grenzfälle zwischen Amok und einem gezielten Akt der Rache an versetzten Objekten. Bei solchen Taten stoßen wir noch auf Reste objektaler Bezüge, was man wahrscheinlich auch vom Massaker in Littleton sagen kann, wo zwei von der Schulgemeinschaft an den Rand gedrängte Schüler im April 1999 grausige Rache für ihre erlittenen Kränkungen nahmen und einen Lehrer und zwölf farbige oder als Sportler hervorgetretene und deswegen gehaßte Mitschüler erschossen: «Alle Sportler aufstehen, alle Sportler sind tot», riefen sie, bevor sie das Feuer eröffneten.

Der Amoklauf wird also als ein Wahn begriffen, der gleichwohl gewissen Regeln und Verlaufsformen unterliegt. Der «typische Amok» läßt folgenden Ablauf erkennen: Er beginnt mit einem Vorstadium des mehr oder wenigen langen «Brütens» und Grübelns, das mit einer sozialen Isolierung und einem Rückzug aus der Welt einhergeht, die sich dem späteren Amokläufer zusehends verdunkelt und bedrohliche Züge annimmt. Seine bis dato existierenden Objektbeziehungen und Anpassungsmechanismen zerfallen, was mit einer inneren Selbstauflösung einhergeht. Soziale und psychische Desintegration verschränken sich miteinander und setzen einen Regressionsprozeß in Gang. Sodann erfolgt «raptusartig» und vom Starrwerden des Blicks begleitet ein mörderischer Wutanfall, der sich in einer Reihe von Tötungshandlungen ohne ersichtliches Motiv entlädt.

Der Amoklauf mündet meist in den Suizid des Täters, was uns über das dichte Nebeneinander von mörderischen und selbstmörderischen Tendenzen und die Verschiebbarkeit von Aggression belehrt. Die wenigen überlebenden Täter behaupten eine Amnesie für die Zeit der berserkerhaften Entladung ihrer Wut. Der britische Psychiater Ellis, der in den achtziger Jahren des 19. Jahrhunderts nach den Motiven eines indischen Amokläufers suchte, berichtete: «Auf seinen Amok angesprochen, wurde er immer etwas verwirrt und beharrte darauf, sich an absolut nichts erinnern zu können. Jetzt ist er guter Dinge, redet verständig und schlüssig; Gedächtnis gut, physische Verfassung gut. ... Obwohl er weiß, daß ein Geständnis für seine Zukunft folgenlos wäre, leugnet er doch jede Erinnerung an den Amok. Er sagt: ‹Wenn Sie sagen, daß ich diese Morde und Anschläge begangen habe, muß ich es wohl getan haben. Aber ich erinnere mich an nichts.›» *

Als auslösende Faktoren gelten psychosoziale Entwurzelung, Verlust der beruflichen Integration, erfahrene Kränkungen und Konflikte mit Liebespartnern oder Trennungserfahrungen. Die schon zitierte Göttinger Studie von Adler et al. konnte unter den Tätern jeweils große Subgruppen von altersinadäquat bei der Mutter lebenden Sonderlingen und Einzelgängern, beruflich eher gut Qualifizierten, deren Karriere ein jähes Ende durch Entlassung oder Dequalifizierung nahm, von Soldaten oder Mitarbeitern privater Wachdienste und von «gehemmt-aggressiven» Waffennarren und Freizeitschützen ausmachen. Der typische Amokläufer war zum Zeitpunkt dieser Studie zwischen 20 und 40 Jahre alt und männlich; 40 Prozent von ihnen waren arbeitslos und sozial desintegriert. Inzwischen werden die zahlreichen Schul-Amokläufer der letzten Zeit den Altersdurchschnitt drastisch gesenkt haben.

* Zit. nach H.-J. Neubauer, Der verdunkelte Blick, in: *Frankfurter Allgemeine Zeitung* vom 20. 11. 1999.

Eine kurze Zwischenbemerkung: Der Amoklauf ist, man ist geneigt zu sagen: «natürlich», männlich! Wir sind bei unseren Recherchen außerhalb dessen, was man als «reinen Familien-Amok» bezeichnet, auf keinen weiblichen Amoklauf gestoßen. Wie läßt sich das erklären? Männer wenden ihre gestauten Aggressionen nach außen und laufen im Extrem Amok, während Frauen sich anorektisch «weghungern» und die Aggression in einem autodestruktiven Amoklauf gegen die eigene Person kehren. Das Gros von schweren körperlichen Gewalttaten bis hin zu Totschlag und Mord wird von Männern verübt, während Anorexie und Bulimie eine fast ausschließlich weibliche Domäne bilden. Frauen begehen in einem Verhältnis von 2 : 1 mehr Selbstmordversuche, die meist appellativen Charakter besitzen, während bei den vollendeten Suiziden sich das Verhältnis Männer–Frauen 4 : 1 gestaltet. Frauen werden, wenn sie in den Sog einer regressiven Entwicklung geraten, depressiv, verletzen sich selbst, unternehmen einen Suizidversuch, während bei Männern der Zerfall der Objektbeziehungen und die Desintegration des Selbst eher eine unkontrollierbare, entmischte Destruktion freisetzen, die sich nach außen wendet. Wir werden im Abschnitt über «Symbiose und Gewalt» auf die Frage, warum Gewalt überwiegend männlich ist, noch ausführlich zurückkommen.

Bei etwa der Hälfte der dokumentierten Amokläufe schien es der Göttinger Forschungsgruppe möglich, Indizien für schwerwiegende psychische Störungen der Täter festzustellen, die sie in einem breiten Spektrum von Psychosen (Schizophrenie, Depression, paranoide Störung) bis hin zu «psychopathischen Normvarianten» angesiedelt sahen[*]. Thomas Knecht gelangt im Rahmen der inzwischen verfeinerten und weiterentwickel-

[*] Adler ct. al., ebd. S. 431

ten internationalen psychiatrischen Diagnostik zu dem Schluß, daß man beim Gros der Amokläufer eine sogenannte narzißtische oder Borderline*-Persönlichkeitsstörung vermuten könne, die durch folgende Züge charakterisiert sei: Ich-Schwäche, Identitätsunsicherheit, erhöhte Vulnerabilität und Kränkbarkeit, einen passiv-aggressiven Charakter und eine Neigung zu unkontrollierbaren Impulsdurchbrüchen. Nebenmerkmale seien berufliche Überanpassung, häufiger Stellenwechsel, Beziehungsschwierigkeiten, sexuelle Abstinenz und Waffenfanatismus.

Auch bei meiner Sichtung von Presseberichten über Amokläufe der letzten Jahre habe ich den Eindruck gewonnen, daß zwischen den charakteristischen Zügen des Amokläufers und den Leitsymptomen der Borderline-Persönlichkeitsstörung eine auffällige Übereinstimmung herrscht. Sollte sich diese Übereinstimmung bestätigen lassen, würde vor allem das rätselhafte Phänomen verstehbar werden, daß die Täter, ob Erwachsene oder noch Kinder und Jugendliche, in frappierender Regelhaftigkeit bis zum Zeitpunkt des Raptus als ruhig, angepaßt und unauffällig beschrieben werden. Menschen mit Borderline-Persönlichkeitsstruktur verfügen nämlich im Unterschied zum Psychotiker durchaus über ausreichende Fähigkeiten, sich auf gesellschaftliche Normen und Standards einzulassen, bis irgendein krisenhaftes Ereignis ihre nur schwach ausgebildeten Ich-Funktionen überfordert und einen regressiven Prozeß auslöst, der einen Fundus entmischter und libidinös ungebundener Aggressivität freisetzt, der unter einem dünnen Firnis von Anpassung immer schon bereit lag.

Da wir die berufliche Obsession von Psychiatern zur bloßen

---

* «Borderline» («Grenzlinie») ist die psychiatrische Diagnose für schwerwiegende Persönlichkeitsstörungen und eine ausgeprägte Ich-Schwäche (siehe unten).

Deskription und zum diagnostischen Klassifizieren und Rubrizieren nicht teilen, werden wir uns in der Folge der Psychodynamik und -genese des Borderline-Syndroms zuwenden, weil wir uns davon Aufschluß darüber erhoffen, was die besorgniserregenden und verstörenden Gewaltphänomene der Gegenwart – vom Riskantwerden der Blickverhältnisse in den Städten über sich ausbreitende «zweckfreie» Alltagsgewalt bis hin zum Amoklauf – verursacht.

Zuvor wollen wir allerdings einen radikalen Perspektivenwechsel vornehmen und uns der Gewaltwirklichkeit vom anderen Ende her zu nähern versuchen: «Ein Mensch ist nämlich niemals ein Individuum; man sollte ihn besser ein *einzelnes Allgemeines* nennen: von seiner Epoche totalisiert und eben dadurch allgemein geworden, retotalisiert er sie, indem er sich in ihr als Einzelheit wiederhervorbringt. Da er durch die einzelne Allgemeinheit der menschlichen Geschichte allgemein und durch die allgemeinmachende Einzelnheit seiner Entwürfe einzeln ist, muß er zugleich von den beiden Enden her untersucht werden.» *

Veränderungen in der Struktur menschlicher Subjektivität sind auf komplexe Weise eingebunden in gesellschaftliche Prozesse, der jeweils vorherrschenden Realitätsstruktur korrespondiert eine entsprechende Identitätsstruktur. Hans Kilian ist diesen dialektischen Zusammenhängen in seinem leider kaum rezipierten und inzwischen vergessenen Buch «Das enteignete Bewußtsein» (Neuwied und Berlin 1971) nachgegangen und hat die Gegenwart als sich zuspitzenden Konflikt zwischen tradierten Identitätsstrukturen und rapide veränderten Realitätsstrukturen gefaßt. Eine solche «Desynchronisation» wird von den Subjekten als Erschütterung ihrer inneren Gleichgewichtszustände und als umfassende Krise erlebt, die zur Quelle einer Re-

* Jean-Paul Sartre, Idiot der Familie, Bd. 1, Reinbek 1977, S. 7.

gression auf einfachere, infantile Mechanismen der psychischen Regulation werden kann. Die Psychoanalyse wird solcher tektonischen Beben dadurch gewahr, daß ihre Klienten mit neuartigen Störungsbildern aufwarten, die sie im Bezugsrahmen einer Theorie des psychischen Apparats und der Triebentwicklung zu fassen versucht. Dabei bleiben die gesellschaftlichen Prozesse, auf die die Patienten mit untauglichen, in der Regel selbstzerstörerischen Mitteln reagieren, zumeist ausgeblendet. Um der der Psychoanalyse eigenen Neigung, den Stand der Gestirne bei bereichsweise bedecktem Himmel zu bestimmen, zu entgehen, wenden wir uns also im Sartreschen Sinne zunächst den makrosozialen Umbrüchen und Veränderungen der Gegenwart zu, um uns dann, mit der Totalisierung im Hintergrund, erneut der Frage zu widmen, wie die Subjekte auf diese gewandelten Bedingungen ihres sozialen Lebens antworten und welche Gewaltpotentiale diese Veränderung der Subjektstrukturen entbindet.

Die Verwilderung der Kontinente

oder: «Kollateralschäden» der Modernisierung

> «Jeder Fortschritt übt eine Gewalt
> aus. Es gibt Gewalt, durch die sich
> etwas formt; es gibt auch Gewalt,
> die bloß in die Abstraktion schießt.
> Sie verwüstet überhaupt nur.»
>
> (Alexander Kluge)

Die Idee zu einer Fortschreibung der in unserem Buch «Jugend und Gewalt» 1993 vorgelegten Bestandsaufnahme entstand, als Reimer Gronemeyer und ich im Mai 1999 während eines gemeinsamen Aufenthaltes am Gardasee die in Piacenza gestarteten Nato-Bomber über uns hinwegfliegen hörten, ein minutenlanges dumpfes Grollen und sphärisches Rauschen aus bereits großer Höhe. Gerade hatte ein amerikanischer Pilot seine Bombenfracht über dem Gardasee abgeworfen, um sein Flugzeug zu erleichtern und einen Absturz zu verhindern, ein vergleichsweise harmloser «Kollateralschaden», wie das New-speak-Wort der Militärs für unbeabsichtigte «Begleitschäden» des Krieges heißt. Seither könnte man Bodo Kirchhoffs Buch «Katastrophen mit Seeblick», dessen einzelne Geschichten rund um den Gardasee angesiedelt sind, um ein weiteres Kapitel ergänzen: Am Grunde des Sees, dort, wo «das Wasser seit Urzeiten dasselbe» ist, ticken sechs Nato-Bomben.

Der Krieg gegen Rest-Jugoslawien war Folge und Teil einer «Rebarbarisierung des Kontinents», die Aimé Cesaire bereits vor Jahrzehnten prognostizierte. In seiner Schrift «Über den Kolonialismus» (Berlin 1968) hatte er den Rückschlag der imperialen und kolonialen Gewalt in die «Mutterländer» beschrieben, und es steht zu fürchten, daß auch dieser Krieg in den Nato-Ländern selbst zu einer Verrohung des gesellschaftlichen Klimas und zu einem Schwund liberaler Haltungen beitragen wird, die auf zivile, demokratische Formen der Konfliktmoderation und -lösung setzen. Das Tabu, das zivilisierte Gesellschaften auf das Töten und Verletzen anderer Menschen gelegt haben, wird in Kriegszeiten durch den Staat vorübergehend aufgehoben, mit viel weiter reichenden zivilen Folgen, als man zunächst vermutet. Auch dann, wenn moderne High-Tech-Kriege aus der Luft gewonnen werden können, kein einziger Nato-Soldat sein Leben läßt und es, wie während des Kosovo-Kriegs, zu keiner emotionalen Mobilmachung der Bevölkerung kommt, auf deren Unterstützung solche Kriege nicht mehr angewiesen sind, findet dennoch eine unterirdische Entsperrung und Entregelung von Affekten statt, die zu einer Verwilderung der Verkehrsformen in den kriegführenden Ländern beitragen.

Lothar Baier verdanke ich den Hinweis auf eine Formulierung Walter Benjamins, die ich in folgender Frage aufgreifen möchte: Was bedeutet es für «uns Deutsche», wenn wir den im doppelten Sinn der Wortbedeutung «verlorenen» Krieg als eine mögliche Form der Außenpolitik «wiederfinden»? Mentalitäten, Verhaltensweisen, Denk-, Gefühls- und Affektgewohnheiten, die nach dem «verlorenen» Krieg als roh und barbarisch tabuisiert und aus dem Körperausdruck weitgehend verbannt worden waren, werden ins Handlungs- und Verhaltensrepertoire von Bevölkerungsmehrheiten wieder Eingang finden.

Die High-Tech-Massaker, die uns allabendlich in Form von Bildern «aus dem Kopf der Bombe» präsentiert wurden und uns weismachen sollten, alles ginge «chirurgisch präzise», sauber und ohne Blutvergießen vonstatten, finden Anschluß an die Gameboy-Schlachtfelder, auf denen sich viele Jugendliche und Kinder jeden Nachmittag tummeln. Ein interessantes und weit-

gehend unbekanntes Detail aus dem Kontext des Schul-Amok-
laufs in Littleton belegt den Zusammenhang zwischen Krieg
und der Brutalisierung der Verkehrsformen in den kriegführenden Staaten selbst. Eric H., einer der beiden Amokschützen und
wie sein Mittäter Konsument einschlägiger Filme und begei-
sterter Video-Spieler, hatte sich zu Beginn des Kosovo-Krieges
für das Marine Corps beworben und war abgelehnt worden,
weil er den Musterungsoffizieren die Einnahme von Psycho-
pharmaka verschwiegen hatte. Kurze Zeit später veranstaltete er
seinen eigenen Privatkrieg an der Colombine High-School, um
sich für diese und andere erlittene Kränkungen und Zurückwei-
sungen grausig zu rächen.* Das wiederum nahm Präsident Bill
Clinton zum Anlaß, der amerikanischen Jugend zu empfehlen,
nach gewaltlosen Strategien der Konfliktlösung zu suchen. Wie
überzeugend mögen solche Appelle klingen, wenn sie ergehen,
während die Nato unter amerikanischer Führung rund um die
Uhr ihre Bombenangriffe fliegt?

Am 10. Juni 1999 wurde der Kosovo-Krieg für beendet erklärt, um in anderer, veralltäglichter Gestalt fortzudauern. Die
zurückgekehrten Flüchtlinge halten sich für das ihnen Ange-
tane an Serben und Zigeunern schadlos, so daß die «ethnische
Säuberung» nun in umgekehrter Richtung weitergeht. Der
«Friede», der auf solche Art hergestellt werden soll, wird, inner-
gesellschaftlich wie international – zunehmend das Gesicht der
Rückkehr roher Gewaltförmigkeit in die Regelung politisch-
sozialer Prozesse annehmen.

Die an vielen Stellen des ehemaligen Ostblocks aufbrechen-
den Konflikte sind Ausdruck einer umfassenden Krise, die der
Zusammenbruch des Staatssozialismus und die rabiate Einführung von Marktmechanismen heraufbeschworen haben. Über-

* Lotta Suter, Keine Pizza für den Mörder, in: *Züricher Wochenzeitung* vom
3. 7. 1999.

all kommt es zu einem Zerfall der ehemaligen Arbeitsgesellschaft und damit zu Verelendung, Gewalt, Chaos, Korruption
und zur Herausbildung von mafiösen Strukturen. Massenhaft
machen die Menschen die Erfahrung: Die «Bösen» sind wir los,
das «Böse» ist geblieben, und da man im Unterschied zu früher
die Ursachen des gegenwärtigen Leidens und der Ohnmacht
nicht sehen und dingfest machen kann – den Weltmarkt kann
man nicht erschlagen oder absetzen wie eine marode Nomen-
klatura –, werden sie auf von korrupten Politikern zurechtge-
rückte Haßobjekte verschoben.[*]

Der Blick von den Rändern aufs Zentrum ist nicht nur im
Falle Cesaires erhellend. Subcomandante Marcos aus Chiapas
im Südosten Mexikos urteilt in einem Brief über die «neue
Weltordnung» noch viel rigoroser: Wir befinden uns zur Zeit
im «vierten Weltkrieg». Der dritte war der sogenannte kalte
Krieg, der mit dem Zusammenbruch der östlichen staatsökono-
mischen Systeme sein Ende fand, um binnen kurzem in den
vierten zu münden, der in dem Versuch besteht, das Kapital als
globales Weltsystem zu etablieren und den ganzen Erdball in
seinen Markt zu verwandeln. Die von optimistischen Zeitgenossen nach dem Ende des kalten Krieges gehegte Hoffnung, es
werde nun ein Zeitalter des Friedens und weltweiter Demokratisierung anbrechen, ist an der Realität des «vierten Weltkriegs»
der Globalisierung schnell zuschanden geworden. Der Feind,
der während des kalten Krieges stabil und verläßlich war, ist
nicht etwa verschwunden, sondern hat sich fortgepflanzt und
ist plötzlich überall.

Der im Zeichen der «Globalisierung» real gewordene Weltmarkt zerstört gewachsene Kulturen, entwurzelt und pauperi-
siert ganze Völker. Der «stumme Zwang der ökonomischen

* Vgl. Anatolij Koroljow, Der Neid des Dörflers auf den Vogel, in: *Frankfurter Rundschau* vom 19. 10. 1999.

Verhältnisse» (Karl Marx) hat die alten militärisch-imperialen Strategien der Kontrolle abgelöst, ist aber in seinen Konsequenzen nicht weniger verheerend. Massenarbeitslosigkeit und Verelendung werden zum strukturellen Weltzustand, wobei die Arbeitslosen keine «Reservearmee» mehr bilden, sondern ein nicht mehr zu integrierendes «Abfallprodukt» der in immer wahnsinnigere Abstraktionen schießenden Selbstverwertung des Werts. Da es weltweit an besseren Alternativen mangelt, dreht sich die ohnmächtige Wut der Ausgeschlossenen und Überflüssigen im Kreise und richtet unter ihnen ihre Verheerungen an.

Wo es in vom Weltmarkt abgekoppelten, unverwertbaren Regionen, den globalen Ghettos, in der Folge des Kollapses gesellschaftlicher Strukturen und der Erosion des staatlichen Gewaltmonopols zum Zusammenbruch der Systeme von Regeln und moralischen Verhaltensweisen, zum Aufflackern von Fundamentalismus, Rassismus, Separatismus und zu ethnopolitischen Verengungen kommt, die sich in Bürgerkriegen entladen, sieht der Weltpolizist und Hüter der «neuen planetarischen Ordnung», die Nato unter amerikanischer Suprematie, eine Weile blasiert zu (wie die Wärter bei einer Prügelei unter Gefangenen), bis er mit seinen computergesteuerten Waffensystemen eingreift und die sich schlagenden und meuchelnden Parteien gewaltsam befriedet, das heißt seiner Ordnung unterwirft und zum Stillhalten verdammt.

Ziel des «vierten Weltkrieges», so Subcomandante Marcos, ist es, den Globus von neuen, abstrakten Machtzentralen aus zu beherrschen, den «Megazentren des globalen Marktes», die keiner Kontrolle unterliegen und deren einziger kategorischer Imperativ der der schnellen Bereicherung ist. Investitionsentscheidungen und Transaktionen gleichen Hoheitsakten, die über das Schicksal von Nationen entscheiden und dem traditionellen Souverän seine Regeln diktieren. Insgeheim erleben wir die Etablierung eines supranationalen Kapitalstaats mit eigenen Institutionen, die sich jeder öffentlich-demokratischen Kontrolle entziehen. «Mit dem supranationalen Kapitalstaat tritt zum ersten Mal ein Staat ohne Territorium in Erscheinung, dessen Macht zwar von außen in die Territorialstaaten hineinwirkt, jenseits ihrer Grenzen aber keinen neuen politischen Raum schafft. Er verkündet das Recht des globalisierten Kapitals. Als gesellschaftslose Macht schafft er machtlose Gesellschaften, stürzt die Staaten in Krisen, diskreditiert die Politik, verlangt von ihr Mobilität, ‹Flexibilität›, Privatisierung, Deregulierung, Senkung der öffentlichen Ausgaben, der Sozialausgaben und Löhne, kurz, alle für das freie Spiel der Marktkräfte angeblich unentbehrlichen Maßnahmen.» *

An der «Heimatfront», also in den Metropolen des entfesselten Marktes, nimmt der «vierte Weltkrieg» unter anderem die Gestalt der «Flexibilisierung» der noch verwertbaren Arbeitskraft an, die noch in unerträglich rückständigen Körpern und Psychen eingebunden ist. Während Kapital und Informationen in atemberaubendem Tempo um die Welt zirkulieren, erweist sich die Trägheit der Menschen immer mehr als Sand im High-Tech-Getriebe. Um den Funktionsimperativen des postfordistischen Kapitals gerecht werden zu können, sollen die Menschen «die Prinzipien der Lean production auf die Person übertragen» (Reimer Gronemeyer). Die deregulierten Individuen sollen moralischen und psychischen Ballast abwerfen und sich in flexible und beschleunigungsfähige Nomaden verwandeln, die jedwede Form der Bindung an Orte, Menschen und die eigene lebensgeschichtliche Vergangenheit und Prägung abgestreift haben. Die noch verwertbaren und für die Reproduktion des Kapitals benötigten Menschen werden dynamisiert und über

* André Gorz, Arbeit zwischen Misere und Utopie, Frankfurt am Main 1999, S. 25.

Konsum- und Statusprämien ans System gebunden; über die anderen, die Entbehrlichen und Herausgefallenen, wird mehr und mehr der Polizeistaat kommen.

Überall dort, wo die ordnungs- und einheitsstiftende Kraft von Markt, Moral und Verdinglichung nachläßt, erscheint die offene Gewalt. Die wachsende «Überschußbevölkerung» wird in ghettoartige Reviere abgedrängt, wo man sie sich selbst und der Gewalt mafiöser Gruppierungen und Banden überläßt. Um ihrer Verwandlung in neue «gefährliche Klassen» vorzubeugen, belegt man sie präventiv mit Ausgehverboten und spezifischen «Gefahrenabwehrverordnungen». Hinter dem «Tittytainment», dem Dauerbeschuß durch die Kulturindustrie, lauert die offene Gewalt.

Die Welt, die wir kennen, gerät aus den Fugen. John Berger sieht in einem berühmten Triptychon von Hieronymus Bosch, genauer, in dessen «Hölle» betiteltem rechten Teil, eine merkwürdige Prophetie des geistigen und kulturellen Klimas, «das sich dank der Globalisierung und der neuen ökonomischen Ordnung am Ende des Jahrhunderts über unsere Welt stülpt». Prophetisch sei dieses Bild nicht so sehr wegen der verwendeten Symbole und der vielen Details – so quälend und grotesk sie auch sein mögen –, sondern «wegen des Raumes seiner Hölle. Wir finden in ihr keinen Horizont. Es gibt keine Kontinuität zwischen den Handlungen, keine Pausen, keine Wege, keine Muster, keine Vergangenheit und keine Zukunft. Überall Überraschungen und Übersteigerungen, aber sie führen zu nichts. Nichts fließt, alles stockt. Als befände sich der Raum im Delirium.» * Die Welt, wie die Nachrichten, die uns die Medien über sie vermitteln, verwandeln sich in ein Puzzle, dessen gestauchte Teile sich nicht ineinander fügen. «Jede der Figuren sichert ihr

* John Berger, Gegen die große Niederlage der Welt, in: *Frankfurter Rundschau* vom 31. 10. 1998.

Überleben, indem sie sich auf ihre engsten Bedürfnisse konzentriert. Die Platzangst entsteht nicht durch Überbevölkerung, sondern weil zwischen einer und der nächsten Handlung nichts steht, das, beide berührend, eine Kontinuität herstellen kann. Und das ist die Hölle. Unsere Kultur ist vielleicht die klaustrophobischste, die je existierte; es ist die Kultur der Globalisierung, die wie Boschs Hölle keinen Blick auf ein *Anderswo* oder *Anderswie* zuläßt. Das Vorhandene», sagt Berger am Ende seiner Interpreation, «schließt sich zum Gefängnis.»

Die dreifache Potenz von Globalisierung, Rationalisierung und Flexibilisierung zieht eine politische, gesellschaftliche und psychische Desintegration nach sich, die uns eine Involution der Zivilisation und ein Anwachsen der Barbarei bescheren wird. Dem Deregulierungs- und Verschlankungsfuror fallen große Teile des Sozialstaats zum Opfer, dem es während des kurzen sibirischen Sommers des fordistischen Wirtschaftswunders einigermaßen gelungen war, gesellschaftliche Konflikte zu pazifizieren und die Risiken des Marktes abzufedern. Die seit Jahren betriebene und als Allheilmittel gegen das angebliche Schwächeln des «Standorts» gepriesene Flexibilisierung führt nicht nur zur Zerstörung gewachsener Milieus, all jener «mittleren Gefäße» (Oskar Negt), die zwischen Individuum und Gesellschaft, Nähe und Distanz vermittelt haben, sondern letztlich zur «Liquidation des Ichs» (Adorno). Unter unseren Augen vollzieht sich eine anthropologische Mutation, die David Riesman früh schon als den Übergang vom «innengeleiteten» zum «außengeleiteten» Menschen beschrieben hat, deren Tragweite wir aber heute erst zu begreifen beginnen. Der Zusammenbruch der traditionellen kapitalistischen Arbeitsgesellschaft und der ihr gemäßen gesellschaftlichen Strukturen reißt jene Charakterstrukturen mit sich, die als libidinöser Kitt der Gesellschaft fungierten und einen halbwegs erträglichen sozialen Verkehr garantierten.

Man könnte das Aufbrechen des Gefängnisses, das das Ich[*] immer auch war, und die Verflüssigung charakterlicher Panzerungen und Verkrustungen, die das Leben in den Niederungen der gesellschaftlichen Alltäglichkeit zur Zwangsneurose erstarren ließen, begrüßen, wenn sie das Resultat von Emanzipations- und weitergetriebenen Aufklärungsprozessen wären und nicht lediglich Begleiterscheinungen einer gespenstischen Selbstzerstörung. Im Prozeß der Erosion traditioneller Subjektstrukturen und mit ihr verknüpfter Haltungen tritt an die Stelle der alten Starrheit des «Charakters» eine Beweglichkeit, die die Menschen universell verfügbar und disponibel macht für die Ziele des losgelassenen Marktes und dabei gleichzeitig ihre Fähigkeit schwächt, ihre Antriebspotentiale zu kontrollieren. Die naturwüchsig-blinde Form der Vergesellschaftung durch Markt und Geld sorgt dafür, daß Handlungen, die jeweils nur den individuellen Vorteil suchen, hinter dem Rücken der Beteiligten in eine Totalisierungsbewegung hineingerissen werden, die den Handlungszielen der einzelnen Akteure zuwiderläuft. Die Rodung von Waldflächen, die viele einzelne zu Agrarunternehmern gewordene Bauern durchführen, um ihre Anbauflächen zu erweitern, führt im kollektiven Resultat zu Bodenerosion und Überschwemmungen. Wie niemand das Ozonloch, das Waldsterben und die Klimakatastrophe «gewollt» hat, so hat auch niemand «bedacht», daß die Flexibilisierung der Arbeitskraft ein moralisches Waldsterben nach sich zieht, das jene «inneren Selbstzwangapparaturen» (Norbert Elias) gleich mit zer-

---

[*] Es gehört zur «Dialektik des Ichs», daß es als das leibhafte Prinzip der Selbsterhaltung einerseits in den Schuldzusammenhang der Moderne und der in ihrem Namen begangenen Greuel zutiefst verstrickt ist, daß es aber gleichwohl auch als Garant einer vernünftigen Ordnung der Dinge und eines halbwegs befriedeten Verkehrs der Menschen unter den Bedingungen ihrer warenförmigen Individualisierung und konkurrenzbedingten Partikularisierung fungierte.

stört, die den Zusammenhalt klassengespaltener Herrschaftskulturen bislang leidlich gewährleisteten.

Jede Gesellschaft basiert auf einer kollektiven Basisstörung,
die innerhalb dieser Gesellschaft keinen Krankheitswert besitzt,
weil sie den ihr gemäßen Sozialcharakter darstellt. So galten
Verdrängungskrankheiten über weite Strecken der kapitalistischen Durchsetzungsgeschichte als «normal», weil sie mit der
Anforderungsstruktur der Gesellschaft und ihrer vorherrschenden Produktionsweise übereinstimmten, die auf Sparsamkeit,
Treue zum erworbenen Besitz, Zurückhaltung der Begierden
und langfristige, kalkulierbare Lebensplanung setzte. Schon mit
dem Eintritt ins konsumistische Zeitalter geriet diese Cha-
rakterstruktur in Konflikt mit der gewandelten gesellschaftlichen Anforderungsstruktur. Der «asketische, produzierende
Knecht» (Karl Marx) sollte durch den süchtigen Konsumenten
ersetzt oder ergänzt werden, dessen Seinsgewißheit lautet:
«consumo, ergo sum».

Wo die Produktion noch auf menschliche Arbeitskraft angewiesen ist, setzt sie auf die Tugenden der Flexibilität. Die Menschen sollen wendig, disponibel, mobil, allseits kompatibel sein
und sich an nichts wirklich binden, weil Bindungen ihre Anpassungsfähigkeit einschränken könnten. Diese Anforderungsstruktur des «flexiblen Kapitalismus» (Richard Sennett) stößt
dabei auf einen geschichtlichen Überhang menschlicher Iden-
titätsstukturen, die dort, wo der Konsumismus noch nicht
abschleifend vorgearbeitet hat, auf charakterlichen Prägungen, innerer Lagerhaltung und Handeln nach verinnerlichten
Grundsätzen basieren. Gegenüber dem geforderten außengeleiteten, eigentlich subjektlosen Subjekt wird der gute, alte Charakter zur archaischen Instanz, zum Sand im Getriebe. «Ameri-
kanisch heißt ‹He is quite a character› dasselbe wie komische
Figur, Sonderling, armer Kerl», bemerkte Adorno bereits 1955.

Das Individuum, jene Errungenschaft des bürgerlichen Zeitalters, das äußeren Fremdzwang durch verinnerlichten Selbstzwang ersetzte, wird aus dem Verkehr gezogen. Das aufklärerische Projekt einer geprägten und prägenden Identität des Subjekts, die seine Einheit garantiert und trotz Wandel von Zeit und Gelegenheit durchhält, die das Künftige nicht nur strukturiert, sondern auch über dessen Akzeptanz entscheidet und die eigenen Handlungen auf verinnerlichte Selbstregulierungsbegriffe, auf moralische Ideen bezieht, wird aufgegeben und durch ein Konzept von «Patchwork-Identität» ersetzt. Da das zu seiner Identität gelangte Individuum nur noch eingeschränkt aufnahmebereit und nicht beliebig verwendbar ist, soll der geprägte Charakter durch eine fluide psychische Struktur ersetzt werden, die es ihren Trägern erlaubt, sich chamäleonartig an ständig wechselnde Situationen und Anforderungen anzupassen. Was bislang noch als schweres Krankheitszeichen galt und klinisch dem Bereich der narzißtischen und Borderline-Störungen zugerechnet wurde, scheint zur sozialpsychologischen Signatur des flexiblen Kapitalismus zu werden.

Von der vaterlosen zur elternlosen Gesellschaft

Tendenzen zur «Liquidation des Ichs»

> *«Sie sind so nebeneinander durch die Zeiten gelaufen.»*
>
> (Jürgen Bartsch über seine Eltern)

Es war eine der Errungenschaften des bürgerlichen Zeitalters, psychische Instanzen im Innern der Menschen hervorzubringen, die sie in der Steuerung ihres Verhaltens von äußeren Zwängen und Anweisungen tendenziell unabhängig machten. Im Zuge einer langen und vor gesellschaftlichen Einflüssen weitgehend geschützten Kindheit bildete sich eine psychische Struktur heraus und sorgte dafür, daß die Subjekte, eingeklemmt zwischen gesellschaftlichen Anforderungen und inneren Triebansprüchen, zu einer lebbaren Kompromißbildung fanden. Auf dem Wege der Verinnerlichung elterlicher Ge- und Verbote entstand eine Gewissensinstanz – von der Psychoanalyse begrifflich als Über-Ich gefaßt –, die den einzelnen ohne Hinzutreten äußerer Autoritäten darüber belehrte, was das Richtige war, das er zu tun, und was das Falsche, das er zu lassen hatte.

Allzu große Strenge und bloßes Einbleuen von Normen und Werten haben unterhalb der tonangebenden Familien des klassischen bürgerlichen Zeitalters jedoch allzuoft autoritäre, unsichere und ängstliche Menschen hervorgebracht, deren geschwächtes Ich zeitlebens an den Krücken von Vorurteilen und Ressentiments ging, und die darauf angewiesen waren, sich für das, was man ihnen angetan hatte und womit sie sich notgedrungen identifizieren mußten, an anderen schadlos zu halten.

äufig war die Gehorsamsforderung des Vaters durch keine
irkliche Autorität gedeckt, und die Unterwerfung von Frauen
und Kindern hatte etwas von einer «Identifikation mit dem Aggressor». Väter, die in der Welt der Arbeit eine armselige, sub-
alterne Stellung innehatten und den Rücken krümmen mußten, konnten zu Hause als Herr auftrumpfen und den erlittenen
Druck an Frau und Kinder weitergeben. Die idealiter mit der
Ausbildung von Ich und Über-Ich verknüpfte Fähigkeit, etwas
an seinem Begriff zu überprüfen und gegebenfalls zu verwerfen,
verkam so zum reflexhaft-unbefragten Befolgen jedweden
Kommandos.

Ein Blick auf die Verheerungen, die elterliche, vor allem väterliche Autorität angerichtet haben, verbietet jede Idealisierung eines untergegangenen vermeintlichen Goldenen Zeitalters. Dennoch müssen wir heute erschrocken konstatieren, daß
das Schwinden der sozialisierenden Kraft der Familie keineswegs nur ein Segen ist. Die neuen, permissiv genannten Erziehungsstile, die von Vergleichgültigung und Erziehungsverweigerung mitunter kaum zu unterscheiden sind, bewahren die
Kinder zwar vor mancher physischen Grausamkeit, enthalten
ihnen aber auch Prägungen vor, weil die Affekte und Antriebspotentiale nicht mehr ausreichend humanisiert werden. Viele
Eltern setzen ihre Kinder gleichsam aus, auch wenn sie es im
Sinne einer frühen Selbständigkeitserziehung gut meinen.
Diese Kinder wirken dann nicht nur so, als hätte man ihnen zeitig ein Angebot zu Emanzipation und Selbsttätigkeit gemacht,
sondern als hätte man sie zu einem Zeitpunkt allein gelassen, da
sie des Halts und der Fürsorge durch die Eltern noch bedurften.
So hat sich eine Duldsamkeit gegenüber Kindern heraus-
gebildet, die mehr von Normunsicherheit, Schwäche, Desorientierung und Verunsicherung, ja auch von mangelndem
emotionalen Interesse der Eltern motiviert ist und weniger von
Zuneigung und Einsicht. Die Kinder entwickeln mehrheitlich

flache Anpassungsmuster, die ihre statuskonforme Vergesellschaftung erleichtern mögen, aber unterhalb dieser brüchigen Anpassung hält sich eine archaisch anmutende Affektmatrix durch. Mit der geprägten Innerlichkeit sterben moralische Substanz und kritische Urteilskraft, so daß am Ende nur Reflexhaftigkeit bleibt, die Tendenz, auf äußere Reize und Signale prompt und ohne Dazwischentreten einer prüfenden Instanz zu reagieren. Das Ich als Organisationskern der Person löst sich auf in ein unaufhörliches Wispern und Rauschen fremder Stimmen, denen das Subjekt prompt Folge zu leisten versucht, ohne deren Botschaften zuvor an verinnerlichten Normen zu prüfen. «Identität» ist nicht länger die psychische Dimension, die zwischen dem gesellschaftlichen und dem individuellen Leben des einzelnen vermittelt, sondern das «Allgemeine als Absolutes» (Theodor W. Adorno), in dem das Besondere verdampft.

Der Einbruch des Sozialen erfolgt im Freudschen Modell auf einer Entwicklungsstufe des Kindes, auf der das Ich bereits eine solche Stärke erreicht hat, daß es seine Phantasien, Wünsche und Objektbeziehungen zu einem kohärenten Ganzen zu integrieren vermag. Gegenwärtig bricht die Gesellschaft durch das, was Herbert Marcuse «vorzeitige Sozialisierung» genannt hat, in die Subjekte unterhalb ihrer Individuation ein und verhindert sie auf diese Weise. Die Familie verliert ihre sozialisierenden Funktionen an gesellschaftliche Instanzen, die sich des Kindes unter Umgehung der Vermittlung durch Eltern und Familie bemächtigen. Das sich so herausbildende Ich ist eine brüchige und schwache Instanz, die zeitlebens von Regressionstendenzen, Fragmentierung und Auflösung bedroht ist. In Kränkungs- und Trennungssituationen, die den Kernbereich frühkindlicher Traumatisierungen aktivieren, greift das bedrohte Subjekt zu archaischen Abwehroperationen, die dem Versuch dienen, das innere Grauen in die Außenwelt zu verlegen und dort zu bekämpfen.

Inzwischen wird man den von Paul Federn geprägten, später von Alexander Mitscherlich und Herbert Marcuse aufgegriffenen Begriff der «vaterlosen Gesellschaft» zu dem der «elternlosen Gesellschaft» erweitern müssen. Nicht nur werden, wie Marcuse formulierte, die Bürger in den fortgeschrittensten Sektoren der Gegenwartsgesellschaft «nicht mehr ernstlich von Vaterimagines heimgesucht», so daß sich das klassische Über-Ich, das ein Erbe der Identifikation mit dem Vater ist, nicht mehr ausbildet – sie werden im emphatischen Sinne überhaupt nicht mehr sozialisiert, sondern von der Gesellschaft direkt in Betrieb genommen. Als Zuchtmeister haben die Väter ausgedient, was man aus den genannten Gründen ja begrüßen könnte. Aber da eine neue positiv besetzte Rolle für die Väter schwer zu finden ist, ziehen sie sich mehrheitlich aus dem Erziehungsgelände zurück und überlassen die Sozialisation ihren Frauen und anonymen gesellschaftlichen Instanzen. Was oft ganz auf sich gestellte Mütter auf dem Gebiet der Erziehung leisten, nötigt zwar Respekt ab; dem soziologisch und sozialpsychologisch geschulten Blick erschließt sich aber zugleich das Problematische an der immer exklusiver werdenden Beziehung zwischen Müttern und Kindern. Mütter, die von dieser ihnen aufgehalsten Bürde überfordert sind oder aus irgendwelchen Gründen ihr Kind unbewußt ablehnen, vermögen kein Gegengewicht zu Kälte und Vergleichgültigung zu bilden. Während die Väter sich zurückziehen oder wechseln, wohnt der Bindung an die Mutter eine Tendenz inne, immer ausschließlicher und «klebriger» zu werden, so daß sich vor allem junge Männer oft nur gewaltsam aus ihrer symbiotischen Gefangenschaft befreien können.

Der Schonraum der Familie wird geschleift, vermittelnde psychische Strukturen bilden sich kaum noch aus. Sexuelle und aggressive Triebe halten sich immer weniger an Regeln, die Macht des Unbewußten wird gestärkt und bedroht das gesellschaftliche Zusammenleben. Jede zivilisierte, also nicht auf blankem Terror basierende Vereinigung von Menschen wird durch irgendeine Art der libidinösen Besetzung zusammengehalten, die in frühen Bindungen eingeübt und später auf transfamiliale, gesellschaftliche Beziehungen übertragen wird. Eine pure Abstraktion kann nicht wirklich zum Gegenstand libidinöser Besetzungen werden, und so sind wir gegenwärtig Zeugen des Auseinanderfallens der Gesellschaft in vergleichgültigte, kalte Selbstverwertungsmonaden einerseits und das völlig Abstrakte einer Weltgesellschaft andererseits. Die immer weniger in wirkliche, an Personen gebundene Kommunikations- und Bearbeitungsprozesse eingehenden Antriebspotentiale der Subjekte gefährden den Fortbestand der Zivilisation, die ja als Bändigung des Archaischen zu fassen wäre.

Wir haben es nicht seit rund 200 Jahren mit dem «Kapitalismus» als fertig ausgebildetem System zu tun, sondern mit der «Durchsetzungsgeschichte» (Robert Kurz) dieser Produktionsweise, die erst heute zum totalen Weltverhältnis wird. Über lange Strecken der Moderne lebten wir in einer Art Übergangsgesellschaft, in die noch zahlreiche Reste vorkapitalistischer, bäuerlich-handwerklicher Produktionsweisen eingelagert waren. Die kapitalistische Gesellschaft zerstörte zunächst keineswegs das gesamte Erbe der vorbürgerlich-ständischen Zeit, sondern nutzte es für eigene Zwecke. Es gelang ihr, eine auf Privatunternehmen basierende Wirtschaft mit Motivationen zu verknüpfen, die nichts mit der Logik des freien Marktes und des Geldes zu tun hatten, also beispielsweise mit der protestantischen Ethik, aus den Zünften stammenden Formen traditioneller Sittlichkeit und geschäftlicher Fairneß, mit dem Verzicht auf unmittelbare Befriedigung und (Lust-)Gewinn sowie mit Pflichtgefühl und Vertrauen, die sie aus familiären Verkehrsformen bezog. So konnten jene Zentrifugalkräfte der Individualisierung und egoistischen Nutzenmaximierung leidlich im

Zaum gehalten werden, vor deren gesellschaftszerstörender Kraft schon Adam Smith die aufsteigende Bourgeoisie gewarnt hatte. Am Ende sollte jedoch Marx mit seinen skeptischen Prophezeiungen aus dem «Kommunistischen Manifest» recht behalten: Der Kapitalismus war die Kraft der permanenten Revolution, die «alle feudalen, patriarchalischen, idyllischen Verhältnisse zerstört» und schließlich «kein anderes Band zwischen Mensch und Mensch übrigläßt, als das nackte Interesse, die gefühllose ‹bare Zahlung›».

Vor allem aber zehrte die kapitalistische Gesellschaft zunächst einmal von einem strukturfremden, nicht auf Ware-Geld-Beziehungen basierenden Element, das ihr die «Ware Arbeitskraft» relativ zuverlässig produzierte: der Familie. In ihr überdauerte eine gebrauchswertbezogene, an Bedürfnissen orientierte Produktionsweise, die es möglich machte, die naturhafte Seite der Menschen gemäß ihren eigenen Zeitmaßen und Reifungsbedingungen mit Gesellschaftlichem zu vermitteln. Sozialisation besitzt eine andere Zeitstruktur als die lineare Zeit des Kapitals, und der relative Schonraum der Familie sorgte dafür, daß sich dessen Abstraktionen und Rhythmen dem Kind nicht allzu früh aufdrängten. «Das Wort Sozialisation bezeichnet den Kern, daß die Vergesellschaftung der Menschen nicht direkt, sondern im Intimbereich und dort indirekt geschieht. Die Urobjekte, auf die das Kind stößt, sind objektiv (nicht freiwillig und nicht in jedem Fall bewußt) Agenten des Reichs der Notwendigkeit. Die von ihnen ausgeübten Feingriffe der Erziehung beruhen auf einer spezifischen Verführungskunst. Es werden nämlich, um die selbstregulierende Zuarbeit des Kindes zu gewinnen, zum Schein die im Reich der Notwendigkeit herrschenden Gesetze außer Kraft gesetzt. Draußen geht es nach Leistung und Gegenleistung, im intimen Beziehungsbereich nach Bedürfnis; die Ankunft im Reich der Notwendigkeit ist aber nur aufgeschoben. Nur dieses Prinzip der Verführung mobilisiert umfassend. (…) Keine Agentur der äußeren Ökonomie kann diese Grundlage der ersten Erziehungsschritte ersetzen. Alle angewendeten Mittel wären zu direkt.»*

Wie Mutter und Kind zunächst körpersprachlich, dann im Rahmen einer kindlichen Privatsprache miteinander kommunizieren, bevor das Kind fähig wird, sich der herrschenden Sprache zu bedienen, die wie Gedankengeld funktioniert und den Gebrauchswertcharakter der Privatsprache aufhebt, so muß Erziehung den zyklischen Zeitrhythmus der kindlichen Entwicklung zunächst respektieren, bevor das Kind fähig wird, seine Synchronisierung mit der Welt-Zeit herzustellen. «Der Säugling lebt», heißt es bei Jean Liedloff, «wie ein kleiner Guru im ewigen Jetzt», er erfährt Zeit im physiologischen Rhythmus von körperlichen Spannungszuständen und Befriedigung, Schlaf und Wachsein. Schon Rousseau wußte, daß der Umgang mit Kindern zu jenen Tätigkeiten gehört, bei denen es darauf ankommt, Zeit zu verlieren, nicht Zeit zu gewinnen oder einzusparen. Versucht der Erwachsene, das Kind seiner Zeitstruktur zu unterwerfen, verteidigt er einseitig seine Zeitauffassung gegen die des Kindes, so stößt er auf einen ungerichteten, aber hartnäckigen Widerstand. Der Erwachsene muß Empathie aufbringen, mit dem kindlichen Rhythmus mitschwingen, um die Bedürfnisse des Kindes zu spüren. Mangelnde Empathie, falsches «Halten» und fehlender Schutz führen zu einer Unterbrechung der «Kontinuität des kindlichen Seins» und zwingen es zu vorzeitigen Reaktionen und Abwehrmaßnahmen, die seinen Charakter verbiegen, Formen eines «falschen Selbst» hervorbringen oder im Extrem die Gefahr einer borderlineartigen oder gar psychotischen Entwicklung heraufbeschwören.

Das sich bildende Ich des Kindes, die Entwicklung seiner psy-

* Negt/Kluge, Geschichte und Eigensinn, Bd. 3, Frankfurt am Main 1993, S. 872/73.

chischen Struktur, die das Resultat einer ständigen Umwandlung von Körperlichem in Seelisches darstellt, ist abhängig vom stützenden Ich der Mutter und deren «ausreichend guter Bemutterung». In dem Maße, wie die Familie «auf ein reines Geldverhältnis» gebracht wird und die «gefühllose, bare Zahlung» von ihrer Binnenstruktur Besitz ergreift, zerstört die kapitalistische Gesellschaft der Gegenwart die Formen, in denen «Kultur» sich die menschliche «Natur» angeeignet hat. Ein gewisses Mindestmaß an familiärer Sozialisation, Stabilität und Verläßlichkeit von persönlichen Bindungen scheint unerläßlich zu sein, damit der Mensch seine «psychische Geburt» (M. Mahler) vollenden kann. Wird dies unterschritten, dann lösen sich jene Reste von Identität auf, die auch für den Fortbestand der kapitalistischen Gesellschaft unabdingbar sind. Die Bindung der Libido an Objekte, der Erwerb von Symbolisierungs- und Sublimierungsfähigkeit sind Vorbedingungen eines jeden gesellschaftlichen Zusammenlebens, ja des Humanen selbst. Gesellschaftliche Koexistenz ist nur möglich, wenn die Menschen in der Lage sind, affektive und triebhafte Impulse abzufangen und dosiert und bearbeitet zu äußern. Ein Fundus leidlich geglückter anfänglicher Beziehungserfahrungen ist unerläßlich, damit sich basale Ich-Strukturen als Voraussetzung von Symbolisierung, Sublimierung und Frustrationstoleranz ausbilden können.

Der eigentliche Feind der Industrie im Zeitalter der Massenproduktion ist aber der Bestand an kleinen Besitztümern, den die Menschen traditionell zu hegen und zu pflegen gelernt haben. Nun kann man jemandem nicht beibringen, seine verschlissenen, beschädigten oder aus der Mode gekommenen Sachen wegzuwerfen und sich neue zu kaufen, ohne insgesamt die Bedingungen für Pflege, Sorgfalt und die «Fähigkeit zur Besorgnis» (Winnicott) zu verschlechtern. Eine Gesellschaft, die sich des sogenannten analen Syndroms entledigt, um alle Dinge wie leere Verpackungen wegzuwerfen, kann schwerlich verhindern, daß nicht auch die Menschen miteinander so umspringen. Der vorherrschende Umgang mit den Dingen greift auf die menschlichen Beziehungen über, und die Kinder lernen heute beizeiten, daß es keinen Sinn hat, ihr Herz an irgend etwas oder irgend jemand zu hängen.

Die waren- und tauschförmigen Beziehungen zu Menschen und Dingen fördern Erlebnisweisen der raschen Folge von Idealisierung und nachfolgender rabiater Entwertung, die borderlineartige Züge tragen. Die von der Industrie geforderte Fähigkeit, sich von Altbewährtem und Liebgewordenen rasch trennen zu können, teilt allen Beziehungen etwas von der Flüchtigkeit des geplanten Verschleißes mit. Viele Kinder machen die Erfahrung, daß selbst die Ehe der Eltern ernsthaftere Krisen nicht übersteht, und werden so früh über die prinzipielle Austauschbarkeit individueller Bindungen belehrt. Was wie eine Familie aussieht, ist oft nur noch die Addition von Warencharakteren und das bloße Nebeneinander von Einsamkeiten.

Um es denen, die uns mißverstehen wollen, etwas schwerer zu machen, sei noch einmal darauf hingewiesen: Es geht hier nicht darum, im Sinne einer konservativen Kulturkritik, die in Deutschland eine lange, unsägliche Tradition hat, die «gute alte Familie» zu bewahren und für alle Übel der Gegenwart den Verlust der «väterlichen Autorität» verantwortlich zu machen. Die Erosionskrise der Gegenwart tritt in ihrer den Innenbau der Subjekte betreffenden Dimension als Wegfall jener Panzerungen zutage, die dem autoritär-autoritätsgebundenen Charakter durch eine Erziehung verpaßt wurden, die in den gesellschaftlichen Niederungen weitgehend eine Dressur war. Dort, wo die psychische Geburt unvollendet blieb und die Ich-Entwicklung blockiert wurde, rastete wie ein Zahnrad ein vorzeitig implantiertes starres Über-Ich ein, das im Verein mit einem unter Drill steifgewordenen Körper dafür sorgte, daß die für den Fortbestand von Herrschaft gefährlichen Stimuli abgewehrt und auf Sündenböcke verschoben wurden. Die Folgen dieser unvollständigen Menschwerdung und neuartiger Entbehrungen treten nach dem Wegfall ihrer autoritären Eindämmung um so stärker in Erscheinung. Mit der Zunahme psychischer Strukturdefizite wachsen auch die Tendenzen ihrer ungehemmten Artikulation.

So hat sich der Kapitalismus in einem für ihn unlösbaren Widerspruch verfangen: Indem er die Menschen im Interesse seiner gewandelten Anforderungsstruktur mobilisiert und flexibilisiert, zerstört er gleichzeitig ihre Identitätsstruktur. Das «Barzahlungsprinzip» in Sozialisation und Familie einzuführen ist ein Akt, der nicht nur die «psychische Geburt des Menschen» gefährdet, was das System ja noch hinnehmen könnte, sondern auch die Expansion des Kapitals stillegen könnte, weil er die Individuen, also auch die Ware Arbeitskraft, ruiniert.

Gegenwärtig werden die Subjekte als leere Behälter begriffen, in die nach Belieben gesellschaftlich funktionale Reaktionsweisen plaziert werden können. Sie sind nicht länger relativ autonome Integrationszentren von divergierenden Interessen, die eigene Balancen zwischen ihrer inneren Triebökonomie und den Imperativen der äußeren Ökonomie herstellen, sondern bloße Empfänger von Signalen, die der Markt aussendet. Integriert wird lediglich noch im Interesse des Funktionierens des Ganzen, während der Bereich der Affekte, sofern er nicht durch Kauf und Genuß von Waren und Dienstleistungen abgesättigt wird, unintegriert bleibt und eine zunehmend gespenstische und sich jedem steuernden Zugriff entziehende Eigendynamik entfaltet. Die Gesellschaft des losgelassenen Marktes pulverisiert im Namen von Mobilität und Flexibilität verinnerlichte «Selbstzwänge» und Disziplinierungen und versucht diese durch verstärkte äußere Kontrollen und eine perverse

Lust am Funktionieren und Mitmachen zu ersetzen. Der von Elias beschriebene «Prozeß der Zivilisation» wird teilweise rückgängig gemacht, und wir erleben ein merkwürdiges Zugleich von neuen gewaltförmigen «Fremdzwängen» und konsumistischer Enthemmung. Man tut, was man will, worauf man Lust und woran man Spaß hat, wobei dieser Spaß selten die Bahnen verläßt, die das System der Ware den Menschen vorgibt und verordnet. Die sich ausbreitende «Spaßkultur» ist insofern fragwürdig, als sie gegen Sinn und Vernunft gut abisoliert ist und von politischer Ohnmacht zeugt. Es scheint, als sei das bloße Funktionieren der Gesellschaft für viele eine hinreichende Rechtfertigung ihres Anspruchs auf Loyalität, die sie auch dann nicht in Frage stellen, wenn das System an den Rändern immer unverhüllter Gewalt und Unterdrückung praktiziert.

Diejenigen, die der Markt noch nicht als überflüssig ausgespuckt hat, verachten jene als «loser», die genötigt sind, in ihren zunehmend segregierten Revieren eine Existenz an oder gar unterhalb der Armutsschwelle zu fristen. Wer sich selbst als «winner» begreift, zieht sich in seine bunt und glitzernd ausstaffierten Reviere zurück, in die der Geruch von Armut und Elend nicht eindringen soll: «Eure Armut kotzt mich an», ist auf Aufklebern zu lesen, die an Jeeps oder Cabriolets kleben. Auch in dieser Form der Aufkündigung von Solidarität und Einfühlung sehen wir einen Akt von Barbarei, weil solche Haltungen den Trend zur Zerstörung all jener kollektiven Instanzen und Mentalitäten begünstigen, die einzig in der Lage sind, den Auswirkungen des entfesselten Marktes entgegenzuwirken. Zu den Folgen der Machtergreifung der neoliberalen Religion, die die einzelbetriebliche Kalkulation zur Sozialutopie der ganzen Gesellschaft erhebt, gehört die umfassende Durchsetzung jener Art von moralischem Darwinismus, «der mit dem Kult des *winner*, einer Mischung aus höherer Mathematik und Tiefsprung am Gummiseil, den Kampf eines jeden gegen jeden und den normativen Zynismus all seiner Praktiken» ins Recht setzt.*

Hinter dem Schleier des neoliberalen gesellschaftlichen «Friedens» und der hedonistischen Spaßkultur wächst ein Potential an Haß, Indifferenz und Feindseligkeit heran, das ihn in letzter Zeit spektakulär zerrissen und den Blick auf seine Rückseite freigegeben hat. Der Riß, der durch die Welt geht, geht auch durch die Menschen, und wenn diese ihre Vergesellschaftung zunehmend als etwas erleben, das sich auf eine radikalisierte Weise über ihre Köpfe hinweg durchsetzt und sich gänzlich von ihnen losreißt, müssen die Typik zwischenmenschlicher Beziehungen, die Affekt- und Wahrnehmungsgewohnheiten weit über die Sphäre der ökonomischen Verhältnisse von dieser Dissoziation betroffen sein. Die «Hölle» des neoliberalen Zeitalters erschließt sich uns als das Zugleich der verschiedenen, sich miteinander verschränkenden Ebenen von sozialer und psychischer Desintegration.

* Pierre Bourdieu, Gegenfeuer, Konstanz 1998, S. 116.

Über die Wurzeln von Wut und Haß

Das «Borderline-Syndrom» als sozialpsychologische
Signatur des Zeitalters

> «*Die Kälte geht in die Finger*
> *und Zehen, wenn es kalt ist.*
> *Es gibt Kälte- und Wärmegrade.*
> *An und für sich ist es immer kalt.*»
>
> (Ernst Herbeck, genannt Alexander)

Vergegenwärtigen wir uns, was vor allem die zeitgenössische Psychoanalyse über das «Borderline-Syndrom» und seine schweren klinischen Auswirkungen in Erfahrung gebracht hat. Zentrales Merkmal der Borderline-Persönlichkeit ist eine unkontrollierte und vom Betroffenen schwer vorhersehbare Regressionsneigung. In Krisensituationen oder unter Streßbedingungen kollabieren die nur schwach entwickelten Ich-Strukturen, ihre Funktionen bilden sich zurück und weichen archaischen Spaltungsoperationen, die jetzt zu Abwehrzwecken eingesetzt werden. Diese Regression kann in schweren Fällen bis an den Rand der Psychose, also des völligen Verlustes der Ich-Grenzen führen.

Den Fluchtpunkt der Regression stellt jene Stufe der frühkindlichen Entwicklung dar, die Melanie Klein als «paranoid-schizoide Position» gefaßt hat. In ihr entledigt sich das Kind seiner «bösen», aggressiven Gefühle, indem es sie im Inneren der Mutter deponiert. Damit aber wird die Mutter zugleich zu einem bösen, also gefährlichen, womöglich verfolgenden Objekt, das gefürchtet wird. Da das Kind dennoch auf die Pflege und Zuwendung der Mutter angewiesen bleibt, muß es in einem weiteren Schritt das Bild der bösen Mutter abspalten, um allein das Bild der guten, schützenden Mutter zurückzubehalten. Wenn die Reifungsbedingungen gut genug sind und die guten Erfahrungen die schlechten überwiegen, gelingt es dem Kind gegen Ende der «Loslösungs- und Individuationsphase», die Spaltung aufzugeben und die Teilbilder zu einer integrierten Person zusammenzufügen.*

Die Überwindung des frühkindlichen Dualismus bildet die psychostrukturelle Voraussetzung für die Ausbildung von Objektkonstanz, für die Fähigkeit zu Besorgnis und Wiedergutmachung, für Empathie, die Integration der Ich- und Über-Ich-Strukturen und für die Errichtung von stabilen Verdrängungsgrenzen, die das Ich vom Es abgrenzen. Vor allem aber ist die gelungene Aufhebung der Spaltung in «nur gut» und «nur böse» Bedingung für die Herausbildung von Ambivalenz- und Angsttoleranz sowie anderer reifer, dialektischer Ich-Funktionen, deren Bedeutung für die Aufrechterhaltung demokratischer und städtisch-gesellschaftlicher Verkehrsformen wir gar nicht hoch genug veranschlagen können. Das geschichtlich bisher nur ansatzweise realisierte Projekt «Demokratie», das ja

---

* Bernd Nitzschke und Franz Renggli haben mit Recht darauf hingewiesen, daß Melanie Klein sich einer Ontologisierung des ‹Bösen› schuldig macht, indem sie übersieht, daß die Spaltungsmechanismen des Kindes ihr fundamentum in re im selber gespaltenen, ambivalenten, psychotoxischen Verhalten vieler Mütter besitzt, das diese Kultur in Gestalt der Anweisungsstrukturen «schwarzer Pädagogik» ihnen nahelegt. Kindliche Phantasien sind mitunter auch Derivate realer emotionaler Austauschprozesse und antworten auf tatsächlich vorhandene Feindseligkeiten oder Ambivalenzen der Mutter. Das ‹Böse› entsteht weder auf seiten des Kindes wie bei Melanie Klein, noch auf seiten der Mutter / Eltern wie bei Alice Miller, sondern ist, solange sich der gesellschaftliche Zusammenhalt auf zwischenmenschliche Feindseligkeit gründet, allen emotionalen Austauschprozessen und Näheverhältnissen in verschiedenen Verdünnungen in Gestalt von Wut, Haß und Neid beigemischt.

keine dumpfe Gesinnungsgemeinschaft von «Volksgenossen» meint, sondern ein System von Verkehrsregeln entwickeln will, das die Entfaltung von Dissens und Verschiedenheit ermöglicht, beruht auf der Fähigkeit, auch die anderen als Individuen mit eigensinnigen Motivationen, die in ihren Gefühlen und Verhaltensweisen durchaus ambivalente Wesen sind, zu verstehen und zu ertragen. Die größte Leistung moderner Subjektivität besteht in der Ausbildung des an die Existenz des «Ichs» geknüpften Vermögens, unaufhebbare Widersprüche, in die das Subjekt sich zwangsläufig verstrickt, auszuhalten, und Veränderungen, denen es unterworfen ist, zu integrieren und sich dennoch als im Grunde dasselbe durchzuhalten.

Gelingt es einem Menschen aufgrund ungünstiger Entwicklungsbedingungen nicht, die Phase der Spaltung zu überwinden, wird er zeitlebens Gefahr laufen, eine innere schemenhafte und diffuse Angst nach außen zu stülpen und in anderen zu deponieren, um sich durch diesen Vorgang der «projektiven Identifizierung» (Melanie Klein) vor einer noch weitergehenden Fragmentierung zu schützen. Der «Borderliner», wie wir diesen Typus der Kürze wegen ein wenig flapsig nennen wollen, muß die «guten» und die «bösen» inneren Objekte wie zwei Stromkabel getrennt halten, um zu verhindern, daß sich das böse Objekt als übermächtig erweist und das gute zerstört und vernichtet.

Während der Neurotiker sich auf dem Wege der Verdrängung gegen verpönte Triebwünsche zur Wehr setzt und die nicht abgeführte Erregung in Angst verkehrt, die in Symptomen wie Zwangshandlungen, Konversionen und gewissen Charakterzügen gebunden wird, schützt sich der Borderliner mittels vergleichsweise archaischer Abwehroperationen wie Spaltung, Verleugnung und Projektion vor der Vernichtung der «guten» durch die «bösen» inneren Objekte – und damit letztlich vor der vollständigen Desintegration seiner psychischen Struktur, die seiner Vernichtung gleichkäme. Er leidet unter einer chronischen «Ich- und Fragmentierungs-Angst», die zu groß und diffus ist, als daß sie sich in klassischen neurotischen Symptomen dauerhaft unterbringen ließe. Unter Streßbedingungen kommt es deshalb immer wieder zum Einsatz von Spaltungsoperationen und projektiven Identifizierungen, die unkontrollierte Impulsdurchbrüche nach sich ziehen können. Für Außenstehende läppische Reize und Anlässe – diffuser Streß, Kritik, Frustration – können eine archaisch-entmischte Aggressivität entsperren, die sich in blinden Wutausbrüchen entlädt. Wut und Haß, die jetzt freigesetzt werden, sind frühkindlich und grenzenlos, wie sie es waren, als die Originalszenen von Gewalt und Traumatisierungen dem Kind seine Wunden schlugen.

Um einem verbreiteten Mißverständnis vorzubeugen: Gewalt liegt nicht erst dann vor, wenn Blut fließt, es Stockschläge setzt oder sexuelle Mißhandlung geschieht. Auch fortgesetzte kleinere Traumatisierungen können sich schließlich zu einem «kumulativen Trauma» (Masud Khan) zusammenfügen, auch das gesellschaftlich-durchschnittliche «Mittelelend» und eine scheinbar normal verlaufende Kindheit vermögen ein Kind durch Lieblosigkeit, Kälte und Vergleichgültigung lautlos derart zu verletzen, daß seine psychischen Energien in frühen Ambivalenzen eingefroren bleiben, auf die es in Situationen, die den Kernbereich seiner narzißtischen Verletzungen aktivieren, regrediert. Vor der bodenlosen Angst, die jetzt aufsteigt und in der das Ich zu versinken droht, schützt es sich, indem es auf eine Wut zurückgreift, die ihm schon damals als letzter Ausweg erschien.

Die unintegrierte Wut des kleinen Kindes, das verzweifelt gegen seine psychische Vernichtung ankämpft und in seinem blindwütigen Haß die ganze Welt in Stücke schlagen möchte, steckt nun jedoch im Körper eines Erwachsenen. Die Faust, mit der das kleine Kind gegen die Mutter oder sein Spielzeug vorging, umklammert jetzt womöglich den Knauf eines Revolvers, aber die Wut ist dieselbe. Die Unschuld des Kindes, wußte schon Augustin, beruhe auf seiner Schwäche, nicht auf dem, was es wolle, vor allem dann, so setzen wir hinzu, wenn es randvoll angefüllt ist mit ohnmächtiger Wut, die der Abwehr einer frühen Verlassenheitsdepression und archaischer Ängste dient.

Bei Borderlinern kommt es fast regelhaft zu kurzfristigen psychotischen Dekompensationen, für die sich die Bezeichnung «Mini-Psychose» eingebürgert hat. Je nachdem, ob man sich auf das Zusammentreffen verschiedener Krankheitszeichen, auf die Pathologie der psychischen Strukturen oder aber auf den Zustand einer transitorischen psychischen Dekompensation bezieht, spricht man vom «Borderline-Syndrom», der «Border-line-Struktur» oder vom «Borderline-Zustand» der «Mini-Psy-chose». In unserem Kontext ist der Umstand erwähnenswert, daß das, was im «Borderline-Zustand» geschieht, anschließend weitgehend einer Amnesie anheimfällt und höchstens im Sinne eines vagen Nachgefühls dem Bewußtsein zugänglich ist. Diese «dissoziativen» Phänomene führt man darauf zurück, daß sich ein Kind vor zu großer Angst oder Traumatisierung dadurch zu schützen versucht, daß es sich gleichsam aus der Situation entfernt und sich aufspaltet in verschiedene Ich-Zustände. «Ich spüre nichts, ich bin gar nicht da», suggeriert sich das mißhandelte Kind. Es macht sich stumpf und gefühllos, um überleben zu können – ein reduziertes Überleben allerdings, denn diese archaische Rettungsaktion raubt ihm die Fähigkeit, mit sich selbst und anderen mitfühlen zu können. Reiht sich im späteren Leben Niederlage an Niederlage, treten gehäuft belastende Erlebnisse und zwischenmenschliche Konflikte auf, kann es sein, daß der seelische Schmerz erneut derart groß und unerträglich wird, daß der Betreffende auf diesen frühen Mechanismus der Dissoziation zurückgreift. Er scheint vordergründig noch bei

Bewußtsein, weiß aber nicht mehr, was er tut, und spürt buchstäblich nichts mehr.*

In den Krankengeschichten von extremen Gewalttätern stößt man gelegentlich ebenfalls auf dieses rätselhafte Phänomen der Amnesie, eines Bermuda-Dreiecks des Gedächtnisses, in dem Erinnerungen an Gewalt verschwinden, was vor Gericht dann wie plumpe Leugnung aussieht und häufig auch als Ausdruck von «Verstocktheit» gewertet wird. Es bedarf einer großen Geduld und eines geschulten Einfühlungsvermögens, um die versunkenen Erinnerungen wieder ins Bewußtsein zu heben; aber nur dadurch könnte die Aufhebung des Spaltungsmechanismus und die psychische Integration von Wut und Haß gelingen. Neuere diagnostische Handbücher führen denn auch den Amoklauf unter der Rubrik «dissoziative Störungen», was der vorübergehenden Suspendierung der Verhaltenssteuerung durch das Ich und dem Phänomen der nachfolgenden Amnesie Rechnung trägt.

Halten wir vorläufig fest: Auf der Basis einer nicht «hinreichend guten und haltenden» (Winnicott) frühen Um- und Mitwelt scheitert die komplizierte und extrem störanfällige «psychische Geburt» des Menschen und die Humanisierung seiner Affekte, so daß sich archaische Schutz- und Abwehrmechanismen, zu denen das Kind im Augenblick des Ertrinkens in einem Meer der Angst griff, lebensgeschichtlich durchhalten. Unter der Oberfläche angepaßten Verhaltens, zu dem der Borderliner durchaus in der Lage ist, brodelt gleichsam ein Vulkan, der bei Ereignissen in besonderer Nähe zum innerpsychischen traumatischen Bereich ausbrechen und zur Eruption frühkindlicher Gefühlszustände und Abwehroperationen führen kann. Der bislang unauffällig und strukturiert wirkende Mensch entgleist und «knallt durch».

* Pfeiffer / Bräumer, Die zerrissene Seele, Wuppertal 1997, S. 39.

Über die Mechanismen und Gründe der Entwicklung borderlineartiger Züge existieren unterschiedliche, sich gegenseitig ergänzende Vermutungen. Kernberg sieht im Anschluß an Melanie Klein die Wurzeln für «Wut und Haß» (Stuttgart 1997) in einer starken Bindung an die frustrierende, «böse» Mutter. Wenn dem Säugling oder Kleinkind schwerer Schmerz zugefügt wird, führt dies zunächst zu Wut und dann, weil es die Identifikation mit und Bindung an das traumatisierende und frustrierende Objekt nicht aufgeben kann, zu chronifiziertem Haß. Die Mischung der Triebe – Libido und Aggression – mißlingt, und die Integration der voneinander abgespaltenen «nur guten» und «nur schlechten» internalisierten Objektbeziehungen kommt nicht zustande. Der Mensch birgt in seinem Inneren einen Brennstab aus ungebundener Aggression, der in krisenhaften Situationen durchglühen und ihn und seine Umwelt mit seinem Haß kontaminieren kann.

Nach der Auffassung von Margaret Mahler (Symbiose und Individuation, Stuttgart 1983) geht die Borderline-Störung auf einen gestörten Verlauf der «Loslösung und Individuation» zurück. «Borderline-Mütter» können ihr Kind nicht in die Selbständigkeit entlassen und arretieren es zwecks Aufrechterhaltung ihrer eigenen psychischen Homöostase in einem symbiotischen Gefängnis. Autonomiebestrebungen und Loslösungsversuche des Kindes stellen für solche Mütter eine Bedrohung dar, auf die sie mit abruptem libidinösen Rückzug reagieren. Besonders die Subphase der «Wiederannäherung», die den Zeitraum etwa vom 18. bis zum 36. Lebensmonat umfaßt, stellt an Mütter schwer zu meisternde Anforderungen. Nur wenn ein Kind die Erfahrung macht, daß es sich der Mutter wieder annähern kann, wenn es ob der Kühnheit seiner Ausflüge in die Welt und seiner realen Schwäche erschrickt – ohne in den Bannkreis einer verschlingenden Symbiose zu geraten, die sein erneutes Entfernen nicht zuläßt –, und daß es sich in der Gewißheit entfernen darf, jederzeit zur bergenden, Schutz gewährenden Mutter zurückkehren zu können, bildet sich eine Nähe-Distanz-Regulation heraus, die das Eingehen «reifer» Objektbeziehungen und einen halbwegs angstfreien Weg in die gesellschaftliche Fremde möglich macht.

Auf das Erlebnis des Fallengelassenwerdens durch eine sich abwendende Mutter hingegen reagiert das Kind mit Enttäuschung und Aggression, und je größer diese werden, desto hartnäckiger hält das Kind an dem Bild der guten, haltenden, symbiotischen Mutter fest, die es verloren hat und nach der es fortan verzweifelt sucht. Werden die Konflikte der Wiederannäherungsphase, durch die das Kind lernt, mit Ambivalenzen und Widersprüchen umzugehen, nicht ausgetragen und zu einem leidlich guten Ausgang gebracht, bleiben die Subjekte auf die Phase der Spaltung fixiert. Wie ein Zahnrad rastet bei unvollständiger Menschwerdung ein vorzeitig implantiertes Über-Ich ein, bei dessen Schwächung oder Entfernung die Kohäsion des Subjekts verlorengeht und ein ungewisser Regressionsprozeß einsetzt.

In Sartres Flaubert-Biographie «Der Idiot der Familie»* findet sich eine Schilderung der Konflikte der «Wiederannäherungsphase», die wir an dieser Stelle einschieben möchten, weil sie uns Aufschluß gibt über die Pathogenese von Wut und Haß in jener Lebensphase.

Bestimmte Mütter sind schockiert über die Regungen einer schüchternen Unabhängigkeit ihrer Kinder: Diese Neuankömmlinge kommen und gehen auf ihren Beinen, essen oder weigern sich zu essen, äußern in allem ‹Eigensinn›, Launen, eine starrköpfige ‹Persönlichkeit›. Aber sie haben dabei weder die Abhängigkeit noch die Hilflosigkeit verloren. Diese ausgebrüteten Kinder scheinen die Negation der mütterlichen An-

* Bd. 1, Reinbek, 1977, S. 369 ff.

strengungen zu sein: sie liebte sich in ihnen als die Gleiche; aber aufgrund dieser Liebe sind sie jetzt Andere. Viele Mütter und Eltern tun sich schwer mit dem grundlegenden Paradox ihrer Liebe: In dem Maße, wie sie das Kind lieben, setzen sie es instand, sich von ihnen zu individuieren und der Welt zuzuwenden.

Beim Trotzalter kann man von einer Gegenentwöhnung der Mutter sprechen: In dieser bereits späten Epoche entdeckt sie die radikale Alterität dessen, was sie für ihr Widerspiel hielt: ein Band ist zerrissen. Das ist nicht die Schuld der Kinder: ihr Körper behauptet seine Autonomie, das ist alles, und seine angebliche Revolte rührt lediglich daher, daß er gehen und laufen kann; der «Wille» kommt erst später. Das Kind empfindet sich als das Gleiche, die Eltern dagegen haben sich verändert: gestern gefiel es, warum mißfällt es heute? Heute verurteilt man, was man gestern begrüßte! Das Kind fühlt sich irrealisiert und falsch. Um vor sich selbst zu fliehen, stürzt es sich in neue Komödien: es schreit, spielt den Affen, tobt bis zur Erschöpfung und fällt ohne Übergang von Überdrehtheit in Wutgeheul. Manchmal will es der Schmierenkomödie durch eine echte Tat entkommen: aber was soll es anderes tun als zu zerstören? Es macht alles kaputt und wird bestraft. Das Kind erschrickt über seine eigene Wut und fürchtet, die Eltern zu zerstören. Es sucht ihre Nähe und stößt auf ein schroffes: «Sei ruhig, laß mich in Ruhe.» Jetzt weiß das Kind nicht mehr aus noch ein: man wirft ihm eine Autonomie vor, um die es nicht gebeten hat, man hält es sich vom Hals, und wenn es die verlorene Unterwürfigkeit wiederfinden will, wenn es versucht, die durchsichtige Scheibe, die es von den Seinen trennt, zu zerbrechen, dann behauptet man schlankweg, es spiele Komödie. Wie träumt es jetzt, sich einfach zurücktreiben zu lassen! Wie möchte es jetzt sein früheres Leben wiederhaben, das alte Reich der Bedürfnisse, dessen Sklave und Monarch es war! Wie sehnt es sich danach, die Wahrheiten des Hungers und der Nahrung, des Rufs und des Geschenks der Zärtlichkeit wiederzufinden! Kurz, es läßt sich fallen, es ‹regrediert› ohne ein anderes Resultat, als ins Bett zu pinkeln. Glückliche Kinder werden in dem Moment, da sich die Mutter von ihnen etwas abwendet, vom Vater an die Hand genommen. Aber was für eine Leere, wenn auch der Vater sich entzieht? Es bleibt allein, eingeschlossen in einen Kreislauf von Angst und Wut. Die Dressur beginnt, und es paßt sich an. Aber unter der Oberfläche seiner Unterwerfung brodelt ein Vulkan, der bei der kleinsten Gelegenheit ausbrechen kann. Wartet nur ab, bis das Kind erwachsen geworden ist und gekränkt wird!

Zurück zu Mahler: Sie sieht den Borderline-Patienten eingeklemmt in ein Sehnsucht-Angst-Dilemma. Fixiert auf die Erfahrungen in dieser Entwicklungsphase, die nun die Matrix für alle späteren Beziehungen abgibt, sehnt sich der Borderliner zeitlebens nach einer Nähe, die er zugleich als verschlingend fürchtet. Diese unglückliche Konstellation kann im Extrem zur sexualisierten Gewalt führen, durch die die Gefahr des Wiederverschlungenwerdens abgewehrt werden soll; in ihren milden, alltäglichen Gestalten bildet sie die Grundlage des «normalen» Beziehungselends unserer Tage.

Wichtig für den Fortgang unseres Versuchs, neuartige, motiv- und grundlos erscheinende Gewaltphänomene zu verstehen, ist vor allem, daß die Entwicklung der Erlebnis- und Gefühlswelt des Borderliners auf einer frühkindlichen Stufe steckengeblieben ist. Seine Fähigkeit zur Realitätsprüfung und Sublimierung bleibt unausgebildet, seine Wahrnehmung systematisch verzerrt; in schwierigen Lebensphasen ist er genötigt, innere Konfliktspannungen draußen in Szene zu setzen.

Den «Borderline-Zustand», die Interims- oder Mini-Psychose, haben wir uns vorzustellen als die nach innen gewendete Bosch'sche Hölle: Eine Welt zerrissener Emotionen, böser, verfolgender Partialobjekte, verschlingender Abgründe, eine Hölle der Desintegration und der Fragmentierung, lauter «gestauchte Teile» eines psychischen Puzzles, die sich zu keiner Identität mehr zusammenfügen lassen. Um dieser Hölle zu entgehen, verwandelt der in einer unaufhaltsam scheinenden Regression begriffene Mensch seine Angst, die ihn körperlich und psychisch zu verschlingen droht, in Wut, die er nach außen wendet und dort anderen die Hölle bereitet. Der innere Haß wird in die Welt projiziert und verwandelt sich im Extremfall des Amoks in die Masse der Umzubringenden.

Wenn Blicke töten können

Vom Riskantwerden der Blickverhältnisse

> «Wem soll man denn noch Glauben
> schenken, wenn nicht den Gesichtern
> oder zumindest den Augen, den Spiegeln
> der Seele?»
>
> (Michael Roes)

Bevor wir uns der Extremvariante des Amoks erneut zuwenden, wollen wir uns auf dem Hintergrund dessen, was wir über die Borderline-Störung und den für sie konstitutiven Mechanismus der «projektiven Identifizierung» in Erfahrung gebracht haben, einem eigenartigen und beunruhigenden Phänomen zuwenden: dem Riskantwerden der Blickverhältnisse zwischen Menschen in großstädtischen Agglomerationen.

Michael Roes' Roman «Der Coup der Berdache» (Berlin 1999) entnehme ich das Beispiel einer nächtlichen U-Bahn-Fahrt durch New York: «Nachts schauen die Menschen einander nicht an. Ihre Blicke sind starr ins Leere gerichtet, als könnte die Begegnung zweier Augenpaare schon ein Verbrechen provozieren. Natürlich sitzen nicht alle erstarrt da, sondern nur diejenigen, die zum Opfer zu werden sich fürchten, Frauen, alte Leute, die alleine unterwegs sind. Die drei Männer zum Beispiel, Puertoricaner oder Panamesen, okkupieren mit ihrem angetrunkenen Latino-Englisch den ganzen Waggon. Instinktiv schaut V. sich nach Verbündeten um: Ein Dutzend erwachsener, wenn auch vereinzelter und zum Teil verängstigter Fahrgäste stehen drei nach Selbstbehauptung hungernden Burschen gegenüber. Die Vereinzelung ist das Problem. Hauptsache, die

Wahl fällt nicht auf mich! Denn jeder spürt, die Jagd wird gerade vorbereitet. Die Augen der Jäger wandern unstet, aber aufmerksam über die Gesichter der Mitreisenden. Irgendeiner wird der Suggestion ‹Heute nacht bist du an der Reihe, du hast es den ganzen Tag schon gewußt!› nicht widerstehen können. Es genügt eine rasche, unkontrollierte Erwiderung ihres Blicks, schon nimmt das Drama seinen vorhersehbaren Verlauf: Is was, Alter? Was guckste denn so? Is was nicht in Ordnung? Gefallen dir unsere Visagen nicht? Willste uns etwa anmachen? Ah, mach dir mal nicht gleich in die Hose, Schwanzlutscher! Guck mich an, wenn ich mit dir rede! Is das deine Braut? Scheint ja mehr Courage zu haben als du Hosenscheißer …»

Eine inzwischen an vielen Orten fast alltägliche Situation: Der städtische Verkehr wird von jenen in Gefahr gebracht, bei denen Aggressionen und Ausgrenzungsprozesse, denen sie gesellschaftlich ausgesetzt sind, den reaktiven Druck der inneren Aggression so verstärken, daß es gehäuft zu Provokationen kommt, die sich in einer Kettenreaktion hin- und hergehender aggressiver Akte fortsetzen und manchmal in einer Explosion enden. In den letzten Jahren stößt man in Gefängnissen vermehrt auf junge Männer, die auf die Frage, wie es denn zu der Körperverletzung gekommen sei, deretwegen sie einsitzen, antworten: «Der hat komisch geguckt, da hab ich ihm mal vorsichtshalber eine gegeben.» Ich kenne kaum jemanden, dem zum Stichwort «Riskantwerden der Blickverhältnisse» nicht spontan eine eigene Erfahrung einfiele. In Amerika wird dem europäischen Besucher vor Ausflügen, die durch «gefährliche Bezirke» führen, der Rat erteilt, auf keinen Fall jemanden anzusehen und die Augen am besten hinter einer Sonnenbrille zu verbergen.

Unter den Bedingungen einer verbreiteten Ich-Schwäche und Regressionsneigung kann offensichtlich bereits ein harmloser Blick, der einen Augenblick zu lang den eines anderen trifft, dessen brüchigen Reizschutz durchschlagen. Sehen und Gesehenwerden bahnen uns den Weg in die Welt, sozialisieren uns, konstituieren unseren Platz in der Gesellschaft, definieren unsere Identität und unser Selbstwertgefühl. Das Auge ist nicht nur rezeptiv, sondern verfügt mit dem Blick über ein offensives Vermögen: den «Sehstrahl». Dieser schlägt Brücken zwischen uns und der Mitwelt, die die Abgründe und Distanzen überspringen, die die Menschen unter den Bedingungen ihrer Vereinzelung und gegenseitigen Vergleichgültigung voneinander trennen.

Ursprünglich gaben sich Fremde bei der Begegnung die Hand, um sich wechselseitig ihrer friedlichen Absichten zu versichern. Crocodile Dundee, der aus dem australischen Busch nach New York kommt, hält dort zunächst an dieser Gewohnheit fest und schickt sich an, allen Passanten, die ihm begegnen, die Hand zu geben. In den Städten tritt zunächst der Gruß an die Stelle des Händedrucks, bis auch dieser vor der Anonymität kapituliert und als letzte Möglichkeit der wechselseitigen Kenntnisnahme den Blick übrigläßt.

Gegenseitige Rücksichtnahme und eine gewisse Vergleichgültigung bilden die Grundlage eines Schutzes vor Triebentmischungen in einem Gelände, das durch Fremdheit und gleichzeitige Dichte hochkomplizierte Konfliktsphären eröffnet. Aber gegenwärtig scheint das Verdrängte unerledigt wiederzukehren und diesen letzten Brückenschlag zwischen Mensch und Mensch zu gefährden. Unter diesen Bedingungen wird virulent, was Sartre in «Das Sein und das Nichts» (Reinbek 1991) früh formuliert hat: «Der Andere ist der Feind, weil sein Blick meine Welt auflöst.» Wie aber kann der Blick des Anderen meine Welt auflösen? Schon das Auftauchen des Anderen in meinem Blickfeld «desintegriert meine Welt». Dadurch, daß auch er blickt, wird die Welt dezentriert. Die vorher ausschließlich mir gegebenen und auf mich zentrierten Dinge erscheinen auch ihm und fließen zu ihm hin ab. «So ist plötzlich ein Gegenstand erschienen, der mir die Welt gestohlen hat.»

Schlimmer noch: Der Blick des Anderen kann auch mich selbst zum Objekt wählen. Ich spüre, daß ich meine Freiheit verliere und zum Ding werde. Ich erfasse den Blick des Anderen als Verhärtung und Entfremdung meiner eigenen Möglichkeiten, er ist eine auf mich gerichtete Waffe, der Tod meiner Möglichkeiten. Mit dem Blick des Anderen entgeht mir die «Situation», oder, um einen banalen Ausdruck zu benutzen: «Ich bin nicht mehr Herr der Situation.» Im städtischen Verkehr erlebe ich mich als mir selbst tausendfach entgehend, ich werde fortwährend von lauter Blicken gestreift, die darauf zielen, mich aufzuspießen und festzunageln, mich niederzuringen und meiner Freiheiten zu berauben.

Sartres Phänomenologie des Blicks erschließt eine Ebene besonderer Verletzbarkeit von Subjektivität und ermöglicht die Wahrnehmung intersubjektiver Gewaltverhältnisse, deren harter Kern über lange Strecken hinter städtischen Maskierungen und funktionierenden Mechanismen des Reizschutzes verborgen blieb. Erst wenn sich der städtische Verkehr, vor allem in seinen «gefährlichen Bezirken», mit lauter frei flottierenden projektiven Identifizierungen auflädt, wird der Blick des Anderen zum potentiell gefährlichen «bösen Blick», der auf meine Vernichtung abzielt.

«Furcht vor Blicken» zählt Christa Rohde-Dachser zu den zahlreichen Symptomen, in denen eine Borderline-Störung sich äußern kann. Das Auge wird in der verzerrten Wahrnehmung des Borderliners zum verschlingenden Organ, das auf seine Einverleibung abzielt. Psychogenetisch verweist diese Tatsache auf die ursprünglich enge Verbindung zwischen Nahrungsaufnahme und ersten visuellen Erfahrungen: «Die Sehschärfe des Neugeborenen ist zunächst auf jene 20 Zentimeter eingestellt, die den an der Brust trinkenden Säugling von den Augen der

Mutter trennen. Der Blick der Mutter in dieser elementaren Situation ist der erste Spiegel, in dem das Kind sich sieht. Je nachdem, welche affektive Tönung dieser Blick aufweist, ob er Liebe und Wärme ausdrückt oder von Gleichgültigkeit und Kälte zeugt, erfährt sich das Kind in der Morgenstunde seines Lebens als «richtig» und erwünscht oder als «falsch» und unerwünscht.

Sartre hat in seinem großen, unabgeschlossen gebliebenen Projekt einer Flaubert-Biographie auf die Bedeutung eines ausreichend guten lebensgeschichtlichen Anfangs eindringlich hingewiesen und wunderbare Bilder und Metaphern für ein Geschehen gefunden, das aus Körperkommunikation besteht und weitgehend vorsprachlich abläuft und deshalb auch nur schwer durchs Nadelöhr der Versprachlichung zu pressen ist. Viele Begriffe gehen daneben, sind entweder zu technizistisch oder kitschig-sentimental. Folgen wir deshalb noch einmal für eine Weile Sartres Schilderung, die sich auf die Kindheit von Gustave Flaubert bezieht, aber Verallgemeinerungen durchaus zuläßt und uns einen profunderen Zugang zur Psychogenese von Identität und Selbstwertgefühl samt ihren Schädigungen ermöglicht, als die dürren Anmerkungen, die wir bislang zu diesem Thema gemacht haben.

«‹Liebe› ist zunächst identisch mit empfangener Pflege. Die Mutterliebe entäußert sich in konkreten Handlungen, die das Kind an und in seinem Körper wahrnimmt. Ausreichend gute Pflege verinnerlicht das Kind als Bewußtsein und Gefühl seines Wertes. Es wird, sagt Sartre, «valorisiert». «Die Valorisierung des Säuglings durch die Pflege geht umso tiefer, je offensichtlicher die Zärtlichkeit ist: wenn die Mutter mit ihm spricht, so erfaßt es die *Absicht* vor der Sprache; wenn sie ihm zulächelt, erkennt es den *Ausdruck* noch vor dem Gesicht. Seine kleine Welt wird gekreuzt von Sternschnuppen, die ihm Zeichen geben und deren Bedeutung vor allem darin liegt, daß sie ihm die mütterlichen Verhaltensweisen zueignen. Dieses Ungetüm ist ein absoluter Monarch, immer Zweck, niemals Mittel. Wenn ein Kind einmal in seinem Leben, mit drei Monaten, mit sechs Monaten, dieses Glück des Stolzes genießen kann, ist es ein Mensch: ein ganzes Leben lang wird es diese höchste Wollust zu herrschen weder wieder heraufbeschwören noch vergessen können. Aber bis in sein Mißgeschick hinein wird es eine Art religiösen Optimismus bewahren, der auf der abstrakten und ruhigen Gewißheit seines Wertes fußt. Auch im Elend ist es noch ein Privilegierter.» (Der Idiot der Familie, Bd. 1, Reinbek 1977, S. 138)

Mangel an Zärtlichkeit und Zuwendung hingegen ist für die Liebesqualen, was Unterernährung für den Hunger ist. Es gibt nichts Einsameres als Triebregungen und narzißtische Spiegelungsbedürfnisse, auf die keine Regung von außen antwortet. Frühe Frustrationen durchdringen das Kind wie eine objektive Verneinung und führen zu einer Verarmung des Lebens. Ein liebloser, kalter Beginn wirkt wie ein ursprüngliches Nein, das sich an alle späteren lebensgeschichtlichen Niederlagen wie ein Verstärker anschließt.

«Bei den Flauberts wird an allem gespart, auch an Zeit, denn Zeit ist Geld.» (ebd. S. 138) Eine ängstliche und kalte Mutter lächelt nicht, plappert nicht mit dem Kind: warum sollte sie auch zu diesem Baby sprechen, das sie nicht verstehen kann? Das Kind wird gewaschen, gestillt und versorgt ohne Hast, aber auch ohne überflüssige Gefälligkeit. «Gustave hat viel Mühe, jene Zerstreutheit der objektiven Welt, die Alterität zu erfassen; als sie ihm bewußt wird, als er die Gesichter, die sich über seine Wiege beugen, erkennt, ist ihm bereits eine erste Liebeschance entgangen. Er hat nicht bei einer Zärtlichkeit entdeckt, daß er von Fleisch und Blut und für andere höchstes Ziel ist. Jetzt ist es zu spät, daß er in seinen Augen die *Bestimmung* der mütterlichen Handlungen ist: er ist ihr Gegenstand, das ist alles. Warum? Er weiß es nicht: er wird bald dunkel spüren, daß er ein Mittel ist. Für Frau Flaubert ist dieses Kind nämlich das Mittel, ihre Mutterpflichten zu erfüllen.» (S. 138)

Das Verhalten der Mutter wird vom Neugeborenen absorbiert, konstituiert die Welt seiner inneren Objekte. Die Kindesliebe ist natürlich von der Geburt an auf die Begegnung mit dem Anderen aus, das Verhalten der Mutter, der Eltern fixiert ihre Grenzen und ihre Intensität, es bestimmt ihre innere Struktur. Gustave ist unmittelbar durch die Gleichgültigkeit der Mutter bestimmt; er begehrt allein; sein erster Geschlechts- und Nahrungstrieb zu einem ernährenden Körper hin wird ihm nicht durch eine Zärtlichkeit widergespiegelt. Der eigentliche Grund des Unbehagens ist die Nicht-Valorisierung: «Ein Kind muß ein *Mandat zu leben* haben: die Eltern sind die Mandanten; eine Liebesgunst fordert es dazu auf, die Barriere des Augenblicks zu überschreiten: man erwartet es im folgenden Augenblick, man betet es in ihm schon an, alles ist vorbereitet, um es mit Freuden in ihm zu empfangen; die Zukunft, eine schwammige, goldumrandete Wolke, erscheint ihm als seine Mission: ‹Lebe, um uns glücklich zu machen, damit wir dich unsererseits glücklich machen können!›» (S. 141)

Die elterliche Liebe garantiert den Erfolg der Mission. Später wird das Kind andere Ziele finden; zunächst kaschierte Konflikte können die Familie zerreißen, aber: das Wichtigste ist gewonnen. Die Liebe der Eltern hat ihm sein Leben als eine Bewegung auf ein Ziel hin offenbart: Das Kind «ist der bewußte Pfeil, der mitten im Flug erwacht und zugleich den fernen Bogenschützen, das Ziel und den Rausch des Fliegens entdeckt. Wenn es wirklich die erste Pflege, die ihm durch das vielfältige Lächeln der Welt gewidmet wurde, in seiner ganzen Fülle empfangen, wenn es sich in der archaischen Zeit des Stillens absolut souverän gefühlt hat, dann werden die Dinge weitergehen.» (S. 142)

Der Sinn eines Lebens geschieht dem Menschen durch die menschliche Gesellschaft, die ihn trägt oder zurückweist, und durch die Eltern, die ihn hervorbringen. Wenn die «Valorisierung» des Säuglings schlecht oder zu spät oder gar nicht geschieht, konstituiert das Versagen der frühen Umwelt das erlebte Leben als Unsinn: die innere Erfahrung offenbart dem

Kind eine lockere Folge von Präsenzen, die in der Vergangenheit versinken. Die subjektive Vergegenwärtigung von Zeit kennt keine Orientierung, da sie nicht als die Bewegung definiert worden ist, die von der vergangenen Liebe ausgeht und zur zukünftigen Liebe hinstrebt.

Oft ist also, so können wir festhalten, die spätere soziale Zurückweisung, die die Gegenwart für viele Menschen parat hält, im Keim schon in der Zurückweisung durch die Eltern enthalten und gewinnt durch diese Überlagerung ihre aggressive Brisanz. Äußeres stößt innen auf verschüttete alte Verletzungen, die wieder aufbrechen und Gefühle von Angst, Vernichtung und Wut freisetzen. Wer sich in den vor der bewußten Erfahrung liegenden, durch extreme Abhängigkeit gekennzeichneten Perioden seines Lebens nicht halbwegs aufgehoben und souverän gefühlt hat, wird sich ein basales Gefühl der Sicherheit später nur unter unsäglichen Mühen erwerben können. Wem nicht ein warmer und liebender Blick den Weg in die Welt bahnte, dem wird es zeitlebens an Vertrauen in Blickverhältnisse mangeln. Der fremde Blick wird zur verschlingenden und desintegrierenden Gefahr, der eigene zur Distanzwaffe.

Kehren wir nach diesem an der Hand von Sartre absolvierten Abstecher in die Psychogenese des «Ur-Vertrauens» in die Welt des städtischen Verkehrs zurück. Es kommt in der Stadt mit ihrem Zugleich von undurchschaubarer Fremdheit und körperlicher Dichte auf die Entschärfung und Integration primärer und aggressiver Triebregungen sowie die Entwicklung gelassener Haltungen besonders an, da in ihrem Klima, wie Alexander Mitscherlich gezeigt hat, «Konkurrenz und Neidgefühle permanent gereizt» werden und eine latente Feindseligkeit herrscht.*

* Die Unwirtlichkeit unserer Städte, Frankfurt am Main, 1971, S. 38.

Die städtischen Verkehrsverhältnisse produzieren Mißtrauen und verlangen Vorsicht. Immer verlegt uns in der Dichte des städtischen Gewühls jemand den Weg, ständig werden wir von Fremden gemustert, berührt, gestoßen, gestreift.

Georg Simmel hat das Neue und latent Bedrohliche dieser wechselseitigen stummen Beobachtung im Alltag großstädtischen Verkehrs hervorgehoben: «Im allgemeinen wird das, was wir von einem Menschen sehen, durch das interpretiert, was wir von ihm hören, während das Umgekehrte viel seltener ist. Deshalb ist der, der sieht, ohne zu hören, sehr viel verworrener, ratloser, beunruhigter, als der, der hört, ohne zu sehen. Hierin muß ein für die Soziologie der Großstadt bedeutsames Moment liegen. Der Verkehr in ihr, verglichen mit dem in der Kleinstadt, zeigt ein unermeßliches Übergewicht des Sehens über das Hören andrer; und zwar nicht nur, weil die Begegnungen auf der Straße in der kleinen Stadt eine relativ große Quote von Bekannten betreffen, mit denen man ein Wort wechselt oder deren Anblick uns die ganze, nicht nur die sichtbare Persönlichkeit reproduziert –, sondern vor allem durch die öffentlichen Beförderungsmittel. Vor der Ausbildung der Omnibusse, Eisenbahnen und Straßenbahnen im 19. Jahrhundert waren die Menschen überhaupt nicht in der Lage, sich minuten- bis stundenlang gegenseitig anblicken zu können oder zu müssen, ohne miteinander zu sprechen. Der moderne Verkehr gibt, was den weit überwiegenden Teil aller sinnlichen Relationen zwischen Mensch und Mensch betrifft, diese in noch immer wachsendem Maße dem bloßen Gesichtssinne anheim und muß damit die generellen soziologischen Gefühle auf ganz veränderte Voraussetzungen stellen.»*

Diese veränderten «soziologischen Gefühle» bestehen im Er-

---

* Zitiert nach Wolfgang Schivelbusch, Geschichte der Eisenbahnreise, München / Wien 1977, S. 71.

werb spezifischer Schutzhaltungen, es blüht die Kunst der Dissimulation und öffentlichen Maskierung. Wir bilden Strategien der defensiven Reizunterdrückung aus, eine «zivilisatorische Rindenbildung» (Schivelbusch), die in einem Kokon aus Urvertrauen besteht, den wir in Verlängerung ausreichend guter früher Erfahrungen um uns gesponnen haben, und der uns die ambivalente Gegenwart der anderen und ihrer Blicke ertragen läßt. Die Kunst der Dissimulation besteht darin, starke Affekte, aggressive wie libidinöse, zurückzuhalten und ihnen den ungefilterten Zugang zu Gestik und Mimik zu versagen. Würden die Gesichter jeden Affekt wie ein Lichtreflex spiegeln, wäre städtischer Verkehr kaum möglich.

Alltagsmasken und gewisse Stilisierungen entstehen als zivilisatorische Hülle. Sie verhindern allzu große Nähe, schützen vor projektiven Zuschreibungen und garantieren zugleich, daß die referenzlosen Fremden einander nicht allzu fremd werden und eine spezifisch begrenzte Kommunikation zwischen ihnen möglich bleibt. Es existiert ein verschwiegenes Regelwerk, das festlegt, wie man sich anspricht und wie lang ein Blickkontakt sein darf, damit er unterhalb der Bedeutungsschwelle bleibt. Sehen sich zwei Menschen jenseits der Kindheit länger als zehn Sekunden an, werden sie sich entweder lieben oder schlagen. «Wird ein Blick als zu direkt empfunden, wird er durch einen Gruß, ein Kopfnicken oder ein höfliches Lächeln entschärft und gewissermaßen vergesellschaftet, ehe seine Länge oder Intensität das erträgliche Maß überschreitet und zu privat, zu bedeutsam zu werden droht.»[*]

Der Stadtbewohner muß über ein «Bildrepertoire» (Roland Barthes) und eine spezifische Dekodierungsfähigkeit von Körpersignalen, Gesten und Mimik verfügen, die ihm ihre Einfügung in den Bereich des Vertrauten ermöglichen. Man muß

[*] Michael Roes, ebd., S. 151.

eben jenes Lächeln, das als höfliche Distanzierung gemeint war und soviel ausdrücken sollte wie: «Ich habe deinen Blick wahrgenommen, wir kennen uns nicht, doch es freut mich, daß du mich interessant findest» (Michael Roes), auch so dechiffrieren und deuten können. Die Verschaltung von Gefühlen und Ausdruck und ihre Wahrnehmung beim Anderen sind uns in Fleisch und Blut übergegangen und geschehen im Alltag quasi reflexartig und ohne Hinzutreten des Bewußtseins. Was aber geschieht, wenn sich bei der Dekodierung und Rückübersetzung Mißverständnisse und Fehldeutungen häufen? Wenn beispielsweise ein Mensch, der selber Lächeln als Sedierung von Aggression einsetzt, mein freundlich-distanziertes Lächeln ganz anders auslegt und als mühsam abgewehrte Aggression mißversteht, gerate ich unter Umständen in einen kaum noch zu stoppenden Kreislauf projektiver Identifizierungen. Ein Passant, dessen Wahrnehmung paranoid verzerrt ist, wird alles auf sich beziehen und systematisch mißdeuten: «Der da, der gerade lächelt, lacht er über mich? Führt er am Ende etwas gegen mich im Schilde?»

Der Gleichgültigkeit, die der Tausch als Grundmodell der Vergesellschaftung setzt, der universellen Nötigung zur Konkurrenz, die den anderen tendenziell zum «Gegenmenschen» werden läßt, der meine (Markt-)Chancen schmälert, wohnen eine Tendenz zur offenen Feindseligkeit inne, gegen die eine demokratisch-urbane Kultur «Ich-Leistungen» wie Toleranz, Rücksichtnahme und Respekt vor dem Fremden und Anderen aufbieten muß. Sie muß dann allerdings auch Sorge tragen, daß die Bedingungen des Erwerbs solcher Kompetenzen nicht zerstört werden. «Urbanität», heißt es in Helmut Königs Buch «Zivilisation und Leidenschaften» (Reinbek 1992), «ist die Kunst, die Gleichzeitigkeit von Nähe und Fremdheit in eine friedliche und befriedigende Form zu bringen.» Stets aber balanciert der städtische Verkehr auf der Grenze zur Anomie, und der mögliche Umschlag in Desintegration ist permanent gegenwärtig.

Immer schon gab es in großen Städten begrenzte, halb versteckte Reviere und Zonen, in denen es feindselig und «zotig» zuging, dezivilisierte Ränder, die der Bürger nur schaudernd, in einer Mischung aus Panik und Faszination, betrat. Bahnhöfe waren, bevor man sich anschickte, sie zu Shopping Malls herzurichten und das städtische «Gesindel» aus ihnen zu vertreiben, traditionell Orte, die die Gestrandeten und Grenzgänger (Borderliners) zwischen Wildnis und Zivilisation anzog und auch beherbergten. Hier herrschte eine verkehrte Welt, in der sich die Unter- und Nachtseite der bürgerlichen Gesellschaft an ihre städtische Oberseite kehrte. In gewisse Zonen eingehegt, war das erträglich und hatte eine wichtige kompensatorische Funktion: eine kontrollierte und begrenzte Entregelung der Sitten und Sinne trug letztlich zur Stabilisierung des bürgerlichen Alltags bei.

Was aber, wenn die Ränder in die Mitte hineinbrechen? Was geschieht, wenn das Regelwerk des städtischen Alltags von immer mehr Menschen absichtsvoll oder aus innerer, psychischer Not verletzt wird? Es würde gehäuft zu affektiven Kurz- und Fehlschlüssen und Energieverschiebungen kommen, die zu Erregungen am falschen Ort und gegen versetzte Objekte führen. Immer mehr Menschen durchqueren die Stadt als offene narzißtische Wunden und lebende Spaltungen, die auf der Suche nach einer Validierungsmöglichkeit für ihre Projektionen oder einem Container für innere Ängste und Wut sind. Auf die Wahrnehmung gespaltener Affekte und verborgener Signale gleichsam geeicht, durchbrechen sie die Regeln der Dissimulation. Jetzt wird das Zugleich von «Anpassung und Aggression», das Mitscherlich zufolge die Basis unserer städtischen Kultur bildet, problematisch, weil der «Borderliner» die mitunter mühsam dissimulierten aggressiven Regungen im Anderen wahrnimmt und «gekonnt» hervorkitzelt, um sich ihrer zur eigenen Entlastung zu bedienen. Mechanismen der «projektiven Identifizierung» rasten ein, setzen eine Kettenreaktion von sich wechselseitig verstärkenden Aggressionen in Gang und tragen in den städtischen Alltag ein Moment von Unberechenbarkeit und anonymer Bedrohung.

Erinnern wir uns an die Spirale der «projektiven Identifizierung»: Das, was einen im Innern bedroht und in Angst versetzt, wird nach außen gestülpt und im Anderen deponiert. Im zweiten Schritt wird dieser Andere so lange manipuliert, bis er sich die auf ihn projizierten Affekte tatsächlich zu eigen gemacht hat oder entsprechende in der Latenz gehaltene Triebspannungen aktiviert werden. Jetzt fühlt sich der Projektor tatsächlich verfolgt, der Andere hat sich in das «böse», verfolgende Objekt verwandelt, gegen das er sich verteidigen muß, indem er in «Notwehr» zuschlägt.

Beim «Borderliner» hat sich der frühkindliche Modus der «Ausstoßung» des Bedrohlich-Bösen durchgehalten, mit dem die Externalisierung einer inneren Fragmentierungsgefahr erreicht werden soll. Bevor die internalisierten «bösen» Objekte die «guten» vernichten können, wird das «Böse» nach draußen verlagert und muß nun, bevor es den Projektor vernichtet, angegriffen und zerstört werden.

Projektive Identifizierungen bahnen sich im komplexen emotionalen Austauschprozeß städtischen Verkehrs über das Medium der wechselseitigen Blicke an. Diese Blickverhältnisse bilden für Menschen, deren Ich-Grenzen brüchig sind, eine ständige Bedrohung. Das Auge ist die Körperöffnung, durch die die Welt ins Innere eindringt. Da, wo ein zu Ende geborener Mensch die Chance zu Erfahrung, Kontakt und Flirt wahrnimmt, wittert der «Borderliner» nichts als Gefahren. Angeblickt-Werden provoziert entweder die Gefahr des Durchbruchs destruktiver Triebregungen oder stimuliert Bedürfnisse nach Nähe und Verschmelzung, die eine an den Rand der Psychose führende Regression einleiten könnten.

Das Ich ist eine psychische Selbstschutzorganisation, die als Ausdruck und Garant von «Identität» fungiert, die Grenze zwischen Innen und Außen sichert und die Formen der Annäherung oder der Vermeidung des Objekts vermittelt. Im gesellschaftlichen Verkehr dient es als Instrument des Reizschutzes, als Mauer, die vor Überschwemmung durch fremde Emotionen schützt, die die Verarbeitungskapazität des psychischen Apparats überfordern würden. Die Nähe zum Anderen, sosehr sie auch ersehnt wird, bringt immer auch Belastungen mit sich. Es kommt also darauf an, Nähe so zu gestalten, daß das eigene und das fremde psychische System in ihren Funktionsabläufen gesichert bleiben.

Resümierend können wir sagen, daß bei allen frühen Ich-Störungen, die wir als Resultate verinnerlichter, mißglückter Objektbeziehungen verstehen gelernt haben, die Regulation von Nähe und Distanz systematisch beeinträchtigt ist, so daß dem Ich in der Dichte des städtischen Verkehrs permanent Entgrenzung und Überflutung durch mühsam in Schach gehaltene Affekte droht. Auf dieser Basis kann der «Blick des Anderen» unvermittelt zum «bösen Blick» werden, der zu vernichten droht: ein vergifteter Pfeil, der die verwundbare Achillesferse des Borderliners trifft. Auf der Basis verbreiteter psychischer Desintegration und einer damit verbundenen Neigung zur paranoiden Projektion werden Sartres Thesen über den «Blick des Anderen» praktisch wahr, und es kann «um die Wurst gehen».

Solche Erfahrungen beschreibt auch Don deLillo in einer Passage seines neuen Romans «Unterwelt», der in einem breiten Panorama die Unterseite des Kapitalismus schildert: Marvin fährt, nachdem er sich Latexhandschuhe übergestreift hat, eine Vorsichtsmaßnahme, die er bei jedem Besuch in der Stadt ergreift, zur Lower East Side. Die vorbeikommenden Menschen sehen «reizbar und ungeliebt» aus. Er stellt sein Auto in der Hoffnung ab, daß es nicht geknackt oder geklaut werden möge. Wenig später betrachtet er die Auslagen eines Textilgeschäftes. «Ein junger Mann stand neben ihm, schmalgliedrig und tätowiert, mit halbfertigem Schnurrbart, und glotzte ihn an. Er spürte das, den stechenden Blick, der sich direkt in die Seite seines Kopfes bohrte.

Marvin spähte hinüber.

‹Was? Ich gucke mir das Schaufenster an›, sagte er.

‹Wenn ich gucke, mußt du auch gucken?›

‹Darf ich nicht gucken? Was? Ist doch ein Schaufenster.›

‹Hast gesehen, wie ich gucke. Mußte auch gleich gucken?›

‹Was? Ich darf also nicht gucken?›

‹Ich gucke hier.›

‹Das ist ein öffentliches Schaufenster›, sagte Marvin.

‹Du willst ein Fenster? Ich fenster dir gleich eine.›

‹Was soll das jetzt, auf einmal?›

‹Du denkst, du willst gucken? Wirst dich gleich umgucken.›

Marvin ging weg, was sollte er sonst tun, und krümmte die Finger in den Latexhandschuhen. Unmöglich zu leben. Du kannst ja nicht mal die Straße entlanggehen, einen Fuß vor den anderen setzen. Denn was passiert? Die bringen dich um. Die kommen irgendwo raus und stechen dich ab, weil du sie anguckst. Das ist das Allerneueste in puncto Tod und Bedrohung. Du guckst sie an, sie bringen dich um. Nur ein Blick, der sich mit ihrem Blick trifft, und sie haben das Recht, dein Leben zu beenden.»*

* Köln 1998, S. 221.

So lautet das deprimierende Fazit eines Stadtbesuchs. Die Atmosphäre lädt sich mit Spannungen auf, Aggressionen häufen sich an den Rändern des Bewußtseins. Der Angst- und Wahnsinnspegel steigt, eine gereizte Stimmungslage breitet sich aus. Die Stadt wird in der Wahrnehmung vieler verunsicherter Zeitgenossen zum betonierten Urwald, die Straßen zu Dschungelpfaden, die Menschen in ihnen zu kaum zivilisierten Abkömmlingen wilder Stämme.

Der «Sehstrahl», über den der Borderliner seine Projektionen aussendet und eine Kettenreaktion hin- und hergehender aggressiver Akte in Gang setzt, verwandelt sich beim Amokläufer zum Gewehrlauf, der tödlich auf alles gerichtet ist, was in seinem Schußfeld auftaucht.

«Ich habe Haß»

*Der Amoklauf als kriminelle Physiognomie
des «Neuen Zeitalters»*

> *«Ich wohne in Denver und möchte fast jeden
> Einwohner dort umbringen. Ihr versteckt
> euch am besten alle in euren Häusern, aber
> ich werde jeden erwischen. Ich werde
> zielen, um zu töten, und ich werde alles
> vernichten.»*
>
> (Eric Harris, einer der beiden Littleton-
> Amokläufer vor der Tat auf seiner Website)

«Amok» gehört wie Mord und Kindstötung zu den glücklicher-
weise immer noch seltenen Ereignissen, von denen viele sagen:
«Ich könnte das nicht.» Und dennoch sind solche kriminellen
«Spitzenleistungen» (wie Weltrekorde im Sport) nur denkbar,
wenn gewisse Dispositionen in der Gesamtpopulation eine
breite Basis haben. Die Massenbasis des Amoks bestünde, wenn
unsere Argumentation richtig ist, im gehäuften Auftreten von
regressiven psychischen Störungen, die diese Gesellschaft in
ihrem gegenwärtigen Entwicklungsstadium selbst produziert,
indem sie jene psychischen Instanzen schleift, auf denen der gesellschaftliche Verkehr innerhalb der kapitalistischen Herr-
schaftskultur basierte und die die Masse der Menschen leidlich
instand setzten, ihre Antriebspotentiale zu kontrollieren und in
gesellschaftlich lizenzierten Formen zu entäußern. Die Desintegrationsprozesse, die im Zeichen von Deregulierung und
Flexibilisierung um sich greifen, schlagen sich im Innern der
Menschen nieder und setzen destruktive Potentiale frei, die jedes zivilisierte Zusammenleben bedroht.

Doch beginnen wir unsere Rückkehr zum Thema Amok mit einer Fallgeschichte. Ein junger Mann sitzt nachts in seiner großstädtischen Wohnung. Kurz zuvor hat seine Freundin ihn verlassen und die Beziehung zu ihm aufgekündigt. Er tut sich schwer mit seiner Einsamkeit, aus der eine Verlassenheitsdepression aufzusteigen beginnt. Er spürt, wie er langsam, aber sicher jeden Halt verliert. Er greift zu Alkohol und Kokain in der vagen Hoffnung, dadurch seine psychische Selbstauflösung aufhalten zu können. Doch die Drogen beschleunigen den Prozeß sogar noch. Unheilvolle, beängstigende Gefühle füllen ihn aus, er friert und kämpft gegen die in ihm aufsteigende Panik. Seine Innenwelt verwandelt sich in ein Kaleidoskop durcheinanderwirbelnder Fragmente, die sich zu immer skurrileren und ängstigenderen Bildern zusammenfügen. So hält er es nicht länger aus, irgend etwas muß passieren.

Gegen Morgen verläßt er das Haus, nachdem er sich eine Waffe in den Hosenbund gesteckt hat, die er sich Wochen zuvor gekauft hatte, weil er sich, wie er später angibt, von irgendwelchen Leuten bedroht fühlte. Er ist unsicher im Gang und fürchtet, daß gleich jemand aus den Büschen des nahegelegenen Parks hervorbricht und sich auf ihn stürzt. Ein paar Schritte von seiner Haustür entfernt kommt ihm ein Mann entgegen, den er nicht kennt und der auch ihn nicht kennt. Ob sie sich beim Passieren gegenseitig den Weg verstellen, wie es vorkommt, wenn jemand «unsicher im Gang» ist, ob ihre Blicke sich kreuzen und ein wie flüchtiger emotionaler Austausch immer zwischen ihnen stattfindet, wissen wir nicht. Der junge Mann verliert jedenfalls die Kontrolle über die Situation, zieht die Waffe aus dem Hosenbund und schießt zweimal aus nächster Nähe auf den Fremden, den er tödlich verletzt auf dem Gehweg zurückläßt.

Auch diese Tat führt nicht zu einer Unterbrechung der Regressionsbewegung, noch immer ist kein Ankerplatz in Sicht. Er befindet sich im freien Fall. Er fährt zu einer Diskothek, die um diese Zeit noch geöffnet ist. Auf der Toilette nimmt er erneut Kokain zu sich. In die Diskothek zurückgekehrt, schießt er zweimal blind in die tanzende Menge, wobei er zwei junge Frauen erheblich verletzt. Jetzt erst wird sein Amoklauf gestoppt, er wird in Polizeigewahrsam genommen.

Auf der Suche nach einem Motiv für die Taten tappen Polizei und Justiz im dunkeln. Der junge Mann war bislang eher als Betrüger und Hochstapler in Erscheinung getreten. Auch der Täter selbst kann zur Klärung wenig beitragen, da sich die seiner Tat zugrunde liegende Dynamik seinem Bewußtsein entzieht und er selbst im Nebel stochert. Das Gericht beißt sich an dieser scheinbar zweckfreien und motivlosen Gewalt die Zähne aus und bricht die Motivsuche ergebnislos ab. Die Strafjustiz befriedigt ihr frustriertes Kausalitätsbedürfnis mit dem von Gutachtern gelieferten Verweis auf eine durch «Alkohol- und Drogenkonsum erheblich eingeschränkte Steuerungsfähigkeit» des Täters und verurteilt ihn wegen Totschlags zu einer längeren Gefängnisstrafe. Die Tat wird letztlich als eine Art drogengestützter lebensgeschichtlicher Unfall zu den Akten genommen.

Was aber, wenn die Kausalität ganz anders gelagert wäre? Die Regression wird durch die Drogen eher gerechtfertigt als erklärt. Zwar regrediert auch der Borderliner, wenn er getrunken oder Drogen konsumiert hat, aber er konsumiert Drogen auch, um die schwer erträglichen Folgen einer bereits eingetretenen Regression auszugleichen und damit verbundenen seelischen Schmerz zu betäuben.

Ein verfremdetes Beispiel aus dem Arbeitsfeld des Autors, das demonstriert, wie eine psychotisch entglittene «projektive Identifizierung» verlaufen kann. Psychotisch entglitten deswegen, weil sie ohne jeden emotionalen Austausch mit dem Opfer der Projektion vonstatten geht. Der Projektor deponiert seine eigene innere Hölle unvermittelt im erstbesten Menschen, der seinen Weg kreuzt. Um sich selbst vor der psychotischen Entgrenzung und der Vernichtung durch innere «böse» Objekt- und Selbstanteile zu retten, tötet und verletzt er andere Menschen.

Das Frappierende an den Berichten über die Amokläufe der letzten Zeit besteht darin, daß niemand im Vorfeld das Schreckliche kommen sah, das gleichwohl seine verborgene Vorgeschichte hat. Auch unserem jungen Mann wurden zwar neue Betrugsdelikte zugetraut, Taten, die indessen als schnelle und geschickte Formen der Bereicherung die Ziele der Gesellschaft noch in der Devianz bestätigen. Handel und Betrug liegen seit eh und je dicht beieinander, so daß man einem Betrüger, wenn seine Lügen nicht allzu kurze Beine haben und seine Machenschaften nicht offensichtlich Krankheitswert besitzen, eine gewisse ökonomische Vernunft nicht absprechen kann. Und dann plötzlich so etwas!

Häufig gelingt es Menschen mit einer Borderline-Struktur, ihre psychischen Zentrifugalkräfte in der Sphäre der Öffentlichkeit und der Arbeit zu dissimulieren und sie in privaten Phantasiewelten einzukapseln, die ihre Verwurzelung in der sozialen Realität nicht gefährden. Ihre nur in einem prekären «Fließgleichgewicht» befindliche psychische Konstitution wird durch äußere Strukturen aufrechterhalten und gestützt, deren gleichbleibendes Fortexistieren ihnen ein relativ unauffälliges Funktionieren ermöglicht. Der Verlust solcher stabilisierenden Prothesen (Arbeit, Partnerschaft, Familie, Wohnung etc.), die wie Ich-Erhaltungskorsagen wirken, kann dann eine psychische Desintegration nach sich ziehen, deren Ausmaß von vornherein schwer abzuschätzen ist. Enttäuscht zieht der spätere Amokläufer seine Affekte und libidinösen Besetzungen von der Welt und den Menschen ab, was zunächst seinem Schutz vor weiteren Kränkungen dient. Er wird mehr und mehr von seiner Tagtraumwelt aufgesogen, die seinen ganzen inneren Phantasie-

horizont ausfüllt. In dem Maße, wie die inneren Unglücks-
vorräte nur noch in sich rotieren und ihnen menschlich-ge-
sellschaftliche Berührungsflächen fehlen, entfalten sie ein un-
kalkulierbares Eigenleben. Die ins Innere zurückgenommenen
psychischen Energien diffundieren, setzen sich anders, aber immer flüchtiger wieder neu zusammen, verschieben sich und
entäußern sich schließlich gegen versetzte äußere Objekte oder
in Gestalt von Selbstverletzungen und Suizid.

Führt die Regression weit genug, gerät der aus der Welt gefallene Mensch in den Sog frühkindlicher Affekte wie Wut, Verzweiflung und Angst, die sich wie mächtige Verstärker an die
aktuellen Kränkungs- und Zurückweisungserfahrungen anschließen. Nur dem, der versteht, daß sich in dieser Situation
zwei Bilder übereinanderschieben und untrennbar miteinander
verschmelzen – das von «damals», auf dem die Originalszenen
der frühen Traumata verblaßt und verschwommen festgehalten
sind, und das der gegenwärtigen Verlust- oder Trennungserfahrungen –, wird sich dem Verständnis dessen nähern, was Amok
bedeutet. Wem in der Kindheit nur der Rückzug in Passivität
blieb, der wird jetzt eher depressiv werden, körperlich erkran-
ken oder sich umbringen. Wer hingegen im Augenblick des Ertrinkens den aggressiven Ausweg «wählte» und schon als Kind
versuchte, unerträgliche Situationen durch Wutausbrüche ma-
gisch zu vereinfachen und seine inneren Spannungen durch
motorische Aktionen in der Außenwelt auszuagieren, wird dazu
neigen, seinen eigenen unaufhaltsam scheinenden Untergang
in ein letztes grandioses Feuerwerk zu verwandeln und noch
möglichst viele Menschen in den Tod mitzureißen.

Was die Öffentlichkeit verstört und eine hektische Suche
nach den Ursachen in Gang setzt, ist das Erschrecken darüber,
daß sich auch hierzulande immer häufiger Kinder und Jugendliche aus vermeintlichen Unschuldsengeln in eiskalte Todes-
engel verpuppen und zu morden beginnen. Kaum hatte sich die

öffentliche Erregung über das Massaker von Bad Reichenhall etwas gelegt, erreichte uns die Nachricht, daß in Meißen ein 15jähriger Gymnasiast seine Geschichtslehrerin mit Messerstichen tödlich verletzte. Auch von ihm hieß es, er sei bis dato in der Schule nie aufgefallen und ein recht beliebter und eher guter Schüler gewesen. Er habe seine Tat angekündigt und wiederholt von seinem «Haß» auf jene Lehrerin gesprochen. Aber welcher Schüler hat nicht gelegentlich «einen Haß» auf diesen oder jenen Lehrer, die Schule und «überhaupt alles» und äußert ihn auch, ohne daß dieser «Haß» den Bereich des Symbolischen und der Phantasie überschreitet?

Zu ihrer Entlastung hat die Zivilisation, die den Menschen allerhand aggressive und sexuelle Verzichtsleistungen auferlegt, die Probebühne der Phantasie und der Tagträume geschaffen, auf der wir Orgien feiern, Grausamkeiten und Schandtaten begehen dürfen, solange verinnerlichte Hemmungen dafür sorgen, daß der Schritt von der Probebühne zur wirklichen Aufführung unterbleibt. Diese Instanzen der Selbstbeherrschung, die dem Impuls zur Verwirklichung in den Arm fallen, werden offensichtlich gegenwärtig nicht mehr mit ausreichender Zuverlässigkeit erworben.

Die Nervosität, die sich nach der Meißener Tat unter Pädagogen ausbreitete, rührte auch daher, daß Nachahmung und «Ansteckung» gefürchtet werden, wie man sie von Selbstmordepidemien unter Schülern seit langem kennt. Da, wie wir gesehen haben, Tendenzen zu Selbstmord und Mord häufig wie zu einem Zopf verflochten sind, kann man nicht ausschließen, daß auch die projektive Aggressionsabfuhr Schule macht und Nachahmungen provoziert. Mit dieser Tat wurde eine Grenze überschritten und ein Tabu verletzt, von dem Lehrerinnen und Lehrer stets gezehrt haben und das in seiner Lutherschen Fassung lautet: «Daß alle, die man Herren heißt, an der Eltern Statt sind und von ihnen Kraft und Macht zu regieren nehmen müssen.»

In Termini der Psychoanalyse übersetzt heißt das: Die Lehrer setzen sich an die Stelle des Über-Ichs, sie sind Vater- und Elternnachfolger und durch diese Übertragung vor Aggressionsdurchbrüchen ihrer Zöglinge leidlich geschützt.

Auf die Wirksamkeit solcher Tabus und verinnerlichter Aggressionshemmungen kann man sich gegenwärtig offensichtlich nicht mehr unbedingt verlassen. Kaum gemilderte archaische Wut und heftige Aggressionen sammeln sich dicht unter der Oberfläche einer fassadenhaften Anpassung, brechen bei der ersten Gelegenheit, bei kleinsten Kränkungen und Frustrationen durch und wenden sich inzwischen auch gegen Eltern und Lehrer. So haben sich inzwischen drei niederbayerische Schüler vom Meißener Vorbild zu sehr konkreten Mordplänen animieren lassen, die gerade noch entdeckt und vereitelt wurden, und in Sachsen bekam eine junge Lehrerin ein Messer auf den Lehrertisch gelegt, eine Warnung, die sie zur Kündigung bewegte. Schüler verfügen plötzlich über ein anonymes Drohpotential und wittern den Angstschweiß ihrer Lehrer.

Daß das Klima an Schulen rauher und gewalttätiger wird, liegt daran, daß einerseits die primären Identifikationen der Kinder mit ihren Eltern und die damit verbundenen verinnerlichten Verhaltenskontrollen häufig sehr brüchig sind, und andererseits die Lehrer sich ihrerseits dadurch aus dem Schutz des Aggressionstabus begeben haben, daß sie sich weniger als in der Nachfolge der Eltern stehende Erzieher, sondern als nüchterne Wissensvermittler definieren. Diese in berechtigter Abgrenzung zur traditionellen Lehrerrolle erfolgte Verabschiedung von Erziehungsaufgaben wird dann problematisch, wenn immer mehr Kinder im Zustand einer nur noch partiellen Sozialisierung die Schulen betreten und jene Reifungsprozesse nicht oder ungenügend durchlaufen haben, die gelingendes pädagogisches Handeln stillschweigend voraussetzt.

Der Schulbesuch ist für viele Kinder der erste Schritt in die gesellschaftliche Fremde jenseits der Familie. Dieser Weg kann nur dann halbwegs angstfrei eingeschlagen werden, wenn der lebensgeschichtliche Beginn hinreichend gut gewesen ist und in den Kindern basale Formen von Sicherheit und Vertrauen hat entstehen lassen. Die nachlassende sozialisierende Kraft der Familien zwingt die Schulen nun zu einer Umdefinition ihrer Aufgaben. Sie müßten zu durch Näheverhältnisse geprägten «verläßlichen Räumen» werden, in denen Kinder unter Bedingungen raum-zeitlicher Konstanz und Bindungen an wiedererkennbare Objekte nachreifen und ihre Identitätsbildung vollziehen könnten. Oskar Negt hat nachdrücklich darauf hingewiesen, daß die gegenwärtig zu beobachtenden Tendenzen, den Bildungs- und Ausbildungssektor den Prinzipien der betriebswirtschaftlichen Logik zu unterwerfen, diesen Anforderungen vollkommen zuwiderlaufen und zu einer massiven Ausweitung des «Kältestroms» führen.

In der *Frankfurter Rundschau* (22. 5. 1998) war zu lesen, wie sich die Industrie das «Qualitätsmanagement in der Schule» vorstellt und wie sich die auf Einladung der «Arbeitsgemeinschaft Schule–Wirtschaft» versammelten Studienräte und Lehrer schuldbewußt von den Repräsentanten der Industrie die Leviten lesen ließen. «Wir dürfen die Chancen des Standortes nicht schon im Klassenzimmer verlieren», war zu hören, Schluß mit den «Kuschelecken» in den Schulen, der «bildungspolitische Schmusekurs muß und wird ein Ende haben», die «Schule denkt zu wenig an ihre Abnehmer in der Wirtschaft». Nachdem die Bergwerke stillgelegt worden sind, sind jetzt die Gehirne der nachwachsenden Generation dran: Rohstoff für industrielle Aneignungsprozesse, nichts als Ressourcen im Dienste der «Standortsicherung». Der Bildungssektor soll zum blanken Zulieferbetrieb für die industrielle Verwertung hergerichtet werden. Dies würde jedoch letztlich zur Zerstörung der Substanz der Arbeitskraft führen, die ja immer nur ein Teilaspekt eines menschlichen Ganzen ist, wäre also – selbst systemimmanent gedacht – kontraproduktiv.

Wir stoßen hier erneut auf jenen «kannibalischen» Aspekt des Kapitals, das in seinem rastlosen Bemühen, sich alle gesellschaftlichen Bereiche einzuverleiben, seine eigenen lebendigen Bestandsvoraussetzungen zerstört. Ganze Sektoren der Gesellschaft, ganze Lebensbereiche müssen von der ökonomischen Vernunft freigehalten werden und verschont bleiben, wenn sie denn nicht in ihrem Kern zerstört oder beschädigt werden sollen. In einem historisch-gesellschaftlichen Kontext, in dem es für die Zukunft der Gesamtgesellschaft wesentlich wäre, die Schulen in durch Näheverhältnisse geprägte verläßliche Räume zu verwandeln, die Identitätsbildung zulassen, erleben wir ihre Unterwerfung unter einen betriebswirtschaftlichen Imperialismus, der das Zugleich von emotionaler, sozialer und kognitiver Entwicklung der Heranwachsenden zugunsten der rein kognitiven Entwicklung des Arbeitswesens grob vereinseitigt, das ja für viele von ihnen ohnehin eine bloße Fiktion bleiben wird. Das Zugleich von nachlassender Prägekraft der Familien und betriebswirtschaftlicher Indienstnahme der Bildung gehört zum verschwiegenen Hintergrund der Zunahme von Gewalt an unseren Schulen. «Wo harte Leistungskonkurrenz nach innen dringt, wo das Denken und Verhalten der einzelnen bis ins Unbewußte hinein durch Überlebenskampf bestimmt wird, wo Unbehagen und Wut aber keinen eindeutigen Adressaten finden, entstehen leicht diffuse Aggressionen, die sich auf beliebige Objekte fixieren.»* Bürokratisierung und sozialdarwinistischer Kältestrom lassen den pädagogischen Eros erfrieren und sorgen dafür, daß Schülern und Lehrern die Freude auf den nächsten gemeinsamen Tag verlorengeht.

* Oskar Negt, Kindheit und Schule in einer Welt der Umbrüche, Göttingen 1997, S. 253.

Schulen waren und sind Agenturen von Zwang und Herrschaft, in die die Schüler als vielseitig begabte Lebewesen eintreten und die sie als vereinseitigte Arbeitswesen verlassen. «Die Schüler betreten die Schule als Fragezeichen und verlassen sie als Punkt» (Neil Postman). Statt in lebendigen Kontexten ihre Reifungsprozesse vollziehen zu können und ins gesellschaftliche Leben hineinzuwachsen, «sitzen sie morgens ein paar Stunden lang da, und zu vieles geht kaputt: der Spaß, die Neugierde, die Freude am Erfolg. Das Hauptfach, in dem sie unterrichtet werden, steht nicht im Stundenplan: die Anwesenheit. Sie müssen lernen, daß sie ihr Leben lang morgens irgendwohin müssen, wohin sie nicht wollen.*

Selbst der Schule längst entwachsene Erwachsene kehren in der Stunde der Rache, Amok laufend, an den Ort zurück, der ihnen wie ein Symbol für die Summe ihrer Kränkungen und Lebensniederlagen erscheint: die Schule. So geschehen in Köln 1964, wo ein Mann acht Kinder mit einem Flammenwerfer und zwei Lehrerinnen mit einer Lanze umbrachte, oder 1996 im schottischen Dunblane, wo Thomas Hamilton 16 Schulkinder und ihre Lehrerin erschoß. Sechs Tage vor der Tat hatte der homosexuelle Täter in einem Brief die Königin um Hilfe gebeten, «damit ich mein Selbstwertgefühl in dieser Gesellschaft wiedererlangen kann».**

Dadurch, daß die Verzichts- und Lernleistungen, die die Schule ihren Schülern abverlangt, für immer mehr von ihnen durch keine später zu erwartenden Gratifikationen in Gestalt von Karriere, Geld und Konsummöglichkeiten gedeckt und gerechtfertigt sind, wird die Lage an den Schulen immer gespannter. Wieso schulde ich einer Einrichtung, die mich komplett in Beschlag nimmt und mir meine Lebenszeit raubt, Folgsamkeit

* Wilhelm Genazino, Die Obdachlosigkeit der Fische, Reinbek 1994, S. 15
** *Süddeutsche Zeitung* vom 27. 3. 1998.

und Unterwerfung, wenn sie zu nichts führt, was die Mühe rechtfertigt? Schüler sind gezwungen, sich auf eine «Reise nach Jerusalem» einzulassen, die sich aus einem beliebten Spiel auf Kindergeburtstagen ins gnadenlose «Rattenrennen» um rare Ausbildungs- und Arbeitsplätze verwandelt. Wenn die gesellschaftliche Spaltung in *winner* und *loser* ihren Schatten schon auf die Schulen wirft, die prospektiven *loser* dort bereits Frustrationen, Enttäuschungen und Ausgrenzungen erfahren, die sich in Wut und Haß verwandeln, und gleichzeitig die Aggressionshemmungen gegenüber dem Lehrpersonal brüchiger werden, verheißt das für die Zukunft der Gewalt an den Schulen nichts Gutes.

Der ganze Ausbildungssektor droht zum Abstellgleis für eine Ware Arbeitskraft zu werden, die nicht mehr abgerufen wird. Unversehens wird aus dem «Paradies» von Kindheit und Jugend ein Ghetto, aus dem immer weniger Ausgänge in die Sphäre der Erwachsenen und des Erwerbs herausführen. Abstellplatz, Ghetto – das ist keine klar artikulierte Bewußtseinslage, im Gegenteil: Es herrscht unter Jugendlichen gegenwärtig eine Tendenz zur Verleugnung ihrer realen Lage vor. Doch trotz aller glitzernden ‹Spaßkultur› bildet das Ghetto-Gefühl den diffusen Stimmungshintergrund, aus dem eine allgemeine Gereiztheit resultiert, aber auch Haß- und Racheimpulse hervorbrechen, die sich in Vandalismus, steigender Kriminalität und Gewalt an Schulen und auf Bürgersteigen entladen.

Was aber wäre zu tun angesichts des Anstiegs des Gewaltpegels und des sich ausbreitenden Klimas der Angst? Das Schlimmste wäre, die Augen zu verschließen oder nach amerikanischem Vorbild auf technikorientierte oder blank repressive Maßnahmenkataloge zu setzen. Bruno Bettelheim hat in einem Aufsatz darauf hingewiesen, daß die Voraussetzung jeder Eindämmung von Gewalt darin besteht, daß man ihre Realität

nicht verleugnet.* Nur im sozialen Austausch kann das roh ge-
bliebene Antriebsleben sich vermenschlichen. Eine technisch-
repressive Exterritorialisierung der Gewalt begünstigt die Entstehung eines schwer kontrollierbaren Schwarzmarktes aggressiv-destruktiver Phantasien, die dadurch, daß sie in soziale
Kommunikation nicht eingehen, wild und blind zu werden drohen. Angst und Gewaltphantasien, die bei Schülern und Lehrern existieren, müßten Gegenstand eines lebendigen Aneig-
nungsprozesses werden. Die Exkommunikation verpönter
Regungen begünstigt Spaltungsprozesse, die die primäre Parti-
alsozialisierung ohnehin massenhaft hervorbringt und deren
destruktive Pathologie wir bereits kennengelernt haben. Päd-
agogische Strategien der bloßen Über-Ich-Subventionierung,
wie sie in dem Projekt zutage treten, «Charakterbildung» zum
Unterrichtsfach zu machen, greifen zu kurz, weil sie tabuisierte
Verhaltensweisen lediglich moralisierend weg- und in den psychischen Untergrund abdrängen, statt an der Entwicklung sozial akzeptabler Formen des Umgangs mit aggressiven Regungen zu arbeiten. In Frankreich hat man gute Erfahrungen damit
gemacht, «Gewalt an Schulen» zum Unterrichtsstoff zu machen und über alltägliche Beleidigungen, moralische Verwahrlosung und Vandalismus offen zu diskutieren.**

Für jedes Lernen, das dem einzelnen Orientierungswissen
vermitteln und zu seiner Identitätsbildung beitragen will, ist
der Rückbezug auf den eigenen Lebens- und Erfahrungszu-
sammenhang unerläßlich. Bestimmte Videospiele und Filme
sollte man, solange sie existieren und im außerschulischen Alltag und psychischen Haushalt der Kinder und Jugendlichen
eine Rolle spielen, nicht lediglich auf den Index setzen, wo-

---

* Gewalt – eine gern verleugnete Verhaltensweise, in: Erziehung zum
   Überleben, Stuttgart 1980, S. 213.
** Vgl. *Frankfurter Rundschau* vom 16. 12. 1999

durch man ihren subversiven Reiz erhöht, sondern Lehrer und Schüler sollten sie gemeinsam «spielen» und anschauen, um das Gefährlich-Faszinierende an ihnen herauszuarbeiten und dadurch zu bannen. Es gilt, ein Unterrichtsklima herzustellen, in dem es möglich ist, Ohnmachtsgefühle und Gewaltphantasien sanktionslos auszusprechen: Was gesagt und diskutiert werden kann, muß nicht länger bewußtlos agiert werden. Ohne kritisches Bewußtsein und reflexives Durchdringen des Zusammenhangs von Kälte und Gewalt werden diese die Verkehrsformen kontaminieren und sich als Verhaltensweisen – von der Beleidigung bis hin zur Körperverletzung – weiter in den Schulalltag hineinfressen. Manches, was über diesen zu hören und zu lesen ist, läßt beim distanzierten Beobachter weniger die Sorge entstehen, daß dort die ökonomischen Chancen des «Standorts» verspielt werden, als vielmehr die Wahrnehmung, daß die basalen Voraussetzungen des Gesellschaftsvertrags und das staatliche Gewaltmonopol auf den Schulhöfen bereits preisgegeben werden. Diese Errungenschaft des Zivilisationsprozesses wurde zu meiner Schulzeit auf den Schulhöfen und Fluren dadurch aufgerichtet, daß der gefürchtete Hausmeister und aufsichtsführende Lehrer aufkeimende körperliche Gewalt durch ihre Intervention erstickten und dadurch klarmachten, daß jede Gewalt, die sie nicht selber ausübten, als rohe Natur zu betrachten sei und also zu unterbleiben habe. Derjenige sei der wahre Begründer der Kultur, sagte Freud einmal, der als erster ein Schimpfwort statt eines Speers nach seinem Feind schleuderte, und er würde angesichts der Tatsache, daß immer mehr Schüler bewaffnet zur Schule gehen, um auf ihre Feinde mit einem Butterfly-Messer statt mit verbalen Beschimpfungen loszugehen, um den Fortbestand der Kultur fürchten.

Es scheint in der Tat wesentlich, daß jede neue Generation Sublimierungs- und Symbolisierungsfähigkeit erwirbt und sich in zivilisatorische Umgangsformen mit Aggression einübt. Eine solche Aneignung der Gewaltwirklichkeit und Humanisierung der Gefühle und Affekte kann nur gelingen, wenn Lehrer nicht bloße Charaktermasken der Standortsicherung und der Vermittlung ökonomisch verwertbaren Wissens sind, sondern sich im Schulalltag als Menschen zu erkennen geben, die für das Einhalten bestimmter Regeln notfalls energisch einstehen, denen ihr Beruf Freude macht und an ihren Schülern in all ihrer problematischen Widersprüchlichkeit und Zerrissenheit etwas liegt. Ohne das Moment der persönlichen Faszination und lebendiger Übertragungsprozesse erstarren Schulen zu sterilen Lernfabriken, die dadurch, daß sie zukünftige soziale Ausgrenzungs- und Marginalisierungsprozesse vorwegnehmen, immer mehr Schüler in eine Lage versetzen, die zu blinder Gewalt und zum Amoklauf drängt.

Mein kleines privates Zeitungsarchiv des Monats Dezember 1999 belegt, daß die Tendenz zur Verrohung anhält: In Köln schießt ein 15jähriger mit einer Gaspistole auf seinen Lehrer, in Sulingen (Niedersachsen) erhielt eine Lehrerin anonyme Morddrohungen per Postkarte; im niederländischen Veghel schießt ein 17jähriger in der Schule um sich und verletzt drei Mitschüler und einen Lehrer; kurz vor Weihnachten foltern, vergewaltigen und erdrosseln zwei 18jährige die 14jährige Ex-Freundin eines der beiden Täter, anschließend übergießen sie die Leiche mit Benzin und stecken sie an; in der Nähe von Marburg erschießt eine 14jährige, die wegen Suizidgefahr in die Psychiatrie eingewiesen war, ihre 13jährige Freundin und bedroht auf ihrer anschließenden amokartigen Flucht mit der Waffe zahlreiche Passanten und Autofahrer, ein Fall, der uns erneut über die Verschwisterung und Austauschbarkeit von Selbstmord und Mord informiert; in Sachsen werden drei Jungen zwischen elf und 13 Jahren von Jugendlichen überfallen, mit einem Spray besprüht und angezündet; im japanischen Kyoto ersticht ein Jugendlicher auf dem Schulhof einen Siebenjährigen; der Täter hinterließ einen Zettel, auf dem stand: «Der Grund war Haß.»

Diese Schreckensnachrichten, die ja «nur» über die «Spitzenleistungen» eines Monats und nicht über den Bodensatz veralltäglichter Gewalt Auskunft geben, lehren den Zeitungsleser das Frösteln und hinterlassen ihn ratlos. Ist dagegen überhaupt noch ein Kraut gewachsen? Bekommt diese Gesellschaft nicht vermehrt die Kinder, die ihrem unwirtlichen Schoß entspringen und die sie verdient: zynische, psychisch frigide und moralisch verwilderte Wesen, deren Fühllosigkeit und Grausamkeit unmittelbar den Gewaltkern einer Gesellschaft freilegen, deren einziger kategorischer Imperativ der der Bereicherung um jeden Preis ist und die die Moral auf jenes Minimum schrumpfen läßt, das einen gerade noch vor strafrechtlicher Verfolgung schützt?

Der verbreitete Ausdruck «Ich habe Haß» drückt weniger eine Leidenschaft oder eine wirkliche subjektive Gestimmtheit aus als eine gewissermaßen objektive Wut. «Wenn die Gewalt aus der Unterdrückung aufsteigt, dann der Haß aus der Entleerung.»* Man müsse, so Jean Baudrillard, den Begriff des «Mülls» und des «Abfalls» verschieben und erweitern. «Das Schlimmste ist nicht, daß wir von Abfällen umgeben und überschwemmt sind, sondern daß wir selbst in Abfall verwandelt wurden.» Immer mehr Menschen werden nicht einmal mehr ausgebeutet, aber schlimmer als ausgebeutet zu werden, scheint zu sein, überhaupt nicht mehr gebraucht zu werden und wie Fische auf dem Sand liegenzubleiben. Arbeit, so sehen wir im Augenblick ihres Verschwindens, hat nicht nur körperliche Kräfte absorbiert und in den Mehrwert des Kapitals verwandelt, sie

* Jean Baudrillard, Die Stadt und der Haß, in: *Frankfurter Rundschau* vom 30. 9. 1995.

disziplinierte die Menschen auch und band ihre aggressiv-destruktiven Energien, die jetzt ungebunden und frei im gesellschaftlichen Raum herumflottieren.

Alle positiven Leidenschaften, so Baudrillard weiter, alle Leidenschaften der Attraktion, darunter die des Sozialen, werden zu negativen oder gleichgültigen Leidenschaften, alle Anziehung wird zur Abstoßung. Der perverse Effekt der medialen Überinformation und Dauerberieselung besteht darin, daß die übermittelten Tatsachen sich gegenseitig annullieren und ein vollkommenes Vergessen, eine totale Amnesie produzieren, die sich mit der betongewordenen Amnesie der städtischen Umgebung zu einem gänzlich dumpfen Präsens verfilzt, in dem alles wie in zukunfts- und vergangenheitsloser Gegenwart abgestellt scheint. In dieser ununterscheidbaren Lage wird alles zum ‹bösen› Objekt, und jegliche Verteidigung wird zur blinden Abreaktion, zu Ablehnung und Ekel. «Eine vitale Immunreaktion, durch welche der Organismus seine symbolische Integrität bewahrt – eventuell auf Kosten seines eigenen Lebens. Deshalb würde ich sagen, daß der Haß, zugleich verschärfter Ausdruck dieser Gleichgültigkeit und Ablehnung der indifferent gewordenen Welt, die letzte vitale Reaktion darstellt.»

Da die global gewordene Herrschaft des Kapitals, die sich hinter sogenannten Sachzwängen versteckt und als Technik tarnt, der klar definierten, politischen Klassengewalt keinen Anhaltspunkt und Raum mehr bietet, erzeugt sie einen Haß, der ohne Gegenstand ist. Auf dem Gipfelpunkt scheint sich die Konzentration der ökonomischen Macht in Anonymität zu verwandeln, die aggressiven Impulse stoßen ins Leere oder prallen an Gummiwänden ab. Wem wollten wir heute die Schuld geben? Der Haß träumt davon, eine heftige Feindschaft wachzurufen, die die Herrschaft eines abstrakten, subjektlosen Prozesses nicht zu bieten hat.

Die Menschen leiden unter einer diffusen Gereiztheit, wissen aber nicht mehr, wen sie für ihr wunschloses Unglück verantwortlich machen können. Sie befinden sich in der Lage jenes Pächters aus Steinbeck's «Früchte des Zorns», dessen Land verkauft wurde und dessen Haus nun niedergerissen werden soll. Er greift zu seinem Gewehr und will den Mann niederschießen, der den Auftrag hat, sein Grundstück zu planieren. Dieser verwickelt ihn in ein Gespräch, in dessen Verlauf er ihm klarmacht, daß er lediglich Befehle ausführt, daß, wenn er ihnen nicht Folge leistet, ein anderer an seiner Stelle das Zerstörungswerk fortsetzen wird. «Nun gut, dann sag mir, wer dir die Befehle gegeben hat, dann werde ich den erschießen.» So einfach sei das nicht: Sein Boß habe den Befehl von der Bank, die Bank sei aber nur eine Filiale eines riesigen Imperiums, das seinen Sitz im Osten habe. Schließlich sagt der Pächter: «Aber wo hört das denn auf? Wen können wir denn erschießen? Ich habe keine Lust zu verhungern, eh ich den Mann umgebracht habe, der wo mich aushungert.» – «Ich weiß es nicht. Vielleicht ist da überhaupt niemand zu erschießen. Vielleicht ist das Ganze überhaupt nicht von Menschen gemacht. Vielleicht ist wirklich, wie du sagst, die Besitzung selbst dran schuld ...» Der Pächter bleibt auf seiner Wut sitzen, die ins Leere geht. Sie wird, so müssen wir befürchten, in Orgien häuslicher Gewalt gegen Frau und Kinder explodieren, sich gegen die eigene Person wenden oder die Gestalt des erweiterten Selbstmords annehmen, die man Amok nennt.

Herrschaft verschwindet mehr und mehr in der Anonymität systemischer Abläufe. «Globalisierung» wird uns verkauft als blinder Naturzwang, dem man sich zu unterwerfen hat. Die Menschen stehen vor der gesellschaftlichen «zweiten Natur», die doch das Resultat der aufgehäuften toten Arbeit vieler vor uns lebender Generationen ist, wie vor einem wirklichen Naturphänomen, an dem sich nun mal nichts ändern läßt. Die in den USA grassierenden Firmen-Amokläufe demonstrieren, daß in dem Maße, wie Gewalt nicht mehr durch tradierte Formen der politischen Konfliktaustragung gebunden wird, die in die Verstörung und Isolation getriebenen Herausgefallenen blind gegen eine von ihnen nicht mehr durchschaubare Objektivität losschlagen.

Es ist sicher kein Zufall, daß die Amokläufe und Schulschießereien in weißen Vororten oder eher ländlichen Gemeinden der USA stattfanden. «Die künstlichen Dörfer der Subdivisions sind nicht mehr als aseptische Matrizen, die das bürgerliche Leben bestimmen. Da findet man keine Nische, die einer Subkultur als Nährboden dienen könnte. Für die Teenager gibt es kein Entkommen aus Suburbia. Sie treffen sich in Fastfood-Lokalen mit Fliesenböden, Neonbeleuchtung und Resopalmöbeln, auf den sogenannten Begegnungsflächen der Shopping Malls, die mit Wasserspielen und Hydrokultur in Dorfatmosphäre machen, im digitalen Lärm der Videospiel-Arkaden und in der hysterischen Wetteiferstimmung der Sportplätze. Unmöglich, hier als Teenager ein Gefühl für Identität zu entwikkeln.»*

Der Terror der Normalität gebiert Ungeheuer. Mitten aus dem erzogenen Kern der aggressionsgehemmten Mittelwegsvernunft bricht irgendein tödlicher Wahnsinn hervor – ein Familienvater, der an der Monotonie seines Lebens verzweifelt, tötet Frau und Kinder und anschließend sich selbst, ein Kind begeht aus scheinbar heiterem Himmel Selbstmord oder schießt in der Schule um sich – und zeugt davon, daß das «Andere der Vernunft» sich doch nicht gänzlich zum Verschwinden bringen läßt. Je weniger es zur Wahrnehmung zugelassen und noch an den harmlosesten Äußerungen gehindert wird, desto katastrophaler entäußert es sich schließlich.

Der soziale Kitt, der die Gesellschaft bislang leidlich zusam-

* *Süddeutsche Zeitung* vom 24. 4. 1999.

menhielt, bröckelt, bis am Ende, wie Horkheimer früh bemerkte, «alles mehr oder weniger künstlich gestützt und zusammengehalten» werden muß, wobei das Spektrum der künstlichen Stützen von der Rückkehr roher Gewalt und Härte staatlicher Organe bis zur sanften Gewalt therapeutischer und sozialarbeiterischer Interventionen reicht. Es gibt kein Entkommen, nichts scheint der allumfassenden Umklammerung durch soziale Kontrolle und Regulierung zu entgehen. Alle sind sich selbst diffus entfremdet, ohne Feinde, ohne ausgleichende antagonistische Kraft: das ist der Stand der Dinge. Und der Haß ist zugleich das Symptom und der Motor dieser Entwicklung – er treibt das Ende des Gesellschaftlichen, das Ende der Andersheit, das Ende des Systems selbst voran, das irgendwann in seinen eigenen Abstraktionen verglühen oder erfrieren wird.

«Amoklauf», schreibt Gabriele Goettle, «ist ein Symptom der fortgeschrittenen Entfremdung, in der Herrschaft so abstrakt, die Gewalt so schmeichlerisch, die Schuld nicht nachweisbar und der Feind verallgemeinbar geworden ist ... Der Amokläufer kennt keinerlei Hoffnungen mehr, keine Machtgruppen und kein Strafrecht; er will nur noch, daß die anderen Ruhe geben und daß das ungenießbare Leben vorbei ist.»[*]

Der Amoklauf, so hatten wir in der Einleitung gesagt, wird die kriminelle Physiognomie des neuen Zeitalters prägen. Wie die klassische Beziehungstat, der Mord aus Eifersucht, die bis heute das Gros der Tötungsdelikte ausmacht, aus der Erwärmung des familiären Klimas hervorwuchs, so der Amoklauf aus Kälte, fehlenden Objektbeziehungen und um sich greifender Indifferenz. Indifferent eliminiert der Amokläufer ebenso indifferente Wesen.

---

[*] Amok, in: *Die Zeit* vom 21. 10. 1988.

Unsere «Killerkinder»

oder: Ist Amok ansteckend?

> «*Die negative Tugend:
> der Gefrierpunkt des Ich.*»
>
> (Friedrich Hebbel)

Die gegenwärtige Häufung spektakulärer Gewalttaten sei «reiner Zufall», versichert der Leiter der Kriminologischen Zentralstelle in Wiesbaden laut *Frankfurter Rundschau* vom 11. 11. 1999. «Kein Grund zur Panik, so etwas gab es schon immer, die statistischen Zahlen schwerer Gewaltdelikte sind seit Jahren rückläufig», so etwa lautet die gutgemeinte Rede derer, die uns beruhigen und mit Recht vor überschäumenden Reaktionen und Kurzschlußhandlungen warnen wollen. Der Weg zwischen der Scylla der Bagatellisierung und der Charybdis der dramatisierenden Panikmache in Sachen Kriminalität und Gewalt ist schwer zu finden, und wir wollen uns bemühen, uns beiden Extremen dialektisch zu entwinden. Keinesfalls wollen wir Wasser auf die Mühlen derer leiten, die sich der Kriminalität bedienen, um präventiv Apparate der «außerökonomischen Zwangsgewalt» aufzurüsten und die «innere Sicherheit» zu militarisieren. Von Foucault haben wir gelernt, wie sich die Strategien der neuzeitlichen Macht auf Formen der Devianz stützen, um im Gegenzug Methoden zu etablieren, die es ermöglichen, Menschen zu disziplinieren, ihre Beziehungen zu kontrollieren und die Herrschaft über die Bildungsprozesse ihres Bewußtseins und ihrer Subjektivität zu gewinnen. Ebensowenig allerdings können wir in den Chor derer einstimmen, die sich seit Jahren Mühe geben, im kriminologischen Feld Entwarnung auszurufen, und uns einreden wollen, es sei alles halb so schlimm und schon immer so gewesen. Wenn du die Wahl hast zwischen zwei Möglichkeiten, wähle stets die dritte, sagt ein altes jüdisches Sprichwort, und wir werden sehen, ob ein «dritter Weg» durchs unübersichtliche Gelände der gegenwärtigen Gewaltwirklichkeit führt.

«Amoklauf ist nicht ansteckend», sagt der Wiesbadener Kriminologe weiter. «So einfach funktionieren Gewaltverbrecher nicht.» Um dann zwei Sätze später anzufügen, daß sich nicht ausschließen lasse, daß sich der Meißener Schüler von der Tat des Bad Reichenhaller Amokläufers «in seinen Phantasien» habe «zusätzlich anregen lassen». Also steckt Amok doch «irgendwie» an, aber wir wissen nicht, wie dieser eigenartige kriminelle «Virus» sich überträgt. Für die in großer zeitlicher Dichte geschehenen Taten, fährt unser Kriminologe fort, seien jeweils «ganz persönliche Motive der Täter ausschlaggebend» gewesen, die sich nicht vergleichen ließen. Dieses Argument kennen wir zur Genüge, es wird auch bei jedem rechtsradikalen Pogrom gebetsmühlenartig wiederholt: «Alles individuelle Einzeltäter.»

Kriminelle «Spitzenleistungen» seien nur möglich, so hatten wir etwas kühn und flapsig formuliert, wenn gewisse Dispositionen und Bereitschaften in der Population, aus der sie hervorwachsen, vermasst seien. Was wäre, wenn sich an der einmal überschrittenen Grenze zum Amok eine Art Schleuse öffnete, die für viele, die sich in einer durchaus vergleichbaren, wenn auch je individuell spezifisch gebrochenen Ausgangslage befinden, einen neuen Modus der Spannungsabfuhr ins Ensemble menschlicher Handlungsweisen einführte? Dann wäre es durchaus möglich, daß die in einer Kultur einmal niedergerissene Schranke eine Kette von ähnlichen Verbrechen nach sich zieht und gewissermaßen eine neue grausige «Ventilsitte» etabliert.

Wir erinnern uns, daß Amok in der malaiischen Kultur, die als eine aggressionsgehemmte und konfliktvermeidende beschrieben wird, ursprünglich den Status eines solchen ritualisierten Ventils zur Spannungsabfuhr besaß, und vieles deutet darauf hin, daß er auf dem Höhepunkt der Zivilisation wiederkehrt. Je mehr Herrschaft sich anonymisiert und je perfekter unser Alltag gewaltlos zwangsgeregelt wird, desto stärker wächst in uns der Wunsch, alles in die Luft zu sprengen oder kurz und klein zu schlagen. Wir sind umzingelt von aggressionshemmenden Imperativen und Gebrauchsanweisungen. «Fahren Sie nicht so schnell, wahren Sie Distanz, schwitzen Sie nicht in der Öffentlichkeit, reden Sie nicht so laut, schnallen Sie sich an!»

Automatisierung und bürokratische Verregelung des Alltags verringern die Möglichkeiten der motorischen Spannungsabfuhr. Wo werden noch Teppiche geklopft, Briketts hochgeholt, Gärten umgegraben und Tiere geschlachtet, wo wird noch Holz gehackt oder Teig geknetet? Fahrstühle und Rolltreppen tragen uns hinauf und hinab, Türen schließen und öffnen sich automatisch, die Tastatur des PCs reagiert auf feinste Berührungen, kaum irgendwo ist noch leibliche Anwesenheit und körperliche Kraftanstrengung gefordert. Je weniger wir uns körperlich anstrengen und je gesitteter wir uns benehmen, desto leichter kann uns das Phantasma alles verschlingender Gewalt in seinen Bann ziehen. Insofern ist die rohe, unsprachliche, an kein Ritual gebundene Gewalt das Produkt der am weitesten fortgeschrittenen Zivilisation, und die Bereitschaft zum Amok wäre in diesem Kontext zu deuten als grausige Wiederkehr des Verdrängten.*

Die Massenmedien tragen, indem sie die Bilder und Nachrichten über Amokläufe verbreiten, auch dann, wenn sie be-

---

* Vgl. Michael Rutschky, Die Gewalt, in: Was man zum Leben wissen muß, Zürich 1987, S. 82 ff.

haupten, sich der Prävention verschrieben zu haben, zur Ausbreitung dessen bei, was zu bekämpfen sie vorgeben. Seit Marshall McLuhan wissen wir: Die manifeste Botschaft, die die Medien überbringen, gleicht dem Fleischbrocken, den der Einbrecher mit sich führt, um die Hunde abzulenken, die ihn an der Ausführung seiner wahren Absichten hindern könnten. Die «Diktatur der Einschaltquote» (Pierre Bourdieu) hat dazu geführt, daß das Gros der Medien auf der Ebene der latenten Botschaft diffuse Begierden und Gewaltphantasien des Publikums bedient, statt an ihrer Humanisierung und Zivilisierung zu arbeiten. Blut, Sex, Tragödien und Verbrechen verkaufen sich am besten, und so sind es am Ende doch die in alle Poren vordringenden Sekrete der Medien, die den «Amok-Virus» übertragen, wenn die psychischen und sozialen «Immunsysteme» ihrer Adressaten geschwächt und für Ansteckung anfällig sind.

Die amerikanischen Zustände demonstrieren, daß eine sich ausbreitende «Kultur des Hasses» (Eric Hobsbawm) in einer Gesellschaft, die es mit dem Tötungstabu nie sehr streng gehalten hat, einen erschreckenden Anstieg des Gewaltpegels nach sich ziehen kann. Die «Kultur des Hasses» schließt für Hobsbawm die Praxis der neoliberalen Deregulierer mit ein, die in ihrem gesellschaftsfeindlichen Amoklauf ein Klima der Angst, Orientierungslosigkeit und des Sozialdarwinismus haben entstehen lassen, das die Gewalt treibhausmäßig züchtet. Ist es ein Zufall, fragt er im «Zeitalter der Extreme» *, «daß von den zehn größten Massenmorden in der amerikanischen Geschichte acht seit 1980 geschehen sind?» Wenn im Zuge von *lean production* immer mehr ältere, im Sinne der sozialdarwinistischen Leistungskonkurrenz schwache und psychisch und mental unflexible Menschen aus dem gesellschaftlichen Reproduktionsprozeß ausgeschlossen und in eine abseitige Anomieposition gedrängt

---

* München / Wien 1994, S. 518.

werden und ins Abseits geraten, darf man sich nicht wundern, wenn sich die Zahl der potentiellen und realen Amokläufer vermehrt. Bevor man dazu übergeht, Phänomene wie Gewalt und Kriminalität als «abweichendes Verhalten» zu definieren und sie auf diese Weise zu psychologisieren, gilt es, ihre sozialen Ursachen auszumachen und beim Namen zu nennen.

Neuere amerikanische Studien belegen einen engen Zusammenhang zwischen dem Niveau der Arbeitslosigkeit und der Kriminalitätsrate. «Forscher der University of Utah stellten fest, daß in den USA ein Anstieg der Arbeitslosenrate um ein Prozent zu einer Zunahme der Mordfälle um 6,7 Prozent, der Gewaltverbrechen um 3,4 Prozent und der Eigentumsdelikte um 2,4 Prozent führte. (...) Sinkende Einkommen, zunehmende Arbeitslosigkeit und die wachsende Kluft zwischen Arm und Reich haben dazu geführt, daß in Teilen der USA das Faustrecht regiert.»*

In manchen Aspekten erinnert die Gegenwart der zerfallenden Arbeitsgesellschaften an die Aufstiegsphase des Kapitalismus, als Massen von Menschen aus ständischen Strukturen «freigesetzt» wurden und vagabundierend und marodierend durch die Lande zogen, bis die industrielle Revolution sie aufsog und in Lohnarbeiter verwandelte. Soziale Desintegration und Anomie waren und sind der beste Nährboden für Massenkriminalität und Bandenbildung, aber auch für individuelle Verzweiflungstaten.

Die Anomietheorie Robert Mertons liefert eine sozialstrukturelle Erklärung für die besonders hohe Kriminalitätsbelastung der unteren Schichten. Anomie, also Normlosigkeit, wird von dieser Theorie verstanden als Folge eines strukturellen Widerspruchs zwischen kultureller und sozialer Struktur: Wenn

* Jeremy Rifkin, Das Ende der Arbeit und ihre Zukunft, Frankfurt am Main / New York 1995, S. 156.

erstens in einer Gesellschaft die gesellschaftlich zentralen Ziele (Werte) in der Erlangung materiellen-finanziellen Erfolges (Reichtum, Luxus, Konsumgüter) bestehen, gleichzeitig jedoch die zur Erreichung dieser Ziele als legitim angesehenen Mittel im Sozialisationsprozeß nicht entsprechend deutlich gemacht werden, und wenn zweitens der Zugang zu den legitimen Mitteln zur Erreichung der genannten Ziele nicht allen gleichermaßen, sondern nach der Stellung in der Sozialstruktur unterschiedlich leicht möglich ist, dann resultiert daraus ein Spannungsverhältnis zwischen kulturellen Zielen und Normen, auf das die Mitglieder der Gesellschaft mit verschiedenen Formen der Anpassung reagieren können, zu denen Merton Konformität, Innovation, Ritualismus, Rückzug und Rebellion rechnet. Aus dieser strukturell-funktionalistischen Perspektive erschließt sich das Gros der gegenwärtigen Massenkriminalität als im Kern «soziologische» Taten, die unmittelbar auf gesellschaftliche Desintegrationsprozesse zurückverweisen.

Die im Namen neoliberaler Theorien, die die Mechanismen des sogenannten freien Marktes in den Stand einer neuen Religion erheben, betriebene Deregulierung von Wirtschaft und Gesellschaft planiert nicht nur den Sozialstaat und viele seiner Errungenschaften, sie reißt auch die Subjekte in einen Strudel der Beschleunigung hinein, der jene psychischen Strukturen mit sich reißt, die bislang als libidinöser Kitt der Klassengesellschaft funktionierten.

Oskar Negt und Alexander Kluge haben in «Geschichte und Eigensinn» auf die auffällige Parallelität zwischen Herausbildung und Funktionsweise des modernen Nationalstaats und der Ich-Struktur hingewiesen: Beide stellen Ordnung durch Unterwerfung, Weglassen und Ausgrenzung her und basieren auf einer mehr oder weniger gewaltsam hergestellten Homogenität. Der Nationalstaat schafft einheitliche Gewichte, Maße, Münzen, rechtliche Normen, den nach außen durch Zölle geschützten Binnenmarkt, die bewußte psychische Struktur überzieht das Es mit Ich-Kolonien, legt die inneren Sümpfe trocken, trennt die menschlichen Vermögen in verwertbare und unnütze, die sie in die Phantasie verschiebt, und stiftet einheitliche Affekt- und Gefühlsgewohnheiten. Das, was man Ich nennt, ist viel weniger «tief» und «innerlich», als wir gemeinhin annehmen. Schon Nietzsche wußte das: «Alle Instinkte, welche sich nicht nach außen entladen, wenden sich nach innen – dies ist das, was ich die Verinnerlichung des Menschen nenne: Damit wächst erst das an den Menschen heran, was man später seine ‹Seele› nennt.»*

Das Ich ist zu Anteilen «verinnerlichter, subjektivierter Staat» (Peter Brückner), das im Verein mit dem Über-Ich als verinnerlichte Außendienststelle der herrschenden Ordnung und Integrationszentrum divergierender Strebungen und Anforderungen fungiert. Die immer schon prekäre Integration einer von Widersprüchen zerrissenen Gesellschaft konnte nur gelingen, wenn die geprägte Innerlichkeit und der Wertehorizont der Menschen mit den Funktionsimperativen des Systems weitgehend übereinstimmten. Konservative wie Arnold Gehlen oder Daniel Bell haben früher als andere darauf hingewiesen, daß die in Kindheit und Jugend ausgebildeten psychischen Strukturen sich lebensgeschichtlich nur dann durchhalten, wenn sie durch die je situativen und aktuellen gesellschaftlichen Bedingungen verstärkt oder doch wenigstens gleichsinnig gestützt werden.

Durch die rasanten Beschleunigungsprozesse, die der Übergang von der industriellen zur informationellen Produktionsweise mit sich gebracht hat, werden die bisher der Verzahnung von Individuum und Gesellschaft dienenden psychischen In-

---

* Zit. nach: Volker Spierling, Kleine Geschichte der Philosophie, München 1990, S. 279.

stanzen gleichsam im Stich gelassen und gehen in einen unaufhaltsam scheinenden Erosionsprozeß über. Die Deregulierung von Staat, Wirtschaft und Gesellschaft zieht als ungewollte Nebenfolge die Deregulierung der psychischen Strukturen nach sich, was weitere ungeahnte «Kollateralschäden» verursacht, die unter anderem die Form des Amoklaufs annehmen. Ein berühmtes Diktum Max Horkheimers abwandelnd, könnte man sagen: Wer von Neoliberalismus und Deregulierung, vom «Terror der Ökonomie» (Viviane Forrester) nicht reden will, sollte auch vom Amoklauf schweigen!

Palliative

Vom hilflosen Umgang mit der
Gewaltwirklichkeit

> «... die Erinnerungen werden einge-
> mauert, die Wunden zugebaut sein,
> der moderne Mensch mit seiner
> berüchtigten Flexibilität wird alles
> vergessen haben, wird den trüben
> Bodensatz der Vergangenheit
> wegfiltern, als wär's Kaffeesatz.»
>
> (Imre Kertész)

Was tut nun eine Gesellschaft, die strukturell lernunfähig ist
und die Fähigkeit zur kritischen Selbstreflexion über ihre eigenen Konstitutionsbedingungen und Gewaltpotentiale nie be-
sessen oder inzwischen eingebüßt hat, wenn aus ihrer Mitte ein
ungeahntes Maß an blinder Gewalt hervorbricht? Sie läßt es
sich etwas kosten, die Ursachen – soziale Desintegration und
psychisch-soziale Deregulierung – bestehen zu lassen und die
Folgen repressiv zu beantworten. Es wäre alles verloren, wenn
die sogenannten Spielregeln des Marktes, deren perfekte Grausamkeit man uns als ein Naturfaktum und Ausdruck mathema-
tischer Vernunft verkauft, sich plötzlich als das offenbaren würden, was sie sind: als von Menschen selbst hervorgebracht und
somit auch veränderbar.

Maßnahmen, die die Symptome einer Krankheit lindern sollen, ohne ihre Ursache anzugreifen, nennt man im Bereich der
Medizin «Palliative»: Es sind Notbehelfe mit bestenfalls vor-
übergehender Wirkung und längerfristig meist schlimmen Folgen.

Nach dem Massaker von Littleton, wo im April 1999 zwei Schüler zwölf Mitschüler und einen Lehrer erschossen, setzte in den USA eine hektische Suche nach den Ursachen solcher Gewaltphänomene ein. «Nie wieder Littleton» – aber wie soll man das anstellen? Es wurde das Tragen langer Trenchcoats verboten, in die sich die beiden Jugendlichen, in Anlehnung an Gangsterfilme und Italo-Western und um ihre *coolness* zu unterstreichen, während ihres Amoklaufs gekleidet hatten. Die Mehrheit der Republikaner im Repräsentantenhaus verabschiedete ein Gesetz, das den Aushang der Zehn Gebote in Schulen erlaubt, um die Jugend auf diese Weise an ihre Pflichten zu erinnern und ihrer Gewalt Einhalt zu gebieten – ein Vorhaben, das an den transsilvanischen Aberglauben erinnert, Vampire ließen sich durch das Vorzeigen von christlichen Kreuzen oder durch Knoblauch in die Flucht schlagen. Gleichzeitig beschloß dasselbe Repräsentantenhaus eine Erleichterung von Waffenkäufen auf Verkaufsmessen. Nicht die Waffen seien das Problem, sondern ihre Träger, argumentierte die allmächtige Waffenlobby.

Ein Neunjähriger wurde aus der Schule nach Hause geschickt, weil man in seinen blaugefärbten Haaren ein Indiz für seine Amok-Gefährdung sah. In Harrisburg wurde eine 14jährige Schülerin körperlich durchsucht und für zwei Wochen von der Schule verbannt, weil sie in einer Klassendiskussion Verständnis dafür geäußert hatte, daß an den Rand gedrängte Jugendliche in ihrer Verzweiflung zur Gewalt greifen könnten. Wer sich auf seiner Website im Internet ungekonnt und hilflos zum Thema Amok äußert oder gar klammheimliche Freude artikuliert, wird zwangsweise zum Psychiater geschickt und vom Schulbesuch suspendiert. Man hat die Schuleingänge sicherheitstechnisch derart aufgerüstet, daß sie an die Pforten von Hochsicherheitsgefängnissen erinnern.

Eine um sich greifende Verdachtspsychologie und Fahndungsmentalität treibt exorzistische Praktiken hervor, die manchmal lächerlich und dumm, meist aber schlicht repressiv sind und obendrein den Kern des Problems verfehlen. Das Modell für viele sogenannte Gegenmaßnahmen findet man im schottischen Dunblane vorgebildet, wo man jene Turnhalle abriß, in der Thomas Hamilton drei Wochen zuvor 17 Menschen getötet hatte. Ein Akt gleichsam ritueller Läuterung, der helfen soll, den Weg zurück in einen Alltag zu finden, der doch gleichzeitig zum Bedingungsgefüge gehört, das dem Massaker zugrunde lag. Fieberhaft versucht man, Risiken einzugrenzen und zu eliminieren. Das «Nationale Zentrum für Schulsicherheit» hat eine Liste erarbeitet, die die zwanzig häufigsten Eigenschaften von gewalttätigen Jugendlichen und potentiellen Amokläufern aufführt. Diese reichen von Fluchen, Grausamkeit gegen Tiere, Waffenbesitz über Konsum von Action-Filmen bis hin zu heftigen Gemütsschwankungen und zum Verfassen von Aufsätzen über die dunklen Seiten des Lebens. Das Magazin *Time* publizierte einige Faustregeln zur Erkennung «depressiver Kinder», was einem Bericht der *Frankfurter Rundschau* (19. 6. 1999) zufolge eine regelrechte Paranoia unter Eltern und Erziehern auslöste, die sich fragten: «Ist unsere Ehe glücklich genug? Haben wir den Selbstwert unseres Kindes ausreichend gefördert? Ist am Ende unser eigenes Kind gefährdet?»

Woran erkennt man laut *Time* depressive, also gefährdete Kinder und Jugendliche? Sie weigern sich, an Schul- und Familienfeiern teilzunehmen, sie lesen Bücher, die sich mit dem Tod befassen, sie treiben keinen Sport, haben kaum Freunde und ein mangelndes Selbstvertrauen, kauen an den Nägeln usw. Schlechte Zeiten also für Außenseiter und Abweichler und damit für Jugendliche überhaupt, deren Suchbewegungen nach Identität immer schon mit einer Neigung zu Normverletzungen und Probehandlungen einhergingen.

Die Kataloge erinnern an jene, die man im 18. Jahrhundert

erstellte, um Knaben zu überführen, die die Sünde der «Selbstbefleckung» auf sich geladen hatten, und sind von dem Wunsch getragen, das «Böse» möge sich an gewissen habituellen Eigentümlichkeiten oder gar physiognomischen Zeichen zu erkennen geben. Der italienische Arzt Cesare Lombroso hatte in den achtziger Jahren des 19. Jahrhunderts seine Theorie vom «geborenen Verbrecher» formuliert, der an gewissen anatomisch-physiognomischen Stigmata zu erkennen sein sollte. Schon in den ersten Lebensjahren ließe sich der heranwachsende Kriminelle an Kennzeichen «moralischen Irreseins» ausmachen, zu denen Lombroso «Trägheit und Müßiggang, Unlust an Beschäftigung, Eitelkeit und lüsterne Begierden» ebenso zählte wie den «angeborenen Hang» zu Lüge, Diebstahl, Tierquälerei und anderen Formen von Gewalttätigkeiten. Lombroso, der damit bei der Erstellung aktueller Checklisten unbewußt Pate steht, wäre heute selbst wahrscheinlich als Mikro- oder Neurobiologe damit befaßt, aus den menschlichen Erbinformationen das Amok-Gen zu isolieren, oder nachzuweisen, daß Aggression als Ausdruck eines biochemischen Ungleichgewichts des zerebralen Stoffwechsels zu verstehen und einem Überschuß an Testosteron geschuldet sei.

In einem klugen Kommentar in der *Züricher Wochenzeitung* vom 3. 7. 1999 stellt Lotta Suter denn auch einen radikalen «Abschied von allen Sozialisationstheorien» und den Versuch einer Naturalisierung von Problemen und Konflikten fest, die die Gesellschaft von jeglicher Verantwortung freispricht. Gewalt und Aggression gelten nicht länger als Produkte von Angst, Frustration und verwickelten Triebschicksalen, sondern als Ausdruck einer «bösen Veranlagung», die bereits in Kindern existiert und identifiziert, isoliert und eliminiert werden muß. Keine Rede ist davon, daß Millionen amerikanischer Kinder mit Antidepressiva, eine weitere Million in einer Art postmoderner Schulspeisung mit «Ritalin» vollgestopft werden, einem Medikament, das die im Vormarsch begriffene «Hyperaktivität» zu dämpfen verspricht. Psychodynamisch ließe sich Hyperaktivität als Alternative zum Autismus deuten, als eine gewissermaßen manische Form der Abwehr einer frühen Depression, die sich in extremer motorischer Unruhe äußert. Wie der in die Milch gefallene Frosch so lange strampelt und zappelt, bis aus der Milch Quark geworden ist und er das Glas verlassen kann, greift das in einem Gefühl von Leere und Verlassenheit ertrinkende Kind zum Strohhalm der Hyperaktivität, um auf diese Weise ein Gefühl des Existierens zu erreichen und seinen Untergang in der objektlosen, berührungslosen Leere des Autismus zu vermeiden.

Doch welches Kind hätte angesichts neuartiger Entbehrungen in unserer elternlosen Gesellschaft nicht Anlaß, verstimmt und verzweifelt zu sein? Zu erinnern wäre an die traurigen oder bereits stumpfen Augen vieler Kinder, an ihre frühe Fettleibigkeit; man stopft den Kindern das Maul mit Süßigkeiten und Hamburgern und schwört sie früh auf den Modus einer ewigen Ersatzbefriedigung ein; erinnert sei an Erniedrigung, Vereinsamung, TV-Aussetzung, seelische Grausamkeiten, die ihre Erfahrungen prägen; an Tränen, an den Umschlag von Enttäuschung in Bösartigkeit, an den Untergang von Produktivität und Neugier in Lahmheit und Indolenz; an die mit Spielzeug und technischem Gerät vollgestopften Kinderzimmer, die durch den Konkretismus der im Übermaß vorhandenen Dinge der Phantasie keinen Raum zur Entfaltung lassen. Bevor heutige Kinder erwachsen werden, haben sie unzählige Gewalttaten am Bildschirm gesehen und in Video-Spielen mit hohem «Kill-Faktor» Hekatomben virtueller Leichen produziert. Man sperrt sie in monströse Schulfabriken, in denen sie zeitig vom «sozialen Kältestrom» (Ernst Bloch) einer sozialdarwinistischen Leistungskonkurrenz erfaßt werden, der ihnen jede Lust am Lernen und spielerische Leichtigkeit austreibt.

Medien und Ökonomie treten an die Stelle der klassischen

Sozialisationsinstanzen. Deren Vergesellschaftungsmodus aber ist die Zentrifugalkraft von lauter Egoismen, an die sie unentwegt appellieren. Unternehmer werden verehrt wie Popstars, und die «daily soap» prägt die Menschen bis in die Art und Weise, wie sie sich räuspern und küssen. Die Kids werden mehr und mehr zu Kopien von Filmgestalten und Comic-Adaptationen, ihre Sprache verarmt zu sprechblasenartig abgekürzten Halbsätzen oder simplen Wörtern wie: «Cool, geil, genial, echt krass, ey.» In der Werbung heißt es in zahllosen Variationen: «100 Prozent Styling, 100 Prozent du.» Kaum irgendwo sind noch Erfahrungen zu machen, leibliche Anwesenheit und die sinnliche Dichte der Welt verschwinden im opaken und konturenlosen Nebel von Technik und Informationsmüll. Was bleibt, ist die Benutzeroberfläche der PCs, die alles auf einer Ebene präsentiert, wahllos nebeneinander, ohne Tiefe und Hierarchie der Bedeutung und Wertigkeit.*

---

* Das globalisierte Kapital rollt wie eine Dampfwalze über den Globus und ebnet kulturelle Differenzen ein. Der Gedanke an eine mehr oder weniger einsprachige Welt ist nicht mehr unvorstellbar, und diese Sprache wird die der Werbung, der mentalen Indoktrination und Kontrolle sein. Herbert Marcuse hat schon früh darauf hingewiesen, daß die Eindimensionalisierung der Gesellschaft mit einer funktionalistischen Verarmung der Sprache einhergeht, aus der Konjunktiv, Optativ und die Zukunftsformen der Verben – überhaupt alle semantischen Formen, die auf das Noch-nicht-Gewordene oder die besseren Möglichkeiten zielen – getilgt sind. Die anglo-amerikanische Welteinheitssprache taugt nur noch zur Verdoppelung des Faktischen und schneidet alles Transzendierende von der Sagbarkeit ab. Auch diese spezifische Sprachlosigkeit kann zu einer Quelle von Gewalt werden: Eine stotternd-stammelnde Wut, der die Ausdrucksmöglichkeiten genommen sind und die deswegen dazu neigt, Komplexität gewaltförmig zu vereinfachen. Der sprachlose Gereizte schlägt zu. (Vgl. dazu auch: George Steiner, Errata, München / Wien 1999, S. 105 ff, und Herbert Marcuse, Die Absperrung des Universums der Rede, in: Der eindimensionale Mensch, Neuwied / Berlin 1969, S. 103 ff.)

Jugendliche sprechen, wenn sie sich bei irgendeiner unzeitgemäßen Verhaltens- oder Ausdrucksweise ertappt fühlen, davon, daß sie «sich neu programmieren» und ihre «Festplatte mal ausmisten» müssen. Das Modell für die Vergegenwärtigung des Innenlebens liefert nicht länger das Buch, sondern der Computer und seine Funktionen. «Das hab ich auf dem Schirm», sagt man, wo man früher die Formulierung gewählt hätte: «Ich bin mir dessen bewußt», und es wird nicht mehr lange dauern, dann werden wir nicht mehr sagen dürfen: «Wir haben Computer», sondern im Sinne einer real existierenden Ding-Psychologie: «Wir sind Computer.» Die Grenzen zwischen Menschen und Dingen, Biologischem und Maschinellem verschwimmen, immer leistungsstärkere Prothesen ersetzen die Sinnesorgane und die Ich- und Bewußtseinsfunktionen des Menschen. Schon sprechen Kognitionswissenschaftler vom «Homuter». In dem Maße, wie die Menschen erstarren und verdinglichen, werden die Dinge subjektiviert. Da ist die Rede vom «intelligenten Haus der Zukunft», das seine Bewohner über einzuhaltende Termine und zu tätigende Einkäufe informiert, vom «intelligenten Auto», das seinem Fahrer wesentliche Leistungen der Orientierung und Steuerung abnimmt und selbsttätig für die Einhaltung von Geschwindigkeitsbegrenzungen sorgt.

Christoph Hein hat in einer 1994 anläßlich der Eröffnung der Frankfurter Buchmesse gehaltenen und «Prägungen» betitelten Rede ironisch vor dem Lesen gewarnt. Literatur sei identitätsfördernd, Lesen präge das Individuum, sagt er dort, und hinterlasse im Subjekt bleibende Strukturen, in die sich alle späteren Erfahrungen, Haltungen und Kenntnisse einfügen. «Die heute erforderliche Mehrfach-Identität hat ihr förderliches Pendant in den Medien gefunden und wird durch Literatur nur behindert.»

Informationen treten kaum noch den Weg durch eine Verarbeitung und Aneignung an, wodurch sie erst zu wirklicher Erfahrung würden, sondern rotieren als unverbundene Fragmente an der Oberfläche des Bewußtseins. Die einheitsstiftende Fähigkeit des Ichs bricht, wo sie sich überhaupt noch ausgebildet hat, unter dem Ansturm zeitgenössischer Hochgeschwindigkeitserfahrung zusammen. Eindrücke, Informationen, Sensationen, Angebote und Imperative überfluten die Individuen und werden immer seltener noch in etwas Eigenes verwandelt.

Oskar Negt spricht in diesem Zusammenhang von der Abschaffung der «inneren Vorrats- und Lagerhaltung», durch die der innengeleitete Mensch sich einen Fundus an Maßstäben und einen Sinnhorizont schuf, der ihn instand setzte, selbsttätig eine gewisse Einheit des Mannigfaltigen und Chaotischen herzustellen und im besten Fall seine Erfahrungen einer Prüfung an den Maßstäben kritischer Urteilskraft zu unterziehen. Der Mechanismus der Verinnerlichung verliert an Wirksamkeit: Normen und Werte, Verhaltensweisen und modische Trends tangieren die Individuen nur flüchtig und an der Peripherie und rutschen nicht wirklich nach innen. Es entsteht Erfahrungs- und Wirklichkeitsverlust, nicht weil zu wenig gewußt wird, sondern weil man zu viel weiß und an Informationen aufnimmt, ohne irgend etwas davon steuern und sich wirklich aneignen zu können.

Eine zentrale Eigenschaft des bürgerlichen Ichs, die Fähigkeit, Erfahrungen zu organisieren und Begriffe zu bilden, hat kaum noch Chancen, sich auszubilden. Da es keine Erfahrungen im emphatischen Sinne mehr zu machen gibt, mißlingt auch die Aneignung der eigenen Geschichte und Identität. Immer mehr vor allem junge Menschen leben in einem dumpfen, «formlosen Präsens», sagt Cees Nooteboom. Viel handgreiflicher als noch zu Adornos Zeiten droht uns heute «das Schreckbild einer Menschheit ohne Erinnerung». Der Tausch ist seinem Wesen nach zeit-

und qualitätslos, und in dem Maße, wie er alle gesellschaftlichen Bereiche bis in die letzten Poren durchdringt, werden Zeit, Erinnerung und Gedächtnis als irrationale Reste getilgt wie die handwerklichen Spuren aus der industriellen Produktion. Die Verhältnisse präsentieren sich den Menschen in der Gestalt von fertigen Produkten, als «riesige Warensammlung» (Marx), die ihre Entstehung – durch Arbeit – kaum noch preisgibt. Die Dinge scheinen sich selbst zu erzeugen, und es bedarf eines immer größeren Einsatzes kognitiver Energien, um den fetischistischen Schleier der Gegenständlichkeit noch zu durchdringen.

Dennoch gibt es Bedürfnisse nach Rückeroberung einer Wirklichkeit, die aus wirklichen Erfahrungen zusammengesetzt ist. Die Gegenwart zeigt, daß die verzweifelte Suchbewegung junger Leute nach sinnlicher Dichte und leiblicher Anwesenheit im Extrem die Form suizidaler und homizidaler Tendenzen annehmen kann. Erst wenn Blut fließt, nur im Grenzbereich zwischen Leben und Tod stellt sich ein Gefühl des Existierens ein.

Nun wird von Medienvertretern und Videospiel-Produzenten, wenn sie im Kontext von Jugendgewalt in die Kritik geraten, gern auf den quasitherapeutischen Charakter ihrer Produkte hingewiesen, so als seien sie die Märchen von heute und würden die Funktion besitzen, Ängste, Frustrationen und Wut von Kindern symbolisch zu kanalisieren. Freilich bringt der Zivilisationsprozeß, der viele handgreifliche Äußerungsformen der Aggression mit einem Tabu belegt, das Gefühls-, Handlungs- und Bildpotential der Grausamkeit nicht gänzlich zum Verschwinden, sondern drängt es nach innen ab, wo es seinen eigenen Schwarzmarkt hervorbringt. Dort konkurrieren die Angebote der Medienindustrie mit allerhand anderen Anbietern und Schiebern. Medialen Gewaltdarstellungen kommt sicher die Aufgabe zu, Menschen in abgegrenzten Simulationsräumen erleben zu lassen, was ihnen die Zivilisation versagt, ohne den Zivilisationsbetrieb zu stören. «Ventilsitte» nennt man in der Ethnologie solche gesellschaftlichen Schleusen, die einen geregelten Abfluß von Energien gestatten, die eine Kultur vom körperlichen Ausdruck ausgeschlossen hat.

Die Möglichkeit, Frustrationen und gespeicherte Wut kommunikativ aufzufangen und zu verarbeiten, hängt aber wesentlich davon ab, daß die Masse der Konsumenten über psychische Mechanismen verfügt, die stabil genug sind, die partielle Entregelung des Gewalt- und Aggressionstabus im Bereich des Symbolischen zu belassen. Das hat eine gelungene Grenzziehung zwischen innen und außen sowie die Ausbildung relativ reifer Ich-Funktionen wie die Fähigkeit zur Realitätsprüfung und zur Unterscheidung zwischen Selbst- und Objektrepräsentanzen zur Voraussetzung, die man heute nicht mehr durchgängig erwarten kann. Der bis in die «Inszenierung» von Amokläufen, wie etwa in Littleton, nachweisbare Rückgriff auf zuvor konsumierte Video-Spiele oder Filmvorlagen wie «Matrix», «Natural born Killers» und «The Basketball Diaries» demonstriert, daß die reife psychische Fähigkeit, zwischen «erster» und medial hergestellter «zweiter Realität» unterscheiden zu können, gegenwärtig immer weniger ausgebildet wird. Die neuen abstrakten und hochtechnisierten Vergesellschaftungsmechanismen beschädigen die Identitätsbildung der nachwachsenden Generationen, deren Triebfundus, da er in Sozialisationsprozesse kaum noch Eingang findet, in einem nahezu archaischen Zustand verbleibt. In diesem abgespaltenen und unintegrierten Zustand wird er zum Rohstoff medialer Aneignungsprozesse, die nicht etwa an seiner Zivilisierung arbeiten, sondern seine rohen Abkömmlinge einfach bedienen und dadurch weiterwuchern lassen. Die kognitive, auf die Bedienung von elektronischen Apparaten und den Erwerb technisch verwertbaren Wissens konzentrierte Entwicklung wird gewissermaßen treibhausmäßig forciert, während die emotionale und soziale Entwicklung weitgehend unterbleibt.

So bildet sich, wie Adorno in einem «Novissimum Orga-

num» betitelten Passus der «Minima Moralia» bereits andeu-
tete, unterhalb der weitgehend technischen Regelung und
Organisation des öffentlichen Lebensflusses eine wachsend
nicht-sozialisierte, ja a-soziale Psyche, ein Schwarzmarkt kaum
bearbeiteter Wünsche und Phantasien, deren borderlineartige
Struktur nicht nur ungeahnte Brutalisierungspotentiale, sondern auch allerhand merkwürdig harmlose Äußerungsformen
hervorbringt, die zu jener «Massenbasis» gehören, aus der die
«Spitzenleistungen» hervorwachsen.* Zu denken wäre in diesem Zusammenhang an allerhand suizidal getönte und mit
einem hohen Selbstgefährdungspotential verbundene Extrem-
Sportarten, Spiele und Mutproben wie Bungeejumping, Stage-
Diving, S-Bahn-Surfen, Free-Climbing etc., die sich unter jungen Leuten großer Beliebtheit erfreuen. Schon kann man an
Wochenenden in Form eines Abenteuerurlaubs an modernen
Geländespielen teilnehmen, die gewisse Video-Spiele aus der
Virtualität partiell herausholen und in denen es darauf ankommt, die gegnerische Partei mittels Farbgeschossen zu «li-
quidieren». Auch die von jungen Männern veranstalteten
nächtlichen Wettfahrten auf öffentlichen Straßen gleichen in
ihrem selbst- und fremdgefährdenden Charakter eigentlich
motorisierten Amokläufen.

Noch der verbreitete modische Trend, sich tätowieren und
piercen zu lassen, der angeblich lediglich einem Schmuckbedürf-
nis frönt, weist durch die mit ihm verbundene Schmerzzufügung
eine gewisse Nähe zur Selbstbeschädigungstendenz des «Border-

---

* Peter Brückner ist dem Zusammenhang zwischen «Spitzenleistung» und
in der Population vermassten Fähigkeiten am Beispiel der Kindstötung in
seinem Buch «Zur Sozialpsychologie des Kapitalismus» (Frankfurt am
Main 1972) nachgegangen, ein Buch von erstaunlichem Weitblick, dessen
Lektüre sich heute noch lohnt und dem ich viele Anregungen und zum
Weiterdenken einladende Hinweise verdanke.

liners» auf, der sich auf diese Weise seiner Körpergrenzen, ja seiner Existenz zu vergewissern sucht. Um die drohende psychische Fragmentierung zu verhindern, wird gleichsam ein Gegenfeuer gelegt und unerträglicher seelischer Schmerz und bodenlose Angst in körperlichen Schmerz verwandelt. Ein Teil der körperlichen Integrität wird geopfert, um das Ganze zu retten.

Erinnern wir uns an den Fall jenes behinderten Mädchens aus Halle, das der Polizei gegenüber angab, Skinheads hätten ihr, nachdem sie sich geweigert habe, den Hitlergruß auszuführen, ein Hakenkreuz ins Gesicht geritzt. Mit großem Aufwand und publizistischer Unterstützung wurde nach den Tätern gefahndet, bis das Mädchen gestand, sich die Verletzung selbst beigebracht zu haben. Dieses auf den ersten Blick unverständliche Verhalten, das die zunächst empörte und sich dann getäuscht fühlende Öffentlichkeit als plumpe Effekthascherei abtat, verliert wie manch andere jugendliche Suchbewegung vieles von seiner Rätselhaftigkeit, wenn man es als den Griff zur narzißtischen Notbremse begreift, die gezogen wird, um sich von quälenden Spannungen und Gefühlen unerträglicher innerer Leere zu befreien und ein Gefühl zu existieren hervorzurufen.

Reimer Gronemeyer hat im Kontext unseres gemeinsam geschriebenen Buches «Jugend und Gewalt» (Reinbek 1993) die These entwickelt, daß die äußeren und inneren Entgrenzungserfahrungen der Gegenwart, die die Jugendlichen nahezu aller biographischen Vorgaben und Strukturierungen berauben, sie dazu nötigen, sich eigene Rituale der Begrenzung und Vergesellschaftung zu erfinden. Das Wort «Charakter» bezeichnete laut «Etymologischem Wörterbuch» ursprünglich das Brandmal, das Tieren und Menschen eingebrannt wurde, um sie als die je eigenen kenntlich zu machen. Die bürgerliche Gesellschaft verlegt den Ort der Brandmarkung nach innen, von der Haut ins Hirn, vom Körper in die Psyche. In dem Maße nun, wie die gegenwärtige Gesellschaft diese innere Prägung nicht mehr zuverlässig erzeugt, weil sie sich im Kontext ihrer gewandelten Funktionsimperative als dysfunktional erwiesen hat, entinnerlicht sie sich und nimmt die Form von Selbstbrandmarkungen an. Der Mensch braucht Markierungen in Raum und Zeit, die eine ansonsten unerträgliche Offenheit begrenzen. Wenn die Gesellschaft aufhört, sie hervorzubringen, muß man sie in eigener Regie nachproduzieren, um sich in den unstrukturierten Weiten postmoderner Beliebigkeit nicht zu verlieren und nicht in den Sog psychotischer Entgrenzungstendenzen zu geraten.

Christoph Türcke hat in einem Aufsatz darauf hingewiesen, daß auch der zeitgenössische Trend, sich mit einem «Logo» auszustatten, in diesem Kontext interpretiert werden kann. «Das Logo ist im Kommen. Sein Funke springt von Dingen auf Menschen über. Auch unter ihnen geht das Gefühl um, eines Logos zu bedürfen: als Halt, als Schutz, als Asyl ihres eigenen Selbst.»* Der Kampf um Identität, seit jeher Bestandteil jugendlicher Selbstfindungsprozesse, nimmt die Form des Kampfes um Logos an. «Das Sich-Ausdrücken, Sich-Definieren in Logos, in der Sprache dessen, wogegen man ist, hat einen tief melancholischen Untergrund, auf dem die Grundbedeutung von Logogramm, nämlich das eingeschriebene, eingeschnittene, eingebrannte Zeichen zu sein, das einer Sache erst Zugehörigkeit, Prägung, Identität gibt, neu aufleuchtet. Das Logo ist einerseits Erbe des archaischen Herrschafts- und Eigentumszeichens, das der Stammesfürst seinem Vieh und seinen Sklaven einschneidet oder -brennt. Andererseits ist es der Herold konkreter Individualität, besagt nämlich, daß nur, was geprägt ist, Charakter, Unverwechselbarkeit hat.»

Wenn Gesicht, Gestalt und Person immer weniger Unverwechselbares haben, steigt das Bedürfnis nach einprägsamen Zeichen, die so etwas wie Unterscheidung und Differenz aus-

* Design oder Nichtsein, in: *Frankfurter Rundschau* vom 29. 5. 1999.

drücken sollen, mit dem kontraproduktiven Resultat, daß man sich in der permanenten Jagd nach Distinktion immer ähnlicher wird, was die Suche verschärft und zu immer neuen Extremen weitertreibt. Eine bewußtlose Revolte gegen den Horror eines spurenlosen Lebens, das jede Markanz und Dichte eingebüßt hat, die die Rebellen noch in der Form ihres Aufbegehrens zum System zurückbetrügt. In dem Bemühen, Spuren, einen unverwechselbaren Abdruck zu hinterlassen, berühren sich Konformismus und Exzeß, «Breitensport» und «Spitzenleistung». Die meisten Äußerungsformen der Verweigerung zeugen von Hilflosigkeit und Ohnmacht und sind dem Schwund von jeglicher gesellschaftlicher Utopie geschuldet, die der neoliberale Mainstream einem universalen Totalitarismusverdacht ausgeliefert hat. Utopien mögen für realitätstüchtige und gut integrierte Erwachsene von geringer Bedeutung sein, für Kinder und Heranwachsende sind sie lebenswichtig. Rebellisches Um-sich-Schlagen, diffuse, frei-flottierende Gewalt, Kriminalität und Drogenkonsum können Ausdruck einer Lebenskraft sein, der die gesellschaftlichen und individuellen Ideale fehlen.

Die Zeit, die Eltern wirklich mit ihren Kindern verbringen, sinkt drastisch. Wo wird noch gemeinsam gespielt oder gegessen und an familiären Ritualen festgehalten? Die empirische Kriminalitätsforschung in den USA hat festgestellt – wen wunderts? –, daß die meisten jugendlichen Regelverstöße und Verbrechen sich in der «Kontrollücke» zwischen 14 und 20 Uhr ereignen, wo sie der Aufsicht der Schule entronnen und der der Eltern noch nicht unterstellt sind. Viele Familien verwandeln sich in hochtechnisierte kleine Dienstleistungsbetriebe, deren bloßes Funktionieren wichtiger ist als lebendiger emotionaler Austausch und Pflege menschlicher Bindungen.

Anknüpfend an ein Zufallsgespräch im Flugzeug mit dem beruflich erfolgreichen Sohn eines Freundes, der ihm sorgenvoll von der ihm aufgenötigten beruflichen Flexibilität und deren zerstörerischen Folgen erzählt, entwickelt Richard Sennett die zentrale These seines neuen Buches: Die Zeitstruktur des «flexiblen Regimes» der Wirtschaft beginnt, in die intimen Binnenwelten von Beziehungen und Familie vorzudringen und die Bedingungen der «psychischen Geburt» und menschlicher Identitätsbildung aufzuzehren. Die Möglichkeit, soziale und intime Bindungen von Fall zu Fall zu lösen, wird den Kindern durch häufige Abwesenheiten, Orts- und Partnerwechsel ihrer Bezugspersonen, die unter Verweis auf berufliche Karrierezwänge oder «Selbstverwirklichung» gerechtfertigt werden, von früh an demonstriert. Auch oder gerade im Rahmen einer Mittelschichtsverwahrlosung überantwortet man die Kinder einer trostlosen Beliebigkeit und Beziehungslosigkeit und praktiziert Erziehungsverweigerung, womit man ihnen sowohl das Kindsein als auch das Erwachsenwerden verweigert. Permanente Trennungs- und Ablösungserfahrungen lehren sie zeitig, daß es keinen Sinn hat, sich an irgend etwas oder irgend jemanden affektiv zu binden.

Sennetts Gesprächspartner Rico, der als noch «innengeleiteter Mensch» in die Welt der Flexibilität geraten ist und deshalb zwischen allen Stühlen sitzt, will in gewisser Weise die Quadratur des Kreises: Er möchte verhindern, daß seine Kinder moralisch und emotional zu «Driftern» und «Mall-Ratten» werden, kann ihnen aber aufgrund seiner eigenen unsteten Lebensform und damit verbundener Entwurzelungserfahrungen keine «Rezepte» für ihr Leben vermitteln. «Die Bedingungen der Zeit im neuen Kapitalismus», kommentiert Sennett, «haben einen Konflikt zwischen Charakter und Erfahrung geschaffen. Die Erfahrung einer zusammenhanglosen Zeit bedroht die Fähigkeit der Menschen, ihre Charaktere zu durchhaltbaren Erzählungen zu formen.»*

* Richard Sennett, Der flexible Mensch, Berlin 1998, S. 37.

Sennett erinnert daran, daß das Wort «Flexibilität» ursprünglich von der Beobachtung abgeleitet war, daß ein Baum sich zwar im Wind biegen kann, dann aber in seine Ausgangsgestalt zurückkehrt. «Flexibilität bezeichnet zugleich die Fähigkeit des Baumes zum Nachgeben wie die, sich zu erholen, sowohl die Prüfung als auch die Wiederherstellung seiner Form. Im Idealfall sollte menschliches Verhalten dieselbe Dehnfestigkeit haben, sich wechselnden Umständen anpassen, ohne von ihnen gebrochen zu werden. Die heutige Gesellschaft sucht nach Wegen, die Übel der Routine durch die Schaffung flexiblerer Institutionen zu mildern. Die Verwirklichung der Flexibilität konzentriert sich jedoch vor allem auf die Kräfte, die die Menschen verbiegen.»[*]

Die Mobilisierung und Flexibilisierung des Menschen ist gegenwärtig im Begriff, den Bogen zu überspannen und die komplizierte Balance zwischen Verwurzelung und Anpassungsfähigkeit, «Ich-Zeit und Welt-Zeit» zum Kippen zu bringen. Die starren und unbeugsamen «Charakter-Eichen», deren Dehnbarkeit gegen null ging und die die Wirbelstürme der Modernisierung schnell entwurzeln, werden in fluide «Gummi-Bäume» verwandelt, die sich den Winden des Marktes perfekt anschmiegen. Eine auf Kurzfristigkeit, Mobilität und beruflicher Flexibilität basierende Wirtschaftsform verhindert die Entstehung menschlicher Charakterstrukturen, die sich nur unter Bedingungen von Konstanz und verläßlicher leiblicher Anwesenheit entwickeln können. Da man aber nicht beides zugleich haben kann – den flexiblen, beschleunigungsfähigen Menschen, der lernen soll, sich psychisch permanent umzumontieren und neu zusammenzusetzen, und jenen «inneren Kreiselkompaß» (David Riesman) von Ich und Über-Ich, der sich nur im Kontext stabiler Objektbeziehungen und durch sie vermittelter Ver-

[*] Ebd., S. 57.

innerlichungsprozesse ausbildet –, darf man sich nicht wundern, wenn das Projekt der Flexibilisierung seltsame und erschreckende «Kollateralschäden» produziert.

Aber nicht nur die Lebenswelt der Kinder, auch das Leben der Erwachsenen wird von der Atemlosigkeit der wild gewordenen Warenproduktion affiziert. Auch sie benötigen Bindungen an Menschen und Orte sowie Verwurzelungen in Zeitzonen, die ihnen Erholung, Entspannung und ein Zu-sich-selbst-Kommen ermöglichen. Das Arbeitswesen überlagert und dominiert die anderen Teilpersonen, aus denen wir auch bestehen. Im Bann gegenwärtiger Abstraktionsschübe wird aber davon abgesehen, daß es seine Energien aus ihnen bezieht und auf eine Kooperation mit ihnen angewiesen ist. Das Leiden an den zu weit getriebenen Abstraktionsprozessen an Körper, Sinnlichkeit und Seele verwandelt sich, da es keine gesellschaftlichen Ausdrucksformen entwickeln kann, in ein chiffriertes Ausdrucksgeschehen, das die Gestalt von grassierenden modernen Leiden, psychosomatischen Krankheiten und verhäuslichter Gewalt annimmt.

Eine kleine Geschichte mag die Erfahrung vieler bebildern: Indianer wollen mit dem Bus von New York nach San Francisco fahren. Nachdem sie schon Tausende von Meilen unterwegs sind, bedrängen sie den Fahrer, er möge anhalten und sie auf offener Strecke aussteigen lassen. Dieser zeigt sich verwundert und weist auf die Unwirtlichkeit der Gegend hin: weit und breit nur Wüste, keine menschliche Ansiedlung in Sicht. Aber sie beharren auf ihrem Wunsch, und als der Fahrer hartnäckig auf einer Begründung besteht, sagen sie schließlich: «Unsere Körper haben sich in großem Tempo fortbewegt, unsere Seelen haben bei diesem Tempo nicht mithalten können und sind zurückgeblieben. Wir müssen aussteigen und warten, bis sie uns wieder eingeholt haben.»

Moralische Paniken

Versuche ethischer Wiederaufforstung

All die gesellschaftlichen Hintergründe, die verstehbar werden lassen, warum Kinder, Jugendliche und – vergessen wir das nicht – auch Erwachsene immer häufiger zur Gewalt greifen, werden in den öffentlichen Diskursen über Gewalt weitgehend ausgespart. Die zaghaften Versuche in den USA, über das Problem der ubiquitären Verfügbarkeit von Waffen zu diskutieren, prallen an der Übermacht der Waffenlobby und der Zählebigkeit gewisser Pioniertraditionen ab. Das «Recht des Volkes, Waffen zu tragen», ist in der Verfassung der USA verankert und verdankt sich der Furcht der jungen Republik, von Söldnerheeren des Absolutismus überrannt zu werden. Für diesen Fall sollten die Amerikaner eine Volksmiliz bilden können. Kein Mensch konnte damals ahnen, daß eines Tages «durchgeknallte» Schießwütige von diesen Waffen Gebrauch machen würden, um auf ihre Lehrer, Mitschüler, Nachbarn oder Kollegen anzulegen. Die von der Waffenlobby immer wieder vorgebrachten Argumente werden an der einfachen Wahrheit stumpf, daß man mit einem Messer keine Blutbäder wie in Littleton oder Jonesboro anrichten kann. Gerade weil es auf denjenigen ankommt, der die Waffe in Händen hält, ist es äußerst problematisch, daß Jugendliche in den USA Waffen so leicht erstehen können wie Turnschuhe.

Statt diesem und den anderen genannten Problemen, die Amoklauf erst möglich machen, ernsthaft zu Leibe zu rücken, sind alttestamentarische Härte und Ausgrenzung angesagt: Schon Kinder soll die volle Härte des Erwachsenenstrafrechts treffen. Eine hysterische Suche nach «kranken Gliedern» setzt ein, die es mit Hilfe einer Justiz, die sich als soziale Chirurgie und Organ von Rache und Vergeltung versteht, abzuschneiden und auszumerzen gilt. An den Schulen wird der «School-Spirit» beschworen, und wer ihn vermissen läßt und sich am Sport nicht beteiligt, auf Partys nur herumsteht und keine Freunde hat, macht sich verdächtig und wird mit Therapie bestraft. Auf Drängen der Eltern haben zahlreiche Bundesstaaten inzwischen «Charakterbildung» zum obligatorischen Unterrichtsfach gemacht, das sich der «sittlich-moralischen Erziehung» der Kinder und Jugendlichen widmen soll. Man darf bezweifeln, ob sich «Moral» implementieren und erlernen läßt, wenn man sie nicht, sofern man unter halbwegs intakten Verhältnissen aufgewachsen ist, in der Frühgeschichte des Lebens quasi beiläufig erworben hat. Alle sekundären oder tertiären moralischen Wiederaufforstungsversuche dürften sich als sinnlos erweisen, es sei denn, sie lieferten den Text zu einer Melodie, die einem früh gesungen worden ist.

Ein spektakuläres Opfer der sich ausbreitenden Fahndungsmentalität war der elfjährige Raoul Wüthrich, der im Herbst 1999 monatelang in Untersuchungshaft saß, bevor man ihn im November wegen «Verfahrensfehlern» entlassen mußte. Der Vorwurf der Ermittlungsbehörden: «schwerer Inzest». Was war geschehen? Eine Nachbarin wollte aus 25 Metern Entfernung gesehen haben, wie der Junge seiner kleinen Schwester die Unterhose herunterzog und sie «sexuell belästigte». «Absurd», sagt die Großmutter des Jungen, «Raoul hat Sophia nur beim Pinkeln helfen wollen.» Auf die Argumente der Familie ließen sich die Strafverfolgungsbehörden jedoch nicht ein: «Die Beweislage ist eindeutig, die Gesellschaft muß vor solchen Menschen geschützt werden.» So wurde der Elfjährige zu rund hundert älteren Delinquenten ins Jugendgefängnis Mount View verbracht. Die aus der Schweiz stammende Familie verließ fluchtartig die USA, weil sie befürchtete, die Behörden könnten ihr das Sorgerecht für ihre drei anderen Kinder entziehen. Kann einem Wahnsinnsakt nicht jederzeit ein zweiter folgen? Von der Schweiz aus bemühten sich die Wüthrichs um die Freilassung ihres Sohnes. Die erfolgte dann auch wegen «Verfahrensfehlern» und nicht etwa, weil den Behörden dämmerte, daß sie den Bogen überspannt hatten und in den Bann einer öffentlichen Hysterie geraten waren.

«Amerika führt einen Krieg gegen die eigenen Kinder», sagt Vincent Schiraldi, der Direktor des Instituts für Justizpolitik in Washington.* Jugendliche unter 18 Jahren würden zunehmend härter und häufiger strafrechtlich verfolgt. Unter dem Eindruck des Blutbads von Littleton habe sich die Politik des Themas bemächtigt und schüre im Verein mit den Medien eine «moralische Panik», die in den Ruf nach immer härterem Durchgreifen, nach Zucht und Ordnung münde. «Vor zehn Jahren hätte man einen Jungen wie Raoul in die Obhut von Psychologen gegeben. Seither hat sich jedoch die Meinung durchgesetzt», so Schiraldi, «daß Einsperren die einfachste, effektivste und zufriedenstellendste Lösung ist, um mit Kinderkriminalität fertig zu werden.»

Bereits 1986 verurteilte ein Gericht einen 14jährigen Schüler, der bewaffnet in die Schule gegangen und dort seine Lehrerin getötet und drei weitere Menschen verletzt hatte, nach Erwachsenenstrafrecht zu 230 Jahren Haft. Daß das Blutbad keineswegs vom Himmel gefallen, sondern das Produkt einer Kindheit voller Traumatisierungen und Gewalterfahrungen war, interessierte das Gericht nicht im geringsten. Der inzwischen 27jährige kann frühestens im Alter von 52 Jahren einen Antrag auf Begnadigung stellen. Der *Frankfurter Rundschau* vom 12. 11. 1999 war zu entnehmen, daß man im US-Staat Oregon soeben einen 17jährigen wegen eines erweiterten Familien-Amoklaufs – er tö-

* *Der Spiegel*, Nr. 42/1999, S. 208.

tete zunächst seine Eltern und richtete im Anschluß daran in seiner Schule ein Blutbad an – zu 111 Jahren und acht Monaten Gefängnis verurteilt hat. Er war zum Tatzeitpunkt 15 Jahre alt und gilt als psychisch schwer gestört.

Der Schweizer Anwalt der Familie Wüthrich sagte in der Fernsehsendung *Stern-TV*, der Umgang der amerikanischen Behörden mit Raoul stelle einen «Rückfall ins finsterste Mittelalter» dar, wo man mit Delinquenten nach dem alttestamentarischen Grundsatz «Auge um Auge» verfahren sei. Der Verweis aufs Mittelalter mag agitatorisch geschickt sein, verstellt aber den Blick darauf, daß es sich nicht um einen punktuellen Rückfall auf eine längst vergangene Stufe des Strafens handelt, sondern um die Vorboten eines neuen Dispositivs der Macht. Durch die Entfesselung von Moral- und Sicherheitspaniken versucht der Staat, die ihm in den letzten Jahrzehnten mehr und mehr entglittene Fähigkeit zurückzuerobern, die Loyalität der Bevölkerung an sich zu binden und ein dominantes Grundmuster von Subjektivität und Normalität zu prägen. Unschwer ist hinter der repressiven Betriebsamkeit das Bemühen zu erkennen, die Erosion der moralischen Substanz in den Subjekten, das Wegbrechen von «inneren Selbstzwängen» durch verstärkten «Fremdzwang» zu kompensieren. Polizei- und justizförmig soll die labilisierte Innerlichkeit der Menschen als «verinnerlichter Staat» (Brückner) wiederhergestellt und dort, wo das nicht möglich ist, durch nackte Gewalt ersetzt werden.

In dem Maße, wie sich das globalisierte Kapital von den letzten ihm von der Gesellschaft aufgenötigten institutionellen und moralischen Begrenzungen lossagt und sich in den vollkommen abstrakten und tautologischen Spiralen seiner Selbstverwertung verliert, werden wir Zeugen einer eigenartigen synthetischen Moralisierung. Die entfesselte Markt- und Kapitallogik, für die gut und böse, richtig und falsch lediglich Kategorien der betriebswirtschaftlichen Gewinnkalkulation sind, hat einen moralischen Kahlschlag praktiziert. Nun soll, da die verheerenden Folgen des moralischen Waldsterbens gehäuft zutage treten, künstlich wiederaufgeforstet werden, indem man moralische und auf innere Sicherheit bezogene Paniken entfesselt. Im Rahmen dessen, was man «Identitätspolitik» nennt, wird an Sitte, Pflicht und Anstand appelliert, an deren Schleifung die wertzynische Motorik des Geldes und des Konsumismus jahrzehntelang gearbeitet hat.

In diesem Kontext der Bekämpfung des moralischen Ozonlochs sind die kommunitaristischen Bemühungen einer Wiederbelebung des «Gemeinsinns» und der «gesellschaftlichen Verantwortung» angesiedelt, aber auch jene neuen Praktiken der Kriminalpolitik und Verbrechensbekämpfung, die der Labilisierung der inneren Selbstzwangapparaturen durch kräftiges strafrechtliches Nachziehen der Grenzen zwischen «normal» und «unnormal» begegnen wollen. Durch die Beschwörung eines allgemeinen Szenarios der Viktimisierung bedient sich der Staat der Kriminalitätsfurcht, um die Menschen bei der Stange gesellschaftlicher Normen zu halten.*

Die Krux all dieser sekundären Integrationsbemühungen besteht darin, daß sie die Folgen der Schwächung der primären Integration durch den Markt bekämpfen, mildern, abschwächen möchten, dabei aber auf die Ressourcen angewiesen sind, die der Markt bereitstellt. Das führt, wie Christoph Türcke in

* Eine zentrale Rolle fällt in diesem Kontext der Bekämpfung des «sexuellen Mißbrauchs» zu. Mittels der Bekämpfung der «Sex-Täter» wird eine repressive Moralisierung betrieben, die auf Hygienisierung des familiären, viel weniger aber des kommerziellen Raums aus ist. Reinhart Wolff hat darauf hingewiesen, daß die sexuelle Mißhandlung immer dann ins Blickfeld des öffentlichen Interesses gerückt wird, wenn es konservativen Kräften in Krisenzeiten darum zu tun ist, die bedrohte Innerlichkeit der Menschen zu restituieren. (Vgl. Der Einbruch der Sexualmoral, in: Katharina Rutschky/ Reinhart Wolff, Handbuch Sexueller Mißbrauch, Reinbek 1999, S. 123)

seiner Kritik der kommunitaristisch verwässerten neuen Programmatik des Frankfurter «Instituts für Sozialforschung» gezeigt hat, dazu, «daß immer dann, wenn Eingriffe und Kompensationen am erforderlichsten wären, zugleich die Mittel knapp sind».* So wird am Ende Peter Brückner mit seiner pessimistischen Prognose recht behalten: Da, wo der Markt auch als Arbeitsmarkt bestimmte Leistungen der Normierung und Disziplinierung für überwältigende Mehrheiten von Populationen nicht mehr erbringt, erscheinen wie Kai aus der Kiste Gewalt und Polizei. Brückner sah bereits in den siebziger Jahren voraus, daß die Erosionskrisen der Gegenwart eine «Remilitarisierung des Staatsapparats» und eine «nachdemokratische Herrschaftsmethode» nach sich ziehen würden, eine Einschätzung, der sich Ralf Dahrendorf in einem Interview mit der *Frankfurter Rundschau* vom 1. 4. 1996 anschloß: «Der Polizeistaat kommt über die Arbeitslosigkeit.»

Sage also niemand voreilig: «Die spinnen, die Amis!» Auch in Deutschland sind Anzeichen eines kriminalitätspolitischen Panikmanagements unübersehbar, auf deren Techniken wir später noch genauer eingehen werden. Schauen wir zunächst, wie hierzulande auf Jugendgewalt und -kriminalität reagiert wird. Kehren wir also, wie man so sagt, vor unserer eigenen Tür.

---

* Ausgrenzung, in: *Frankfurter Rundschau* vom 2. 11. 1996.

«Knüppel aus dem Sack»

Vom gesellschaftlichen Umgang mit Jugend-
und Kinderkriminalität in Deutschland

> *«Wenn die 14- bis 24jährigen keine*
> *Perspektive haben, dann gewöhnen sie*
> *sich daran, einer Frau die Handtasche*
> *wegzunehmen, den Studenten den*
> *Computer zu klauen und so in den Tag*
> *zu leben.»*
>
> (Ralf Dahrendorf)

Seit in Hamburg zwei 16jährige, die bereits vielfach strafrechtlich in Erscheinung getreten und seit langem polizeibekannt waren, einen alten Lebensmittelhändler überfallen, ausgeraubt und erstochen haben, ist auch in der Bundesrepublik die Debatte über Kinder- und Jugendgewalt neu entflammt. Was tun mit den noch nicht strafmündigen «Mehmets» und gewaltbereiten Kindern? Soll man sie in geschlossene Heime stecken und dort verwahren? Die Erfahrungen aus Vergangenheit und Gegenwart sprechen eher dagegen. Die Unterbringung von Kindern in geschlossenen Heimen stellt den Offenbarungseid einer Gesellschaft dar, der außer Wegsperren und Verwahren nichts einfällt und die an die wirklichen Ursachen jugendlich-kindlicher Gewalt nicht rühren will. Der Ruf nach mehr Härte und schärferem Durchgreifen zeugt letztlich von verzweifelter Ohnmacht und Hilflosigkeit.

Wir erleben auch bei uns seit einigen Jahren die Wiederkehr einer längst überwunden geglaubten und mit triftigen Argumenten widerlegten pessimistischen Anthropologie, in der viel vom «Bösen» die Rede ist, das der Mensch als invariante Naturausstattung in seinem Erbgut mit sich führe. Schon darf Hans Jürgen Eysenck im *Stern* seine «Biologie des Bösen» (Nr. 19/1996) vortragen und verkünden, daß «antisoziales Verhalten zu etwa 60 Prozent genetisch bestimmt ist». Im Umgang mit jugendlichen Straftätern würde Eysenck «selbst vor Prügeln nicht zurückschrecken, denn körperliche Bestrafung hinterläßt erfahrungsgemäß den stärksten Eindruck». Also: Schluß mit der laschen Sozialpädagogik und Knüppel aus dem Sack!

Peter Rühmkorf hat in *Die Woche* vom 4. 9. 1998 darauf hingewiesen, daß die deutsche Debatte über «Jugendgewalt» wie die amerikanische dadurch gekennzeichnet sei, daß sie die gesellschaftlichen Ursachen weitgehend ausblende: «Böse Beispiele verderben gute Sitten und befördern ein asoziales Verhalten, das sich auf den unteren Ebenen des Gemeinwesens dann als privates Freibeutertum mit Butterfly-Messern und Baseballschlägern nachgespiegelt findet. Das rapide Ansteigen der Jugend- und Kinderkriminalität und die kaum noch begreifliche und noch schwieriger zu bändigende Neigung zu Raub- und Gewalttat in unseren Schulen und auf unseren Bürgersteigen sind durchaus als naturwüchsige Derivate eines Systems zu betrachten, das statt auf gesellschaftliche Solidarität auf eine von allen Fesseln befreite Selbstbereicherungsgier gegründet ist. (…) Eltern, Schule, Sozialpädagogik, Präventivstrategien, alles schön und gut, aber wer will da – mit welchen Mitteln? – noch gegenan erziehen, wo der durch nichts und niemanden behinderte Markt seine Gewaltvideos und Mordspielzeuge mit einer kriminellen Energie ohnegleichen täglich in die Szene spuckt und der Waffenhandel dann gleich das nötige Metzgerwerkzeug nachliefert. So entgleitet dem Staat nach dem Steuer- auch allmählich das Gewaltmonopol.»

Die Diskussion darüber, wie der steigenden Kinder- und Jugendkriminalität zu begegnen sei, ist den Fachleuten längst entglitten und in den Sog des Parteienstreits und populistischer

Stimmungsmache geraten. Seit es den konservativen Kräften gelungen ist, mit kruden law-and-order-Parolen Wahlen zu gewinnen und die «Stillen im Lande» hinter sich zu bringen, versuchen Politiker der großen Parteien sich wechselseitig in ihrer Entschlossenheit zu überbieten, hart gegen diese «Auswüchse» vorzugehen. Allenthalben werden Forderungen nach Herabsetzung des Strafmündigkeitsalters auf zwölf oder gar zehn Jahre, nach härteren Strafen, Anwendung des Erwachsenenstrafrechts auf Heranwachsende und die Schaffung geschlossener Heime erhoben. Die bayerische Kultusministerin Monika Hohlmeier hat in Fortsetzung des Übertreibungsfanatismus ihres Vaters, Franz Josef Strauß, vorgeschlagen, Kinder, die gewalttätig sind oder Mitschüler und Lehrer bedrohen, von den Regelschulen zu nehmen und gesondert zu betreuen.*

Der Ruf nach «law and order» und unerbittlicher Härte soll das gestörte Sicherheitsempfinden der Bürger restaurieren und ihren Nachtschlaf sichern, der, wie wir gesehen haben und noch genauer sehen werden, aus ganz anderen Gründen gestört ist. Fast rührend nehmen sich in solchen Zeiten die gelegentlichen öffentlichen Stellungnahmen von Jugendforschern und Kriminologen aus, die zur Besonnenheit auffordern und sich darum bemühen, das dramatisierte Geschehen auf sein reales Maß zurechtzustutzen. Wann wäre je ein Wahn, eine hysterische Stimmungslage dem besseren Argument und vernünftiger Einsicht gewichen? Bei allem Respekt vor der aufklärerischen Intention unserer Professoren hinterlassen ihre Stellungnahmen doch einen schalen Nachgeschmack. Warum? Nicht nur, weil sie dem aufklärerischen Köhlerglauben anhängen, man müsse den irregeleiteten Menschen nur die Wahrheit näherbringen, und schon würden sie von ihrem Aberglauben ablassen, sondern weil sie in ihrem sympathischen Bemühen, der populistischen

* *Frankfurter Rundschau* vom 1. 7. 1999.

Instrumentalisierung der Problematik etwas entgegenzusetzen, das Problem selbst bagatellisieren.

Wenngleich man mitunter den Eindruck gewinnt, manche Politiker seien nachgerade dankbar dafür, daß, wenn schon die Erwachsenenkriminalität seit 1993 stagniert, wenigstens die Zahlen der Kinder- und Jugendkriminalität steigen, so darf dies im Gegenzug nicht dazu führen, daß man so tut, als wäre dem nicht so. Öffentliche Panikmache und staatliche Bewirtschaftung der Kriminalitätsfurcht sind das eine, der tatsächliche Anstieg jugendlicher und kindlicher Gewalt ist das andere. Man tut der Gesellschaft, Tätern und Opfern, keinen Gefallen, wenn man ständig wiederholt: «Das war schon immer so, alles ist halb so wild!» Sicher entspricht die «Medien-Kriminalität» nicht der realen Kriminalität. Wir werden noch sehen, daß die grassierende Kriminalitätsfurcht als «soziale Dunkelangst» zu deuten ist, die sich aus ganz anderen Quellen speist und mit der realen Kriminalitätsentwicklung kaum etwas zu tun hat. Wie sonst ist es zu deuten, daß sich die Hälfte der Bevölkerung von Hagen, der Großstadt mit der objektiv niedrigsten Kriminalitätsrate in Deutschland, fürchtet, Opfer einer Straftat zu werden? Basale Sicherheitsgefühle vieler Bürger sind erschüttert, und sie verschieben den Angstgrund auf die wuchernde Kriminalität und die über die «offenen Grenzen hereinflutenden» Ausländer. Ausländer und Kriminelle werden vielen zu Synonymen. Eine auf diese Weise pseudo-konkretisierte Furcht läßt sich leichter ertragen als diffuse, namenlose Angst.

Aus meiner Tätigkeit als Gefängnispsychologe im Erwachsenenvollzug sind mir Erzählungen von jüngeren Gefangenen vertraut, die sich in dem Satz zusammenfassen lassen: «Hätte ich mit 16 Jahren mal ein ‹ordentliches Brett› gekriegt, säße ich heute nicht hier.» Aus zerbrochenen oder verwahrlosten Familien stammend, sind sie früh in den Bann einer «antisozialen Tendenz» (Donald W. Winnicott) geraten, die sich im Laufe der

Zeit zu einer manifesten «Dissozialität» ausgewachsen hat. Jetzt sitzen sie wegen Diebstahls, Einbruchs oder Körperverletzung im Erwachsenenstrafvollzug. Niemand hatte zuvor auf die frühen, noch relativ harmlosen Signale und Hilferufe adäquat reagiert. «Das antisoziale Kind versucht auf die eine oder andere Weise, sanft oder mit Gewalt, die Welt dazu zu bringen, ihre Schuld anzuerkennen; oder es versucht, die Welt dazu zu bringen, den Rahmen wiederherzustellen, der zerbrochen ist.»*

Unsere inzwischen erwachsenen Straftäter stießen überall auf Gleichgültigkeit, Hilflosigkeit und falsch verstandene Liberalität: «Tagessätze und Arbeitsstunden im Altersheim, immer wieder Bewährungsstrafen, da konnte ich nur lachen, das habe ich einfach nicht ernst genommen.» Oft ist, wenn die Sanktion auf jugendliche Regelverstöße erfolgt – die juristischen Mühlen mahlen langsam –, der Zusammenhang zwischen Tat und Täter längst zerrissen und das anfängliche Erschrecken über die eigene Tat einer Tendenz zur Bagatellisierung gewichen. Eltern, die entweder gar nicht vorhanden sind oder Erziehungsverweigerung praktizieren, abwesende Väter, die ihre Selbstverwirklichung woanders suchen, Abschiebung auf die Sonderschule, wechselnde Heimaufenthalte, hilflose Reaktionen auf die beginnende kriminelle Entwicklung kennzeichnen diese Biographien. Der verzweifelte Ruf: «Wenn doch endlich mal einer käme und mir Grenzen setzte!», dem oft eine ungestillte Vatersehnsucht zugrunde liegt, verhallt ungehört, und die unruhige Suchbewegung nach einem Widerpart endet schließlich in den kargen Wänden einer Gefängniszelle. Viele von ihnen könnten inzwischen auf die Frage des Gefängnispsychologen: «Hat man Sie zu Hause geschlagen?» antworten: «Schön wär's.» Damit soll nicht à la Eysenck Prügeln und Härte als den guten Köchen

* D. W. Winnicott, Familie und individuelle Entwicklung, Frankfurt am Main 1984, S. 127.

in der Erziehung das Wort geredet, sondern auf den Umstand hingewiesen werden, daß eine negative Reaktion auf kindlich-jugendliche Grenzüberschreitungen möglicherweise immer noch besser ist als gar keine. Noch aus körperlich schmerzhaften Antworten ließe sich ein Minimum an Interesse und Kenntnisnahme herleiten, deren vollkommenes Fehlen mancher jugendlichen kriminellen Odysee zugrunde liegt. Es scheint für Kinder und Jugendliche nichts Schlimmeres zu geben als Desinteresse und Gleichgültigkeit.

Unlängst hatte man einige Jugendliche, die aus dem Jugendgefängnis ausgebrochen waren und wenige Stunden später wieder gefaßt wurden, vorübergehend im Erwachsenenvollzug «zwischengelagert». Ich war neugierig und wollte die seltene Gelegenheit nutzen, einmal auf einen Halbwüchsigen zu stoßen und eine kriminelle Entwicklung gewissermaßen im Wildwuchs kennenzulernen. Ich traf einen Jungen an, der fast noch ein Kind war, ein schmales Kerlchen mit kurzen Haaren und großen strahlenden Augen. Er wirkte auf mich in der Umgebung des Männerknastes und in seiner viel zu großen Gefängniskleidung wie ein aus dem Nest gefallenes Vögelchen. Staunend und ein wenig unsicher folgte er mir ins Büro. Immer wieder blieb er irgendwo stehen, um sich umzusehen. Er war sichtlich beeindruckt von der «Kathedrale des Verbrechens» und begriff, daß das seine Zukunft sein würde, wenn es ihm nicht gelänge, «die Kurve zu kriegen». Er trottete hinter mir her, und wir setzten uns in mein Büro. Er berichtete mir, wie die Idee zur Flucht aufkam und wie es ihnen gelungen war, die Anstalt zu verlassen. Eine Schnapsidee, wie man so sagt, ohne jede Planung und Vorbereitung: einfach raus, etwas vom Sommer mitkriegen. Keiner dachte daran, wie es, falls die Flucht gelingen sollte, draußen weitergehen würde. Man wollte auf jeden Fall zusammenbleiben. Wie bei den Bremer Stadtmusikanten war ihr Motto: «Nur weg hier, etwas Besseres finden wir überall!»

Die Gruppe überwältigte nach dem abendlichen Gemeinschaftsfernsehen zwei Beamte, nahm ihnen Funkgeräte und Schlüssel ab und sperrte sie in eine Zelle. Einer der Beamten trug dabei erhebliche Verletzungen davon und wurde stark blutend zurückgelassen.

Die ganze Ausbruchsgeschichte erzählte er mir wie eine spannende Abenteuergeschichte, als sei das ganze lediglich ein Spiel gewesen, «ein Nintendo-Spiel», wie er sagte. Inzwischen sei ihm klar, daß er für diese eine Stunde in Freiheit einen hohen Preis zu zahlen habe. Sein Rechtsanwalt sei heute dagewesen und habe ihm die Straftatbestände aufgezählt, die in diesem Fall erfüllt seien, und ihm gesagt, mit welcher Strafe er rechnen müsse. Nächste Woche werde ohnehin noch einmal gegen ihn verhandelt wegen einer beträchtlichen Zahl von Straftaten, die von Schwarzfahren, Diebstahl, Nötigung, Körperverletzung bis hin zu schwerem Raub reichten. Der ganze Ernst seiner Lage war ihm keineswegs klar und begann erst allmählich in sein Bewußtsein einzudringen. Manchmal habe er Angst und fühle sich verloren, «irgendwie ganz klein und hilflos».

Er stamme aus einer eigentlich normalen Familie, der Vater sei Immigrant, der seit langem hier arbeite, die Mutter Deutsche. Er habe noch zwei jüngere Schwestern, die heute bei der Mutter lebten. Die Trennung und nachfolgende Scheidung der Eltern markiert offensichtlich einen tiefen Einschnitt in seinem Leben. Zunächst bekam er Schwierigkeiten in der Schule, blieb sitzen, begann zu schwänzen, bis er ohne Abschluß «ausgeschult» wurde, weil niemand mehr mit ihm zu Rande kam. Irgendwann schritt das Jugendamt ein und man steckte ihn in ein Heim. Dort büchste er aus und kehrte zum Vater zurück, bei dem er dann eine Weile lebte. Dieser arbeitete im Schichtdienst und hatte wenig Zeit für den Jungen. Er war ein gutmütiger und wenig durchsetzungsfähiger Mensch, der mit der Erziehung dieses schwierigen Kindes offensichtlich überfordert war. Der

Junge begann sich herumzutreiben, blieb oft tage- und wochen-
lang von zu Hause fort, lernte andere Straßenkids und deren kriminelle Überlebenstechniken kennen. Mehrfach bekam
er Arrest, Arbeitsstunden und soziale Trainingskurse aufge-
brummt. All das habe er aber nicht ernst genommen und eher
als lästig empfunden. Einmal muß er an einem «Anti-Aggressi-
ons-Training» teilnehmen, das er als Farce empfand: Einer habe
sich in die Mitte des Kreises der Gruppenmitglieder setzen müssen und sei daraufhin von allen beschimpft und gedemütigt
worden. Man habe lernen sollen, das auszuhalten. Das sei alles
Firlefanz und tauge nicht für den Ernstfall. All diese Sanktionen
hätten ihn wenig beeindruckt und er habe immer so weiter in
den Tag hineingelebt. Immer ausufernder wurden seine kriminellen Aktivitäten, niemand vermochte den Kreislauf zu stoppen. Schließlich wurde er wegen Körperverletzung verurteilt
und zum ersten Mal ins Jugendgefängnis gesteckt. Dieses schil-
derte er als äußerst gewaltträchtigen Ort: Ständig müsse man
auf der Hut sein, nicht verprügelt zu werden oder ein Messer in
den Bauch gerammt zu bekommen. Ansonsten tue sich dort
wenig, man hänge so ab und schlage die Zeit tot.

Er hatte keine Ahnung, wie es weitergehen solle. «Ich habe
echt keinen Plan», sagte er, und er wußte, daß er dringend einen
benötigte. Eigentlich sehnte er sich nach einem ganz normalen
Leben, wußte aber nicht, wie er dahin gelangen könne. Nach
seinen Straftaten habe er regelmäßig Schuldgefühle gehabt und
sich eine Weile geschämt – was für mich ein Zeichen ist, daß für
ihn noch Hoffnung besteht. Nach seinen glaubhaften Schilde-
rungen war er auch der einzige in der Ausbrechergruppe, der
sich um den verletzten Beamten gekümmert hat. Daran läßt
sich anknüpfen, und man kann ihm nur wünschen, daß er bald
auf einen Menschen trifft, der sich seiner annimmt und mit ihm
zusammen nach einem Ausweg aus dem lebensgeschichtlichen
Labyrinth sucht. Eines Tages hier im Erwachsenenvollzug zu

landen, schien ihn wirklich zu schrecken, und ich erzählte ihm von vielen älteren Gefangenen, denen es nicht gelungen war, aus der Jugendkriminalität auszusteigen, die sich chronifiziert und zu einem kaum noch korrigierbaren Lebens- und Handlungsmuster verfestigte.

Ein sympathischer, aber auch gefährlich gefährdeter Junge mit einer gut entwickelten Intelligenz. Ich wünsche ihm, daß er lernt, sich ihrer zu bedienen. In allen diesen Jungen existieren mehrere Teilpersonen nebeneinander. Wenn es der einen, der aggressiven, die der Gesellschaft den Krieg erklärt hat und am liebsten alles in die Luft sprengen möchte, gelingt, die anderen zu dominieren, ist der innere Kampf verloren. Diese Teilpersonen kann nur entdecken und in ihrem Wachstum fördern, wer auf sie setzt. Wie nur die Mutter, die ihrem Kind traut, ihm Spielräume für eigene Entwicklungen gewähren kann, so kann nur der Therapeut, der an die Entwicklungs- und Veränderungsmöglichkeiten eines Gefangenen glaubt und ihnen Raum und Zeit zur Entfaltung gibt, neue Ausgänge aus dem Labyrinth lebensgeschichtlich mitgeschleppter Konflikte eröffnen, um den ständig wiederholten Kreislauf kriminellen Ausagierens zu durchbrechen.

Das Leben von Menschen, bei denen aufgrund des Überwiegens schlechter Kindheitserfahrungen die destruktiven Energien die Oberhand über die libidinösen gewannen, gerät in den Bann einer Unglücksmechanik, aus der ein Ausstieg nur schwer möglich ist. Das ganze Leben bewegt sich in Wiederholungsspiralen aus Haß und Selbsthaß, die es in unvermeidliche Unglücksserien zerlegen. Und die Bedingungen, diesen unheilvollen Kreislauf beenden und alternative Möglichkeiten entdecken zu können, sind in unseren Haftanstalten eher ungünstig.

Der in der Arbeit mit delinquenten Jugendlichen erfahrene Donald W. Winnicott hat eindringlich vor einem sentimentalen Umgang mit Kriminalität insgesamt und der Problematik jugendlicher Abweichung gewarnt. Eine von Gleichgültigkeit oft kaum zu unterscheidende Liberalität erweist sowohl den kriminellen Jugendlichen als auch der Gesellschaft einen Bärendienst. In dem Film «Blue in the Face» spielt Harvey Keitel den Tabakhändler Auggie, der eines Tages beobachtet, wie vor seinem Laden, der mitten in Brooklyn liegt, ein farbiger Junge von etwa 13 Jahren einer weißen Lady die Tasche entreißt und mit ihr davonrennt. Er nimmt die Verfolgung auf, holt ihn keuchend ein und schleppt ihn zum Laden zurück. Die weiße Lady empfängt ihre Tasche und erklärt, der Fall sei für sie damit erledigt. Auggie, der den Jungen immer noch am Schlafittchen gepackt hält, sagt: «So, dann wollen wir den Lümmel mal der Polizei übergeben.» «Nein», interveniert die weiße Lady, «das möchte ich nicht. Schauen Sie doch, wie verängstigt der Junge ist, der wird so was nie wieder tun, der hat seine Lektion gelernt.» «Papperlapapp», erwidert Auggie, «der wird in vier Wochen wegen 25 Dollar eine alte Oma erstechen.» Die weiße Lady schmilzt weiter vor Mitleid dahin und besteht darauf, den Jungen laufen zu lassen. Da nimmt Auggie ihr die Tasche wieder weg, drückt sie dem Jungen in die Hand und sagt: «Lauf, hau ab!» Der Junge bleibt einen Moment verdutzt stehen, kann gar nicht glauben, daß er ungeschoren davonkommen soll, und rennt schließlich mit der Tasche im Arm davon. Diese Episode des Films, dessen Drehbuch von Paul Auster stammt, hat mich am meisten beeindruckt, weil die zunächst schockierende Konsequenz des Tabakhändlers jene Mittelschichtssentimentalität im Umgang mit delinquenten Jugendlichen bloßstellt, vor der Winnicott warnte.

Wo die Familie und vor allem die Väter in ihrer die Aggression bändigenden und grenzziehenden Funktion versagt haben, bedarf es sekundärer gesellschaftlicher Institutionen, die die beginnende antisoziale Dynamik ausbremsen und den Jugendlichen Gelegenheit bieten, ihre abgebrochenen und blockierten

Reifungsprozesse nachzuholen. Es geht zunächst um die Schaffung eines «strengen, zuverlässigen und unzerstörbaren Rahmens», der der Aggression stand- und das unintegrierte Selbst des Delinquenten zusammenhält. (Winnicott)

Fehlende innere Selbstkontrolle muß vorübergehend durch Fremdkontrolle ersetzt werden. Aber: Die Mauern und Begrenzungen aus Stein und Eisen, die man den Jugendlichen zunächst setzt, müssen nach innen wandern und sich in Selbstkontrolle verwandeln, die die äußeren Begrenzungen irgendwann überflüssig macht. Hierzu bedarf es eines Milieus, das durch verläßliche Bindungen an leibhaftig anwesende Menschen charakterisiert ist, die die Beziehungen nicht bei jeder Störung gleich wieder aufkündigen. Die raumzeitliche Verläßlichkeit – durch die körperliche Nähe und Anwesenheit konkreter Bezugspersonen vermittelt – ist eine nicht ersetzbare Funktion in menschlichen Bildungsprozessen. Geschlossene Heime und Gefängnisse aber sind und bleiben «totale Institutionen» (Erving Goffman), denen «raumzeitliche Näheverhältnisse» strukturell fremd sind. Sie pressen den Delinquenten vorübergehend in eine Form, unterbrechen das kriminelle Ausagieren, indem man die Insassen ins Korsett einer Anstaltsordnung zwängt. Die enorm hohe Rückfallquote belehrt uns darüber, daß Gefängnisse selbst zu den Bedingungen von Kriminalität gehören, die zu bekämpfen sie vorgeben. «Mit jeder Verurteilung wächst der Hang zum Verbrechen. Er wird um so größer, je größer die Zahl der vorangegangenen Bestrafungen ist», sagte Franz von Liszt schon 1902 voller Ironie und Bitterkeit.

Die aktenkundigen Auffälligkeiten und abweichenden Lebensäußerungen stellen lediglich die nach außen zutage tretenden Erscheinungsformen und untauglichen Reparaturversuche lang mitgeschleppter früher psychischer Störungen, also «reaktive Narbenbildungen» (Freud) dar, zu denen man innerhalb der verwahrenden Institutionen nur im Ausnahmefall therapeutisch vordringt. Nach dem Wegfall des Korsetts treten sie deshalb meist schnell wieder in Erscheinung.

Wo die Integration der aggressiven Impulse in der Kindheit nicht gelang, flackern die Abgrenzungskämpfe in der Pubertät mächtig wieder auf, und es hängt jetzt alles davon ab, daß die Erwachsenen sich stellen und den Konflikten nicht ausweichen. Sonst werden sie auf die Straße verlagert und münden unter Umständen in eine dissoziale Entwicklung, die nicht selten im Strafvollzug endet. Die beängstigende aggressiv-destruktive innere Welt, deren Bändigung und Integration in der Kindheit mißlang, wird nach außen gestülpt, um irgendwelche Institutionen, und sei es die Polizei, dazu zu zwingen, Kontrollfunktionen wahrzunehmen. Das Ende erfahrener Beziehungs-, Zukunfts- und Sinnlosigkeit ist Gewalt, die immer noch den verzweifelten Wunsch ausdrückt, endlich auf einen grenzsetzenden Anderen zu stoßen, der bei der Aneignung der bedrohlichen Innenwelt behilflich ist.

Dorothea Dieckmann hat diese Dynamik in ihrem Buch «Kinder greifen zur Gewalt» (Berlin 1994) nachgezeichnet. Im Anschluß an Winnicott und Jessica Benjamin deutet sie Äußerungen kindlicher und jugendlicher Gewalt als «das Bestreben, zum Anderen durchzudringen», als eine Art Fortführung des frühkindlichen Zerstörungshandelns, das dazu dient, die Realität ausfindig zu machen. Im Zeichen einer rabiaten Vergleichgültigung und Indifferenz der Erwachsenen werden die Kinder Gefangene eines grausamen «Echospiels», das ihnen immer nur die eigenen Äußerungen zurückwirft. «Diejenigen, die zur Tat schreiten, müssen Kinder ohne Phantasie sein; ihr Weltbild je nach Angebot schwankend, ohne Kohärenz, ohne Hierarchie, Tiefe und Plastizität. Es müssen Kinder sein, die die Realität nie erfinden, sich nie in Planspielen zueigen machen konnten, deren Ergebnisse ihre Autorschaft tragen. Sie werden zu wenig Gelegenheit gehabt haben, ihre Ideen und Bilder an einer Außenwelt zu erproben, die den eigenen Bedeutungen einen Horizont entgegensetzte, der ihnen als Grenze Widerstand und Halt, als Hintergrund Tiefe gibt. Ihre Zerstörungslust wird ins Leere gegangen sein.»*

Die Erziehungspersonen verblassen zu Phantomen, der Mangel an Grenzen erzeugt Einsamkeit und innere Leere. Damit bröckeln die Fundamente kindlicher Objektbildungsprozesse, die den in die Welt Hineinwachsenden Bodenhaftung garantieren. In dem Film «Benni's Video» wird ein Jugendlicher gezeigt, der den größten Teil seiner Zeit in einem mit elektronischem Gerät vollgestopften, abgedunkelten Raum zubringt. Er lebt dort an die Geräte gekettet wie die Höhlenbewohner im berühmten platonischen Mythos an ihre Bänke. Die mediale Schattenwelt, die ihn umgibt, wird ihm mehr und mehr zur wahren Welt, und der Versuch, mit einem Mädchen aus der «ersten Wirklichkeit» in Kontakt zu treten, endet in einer tödlichen Katastrophe.

Computerspiele und Joystick lassen kindliche Größen- und Allmachtsphantasien ohne Korrekturen durch das Realitätsprinzip weiterwuchern. Die in diese Spiele einfließenden aggressiven Regungen bleiben ohne wirkliche Resonanz. Kinder brauchen jedoch reale Spiele und leibliches Handgemenge als «Gleichgewichtsübungen», um Selbstgewißheit und Körperbild entstehen zu lassen. Das Selbstwertgefühl eines Kindes entsteht nicht im luftleeren Raum einer Echowelt und einer «Gerätefamile», sondern in der Auseinandersetzung mit leibhaftig anwesenden Menschen. Erfährt das Kind keine seinem Reifegrad angemessenen Frustrationen und Grenzsetzungen, macht es also keine Erfahrungen mit den Folgen seiner Aggression, dann wird es die Fähigkeit des «Erbarmens» und der «Besorgnis» nicht ausbilden können, die eine Voraussetzung für die

* Dorothea Dieckmann, Kinder greifen zur Gewalt, Berlin 1994, S. 69/70.

Entschärfung der Aggression ist. Ein solches Kind kann kein realistisches Selbstbild und keine reale Einschätzung seiner Fähigkeiten hervorbringen, so daß untergründige Phantasien narzißtischer Allmacht erhalten bleiben.

Scheuen Eltern und Erzieher die konfliktträchtige Auseinandersetzung, bringen sie Kinder in eine innere Notlage: Sie laufen ins Leere, schlagen in Watte und wissen nicht, wofür die Erziehenden wirklich stehen und wofür nicht. Auch in bezug auf sich selbst bleiben sie unsicher und nehmen schließlich Zuflucht zu narzißtischer Anspruchlichkeit oder zu Gewalt, die einzig Grenzerfahrung ermöglicht. Wie autistische Kinder, die mit dem Kopf gegen die Wand schlagen, um ein Lebensgefühl hervorzurufen, schlagen Kinder und Jugendliche wild um sich, fügen sich und anderen Schmerzen zu, um endlich ein Gefühl von sich selbst und der Welt zu erhalten. Sie geraten in eine Spirale, die das kindliche Zerstörungsspiel endlos fortsetzt, immer auf der Suche nach jemandem oder etwas, der oder das standhält und Grenzen setzt. «Die Zivilisation setzt den Heranwachsenden ihre Grenzen. Nur, indem sie sie verletzen, lernen Kinder diese Grenzen kennen und respektieren. Wer daran gehindert wird, muß die Grenzen selbst suchen. Er wird, wenn er stets ins Leere tastet, mit wachsender Angst immer weiter vordringen, bis er schließlich die äußersten Grenzen der Zivilisation erreicht. Diese Grenzen sind die Körpergrenzen der Anderen. Mit der ungeheuren Frustration, nicht gehalten und zurückgehalten zu werden, wird er auch diese Grenze verletzen und überschreiten. Alle anderen Grenzen haben sich als imaginär erwiesen. Was sich als Außenwelt präsentiert, ist trügerisch und – wie die Medienwelt – niemals endgültig; was sich als verboten darstellt, ist im nächsten Augenblick erlaubt; ja, selbst die physische Anwesenheit der nächsten Bezugspersonen ist nicht verläßlich.» [*]

* Dorothea Dieckmann, ebd. S. 102 / 03.

Die Dieckmannsche Analyse ist radikal: Sie legt die Wurzeln der zunehmenden Gewalt von Kindern und Jugendlichen in den Strukturen einer grundlegend auf Kälte und Feindseligkeit gestimmten Gesellschaft bloß. Auf alles, noch auf die intimen Binnenwelten fällt der Kälteschatten einer rabiaten Vergleichgültigung, die die Entstehungsbedingungen des Menschlichen aushöhlt. Den nach Rat und konkreter Abhilfe Suchenden hinterlassen solche Analysen jedoch als Verstörten. Es muß etwas geschehen, aber was?

Die polizei- und justizförmige Reaktion auf jugendliche Gewalt ist nichts als ein Palliativ, das eine Lösung vorgaukelt, wo in Wahrheit Symptome verwaltet werden. Die Erfahrungen mit geschlossenen Heimen und dem Jugendstrafvollzug belegen, daß bloßes Wegsperren und Ausgrenzen die Eskalation der Gewalt eher begünstigen. Was also dann? Wenn es gelingen soll, gefährdete Jugendliche für die Gesellschaft zurückzugewinnen, müßten Räume geschaffen werden, die einerseits Halt und Stabilität vermitteln und der Aggression standhalten und andererseits offen sind für das, was Oskar Negt «Beziehungsarbeit in Näheverhältnissen» nennt. «Psychische Störungen oder Defizite, die durch mißglückte oder fehlende Beziehungen entstanden sind, können nur innerhalb einer Beziehung wiederhergestellt oder nachgeholt werden», schreibt Stavros Mentzos. Darüber hinaus wird es angesichts der sinkenden Nachfrage nach lebendiger Arbeit immer wichtiger, dauerhafte Subsistenzformen hervorzubringen, die den Jugendlichen eine tragfähige Lebensperspektive jenseits von Lohnarbeit und Markt eröffnen. Die sozialdarwinistische Leistungskonkurrenz auf dem Arbeitsmarkt droht sie sonst nach ihrer Entlassung aus Heimen oder Gefängnissen immer wieder als Verlierer auszuspucken, was den Beginn eines neuen Zyklus von Ohnmacht und Entwertungserfahrung, Kriminalität und Gewalt heraufbeschwört.

Ob Jugendliche kriminell werden, ob Jugendkriminalität eine lebensphasische Episode bleibt, aus der der Ausstieg gelingt, ist zunächst eine rein gesellschaftliche Verteilungsfrage: der Schulbildung, der Lehrstellen, der Berufs- und Lebenschancen. «Die beste Kriminalpolitik ist eine gute Sozialpolitik», sagte Franz von Liszt schon vor mehr als hundert Jahren, und dieser Satz gilt heute mehr denn je. Die meisten jugendlichen Straftäter, die ja nicht Amok laufen, vergewaltigen oder morden, sondern Eigentumsdelikte begehen, wollen, was alle wollen und was diese Gesellschaft als einzige Gottheit anbetet: Geld und Konsumgüter, deren vorzeigbarer Besitz darüber entscheidet, ob jemand «in» ist und zu den *winners* gehört oder sich als *loser* zu erkennen gibt. Ihre Kriminalität ist «devianter Konformismus», abweichendes Verhalten zur Erreichung konformistischer Ziele.

Auf dem Hintergrund dieses Erklärungsansatzes wird auch verständlich, warum der Anteil ausländischer Jugendlicher und Aussiedlerkinder an der Jugendkriminalität enorm hoch ist, was man einer falsch verstandenen *political correctness* und allen Verzerrungen der polizeilichen Kriminalstatistik zum Trotz registrieren muß. Eingeklemmt zwischen zwei Kulturen, denen sie beiden nicht wirklich angehören, sind diese Kinder und Jugendlichen von einer extremen Entwurzelung und Desorientierung bedroht. Sie verstehen weder die Kultur der Eltern noch die des Gastlandes, sprechen oft keine der beiden Sprachen ausreichend, noch haben sie über die Schule von den traditionalen Bindungen der Gastgesellschaft mehr als die formale Oberfläche mitbekommen. Die Bindung an die Kultur, in der die Eltern noch verwurzelt sind, gerät in Widerspruch zu ihrem Bestreben, sich in die Kultur des Immigrationslandes zu integrieren und an deren Werten teilzuhaben. Da diese Kultur sie zudem mehrheitlich zurückweist, sind sie Wanderer zwischen zwei Welten und nehmen so Zuflucht zur Zwischenwelt jugendlicher Subkulturen und « Gangs», die ihre eigenen Werte produzieren und wie immer prekäre Identitäten vermitteln. Da die Affekte der Immigranten-Jugendlichen weder in die eine noch in die andere Kultur stabil eingebunden sind, da weder Arbeit – sie haben oft keine – noch feste Beziehungen ihren schweifenden Trieben Dauer und Form verleihen, darf man sich nicht wundern, wenn von ihnen ein erhöhtes Bedrohungspotential ausgeht.

Selbst wenn man Einsicht in die Problematik und guten Willen der politischen Entscheidungsträger voraussetzt, würde die Realisierung vernünftiger Resozialisierungsprojekte viel Geld kosten. Angesichts leerer öffentlicher Kassen und der alle gesellschaftlichen Bereiche erfassenden betriebswirtschaftlichen Verschlankungsideale zieht sich der Reformgedanke, den wir hier noch einmal beschworen haben, in vorausschauendem Gehorsam flugs zurück und wird schließlich erst gar nicht mehr gedacht. Ein steinerner Realismus droht alle gesellschaftlichen Phantasien und das Nachdenken über andere, bessere Formen der Reaktion auf Delinquenz und «abweichendes Verhalten» lahmzulegen. Unter Verweis auf die «Globalisierung», die mehr und mehr zu einer Keule wird, mit der man auf alles einschlägt, was sich dem neoliberalen Mainstream nicht fügt, werden alle Reformvorhaben im Keim erstickt. Globalisierung entpuppt sich, unabhängig von ihrem Realitätsgehalt, im politischen Handgemenge als Dispositiv der Macht: Gewisse Leute bedienen sich ihrer, um ihre Macht zu festigen, ihre Ertragslage zu verbessern und die Abhängigen in die Defensive zu drängen.

Schon sind wir erneut beim Ökonomischen gelandet, auf das wir nicht deshalb in fast jedem Argumentationskontext stoßen, weil der Autor einer bestimmten Theorietradition verpflichtet ist, die die Bedeutung der ökonomischen Bedingungen obsessiv hervorstreicht, sondern weil wir in einer Gesellschaft leben, die sich wie keine zuvor in die Abhängigkeit vom ökonomischen Sektor begeben hat. Es ist der real existierende Ökonomismus einer über Ware und Geld totalisierten Welt, der uns zum ständigen Rekurs aufs Ökonomische nötigt. Die wahren Fetischisten des Ökonomischen sind unsere zeitgenössischen Neoliberalen, die alles und jedes dem Schalten und Walten des Marktes ausliefern. Angesichts der Herrschaft der «Sachzwänge» ist es um so wichtiger, an die Aufforderung aus der «Dialektik der Aufklärung» von Horkheimer und Adorno zu erinnern: «Der Logik spotten, wenn sie gegen die Menschheit ist.»

Der vielbeschworene Zwang der Verhältnisse führt dazu, daß es niemand mehr wagt, die Verhältnisse zu zwingen. Unter Verweis auf die sozialen Folgekosten einer marktradikalen Politik sollte man also nicht aufhören, den Finger in die Wunden zu legen und das scheinbar Unmögliche zu fordern. Wenn alles so weiter läuft und sich die Politik weiter zum willfährigen Handlanger angeblich unabweisbarer ökonomischer Imperative machen läßt, werden sich rein ordnungspolitische und polizeistaatliche Umgangsformen mit problematischen Jugendlichen auch hierzulande durchsetzen und die Konfliktlage langfristig verschärfen.

Inzwischen haben die amerikanischen Strategien des Umgangs mit Devianz und Verbrechen längst auf Europa übergegriffen. Ein neuer kriminalpolitischer «common sense» breitet sich aus, der Probleme von Armut und sozialer Desintegration in Probleme der «inneren Sicherheit» umdefiniert. Ein weltweit betriebenes kriminalpolitisches Panikmanagement versucht der Lage Herr zu werden, indem es das Gefühl der Unsicherheit auf das Problem der Kriminalität reduziert, gegen die es entschlossen und mit purer Härte vorzugehen gelte. Mehr Polizei, bessere Ausrüstung, mehr Knäste und geschlossene Heime, Ausgehverbote für Jugendliche, «Null-Toleranz».

Die Gesellschaft verhält sich damit all den geschilderten Pro-

blemlagen gegenüber wie jener Mann in Mathieu Kassovitz'
Film «Haß», der im obersten Stockwerk eines Hochhauses aus
dem Fenster springt und, im freien Fall begriffen, bei jedem
Stockwerk ausruft: «Bis hierhin ist es gut gegangen.» Entschei-
dend, so der bittere Schlußsatz des Films, sei aber nicht der
Flug, sondern die Landung.

Drill-Maschinen

Warum Aggression (überwiegend)
männlich ist

> «Die Mutter ist eine Milch
> eine schöne warme.
> Aber in der man ertrinkt.»

> «Der Vater ist viereckig
> und raucht schwarze Virginia.
> Am Sonntag im Bett
> zieht er den Kindern gern
> schnurgerade Scheitel.»

(Ernst Herbeck,
genannt Alexander)

Die neue «gefährliche Klasse», gegen die man sich rüstet und von der ein Großteil der Gewalt verübt wird, die die Öffentlichkeit erschreckt, besteht im wesentlichen aus jungen Männern zwischen Pubertät und Heiratsalter, für die keine verbindlichen oder wirksamen Regeln und Schranken des Verhaltens mehr bestehen und deren Verhalten kaum noch durch verinnerlichte Normen gesteuert wird. Warum aber sind es überwiegend Männer und männliche Jugendliche, die auf die Anomiepotentiale der Gegenwart mit Gewalt reagieren? Jugendgewalt und Amok sind fast ausschließlich männlich. Wie kommt das?

Jungen wie Mädchen haben in unserer Kultur ein gemeinsames erstes Liebesobjekt, die Mutter. Um zu sich selbst zu kommen und sich zu individualisieren, muß sich jedes Kind aus der symbiotischen Verschmelzung mit ihr, in der es die ersten Lebensmonate verbringt, schrittweise herauslösen. Für Jungen stellt sich dabei das zentrale Problem, daß sie sich, um eine männliche Identität hervorzubringen, radikaler von der Mutter lösen und das Objekt wechseln müssen. Eine männliche Identität ist nur konstituierbar, wenn die primäre Identifikation mit der Mutter aufgelöst wird. Hierbei kommt dem Vater eine wichtige Funktion zu. Er gibt dem Sohn Hilfestellung, sich aus der primären Identifikation zu lösen, indem er sich in den Krisen der Wiederannäherungsphase selbst zur Identifikation anbietet und Modell steht für die Ausbildung einer männlichen Identität. Es ist Aufgabe des Vaters, dem Sohn aus den verschlingenden Symbiosen herauszuhelfen, ihm die Welt jenseits der Familie zu eröffnen und ihm eine Landkarte mit auf den Weg zu geben, die erste Orientierung ermöglicht.

Die Loslösung und Individuation der Jungen ist ein heikler und sehr störanfälliger Prozeß, denn es gibt viele Klippen, an denen er scheitern kann. Mitunter haben Mütter Schwierigkeiten, das Kind, vor allem den Sohn, in seine Welt zu entlassen. Selber narzißtisch bedürftig, benötigen sie die emotionale Abhängigkeit des Kindes als Schutz vor drohender Vereinsamung und innerer Leere. Sie erleben die Loslösung und Verselbständigung des Kindes als Ich-Verlust. «Klebrige» Mutterliebe, oft das Resultat unbefriedigender oder gescheiterter ehelicher Beziehungen oder der mißglückten eigenen Individuation, realisiert sich als Inbesitznahme des Kindes und arretiert es im Zustand der Verschmolzenheit. Verschärft wird diese Tendenz dadurch, daß immer häufiger die Väter entweder überhaupt fehlen oder sich ihrer väterlichen Rolle entziehen.

Das Scheitern der Loslösung und Individuation hat die Herausbildung schwacher Ich-Grenzen zur Folge, die extrem instabil sind. Vernachlässigendes, diskontinuierliches oder symbiotisch-klammerndes Verhalten der Mutter läßt ein äußerst brüchiges (männliches) Selbstwertgefühl entstehen, was sich in einer hohen narzißtischen Verwundbarkeit und Kränkbarkeit ausdrückt und als Abwehrmaßnahme eine chronische narzißtische Wut – nahe am Borderline-Syndrom – nach sich ziehen kann. Eine unabgeschlossene psychische Geburt und ein stekkengebliebener Individuationsprozeß verhindern, wie wir bereits sahen, die Integration «guter» und «böser» Selbst- und Objektrepräsentanzen. Damit aber fehlt ein zentraler Baustein zur inneren Neutralisierung von Aggressionen. Eine ramboartig zur Schau gestellte Virilität soll die reale Schwäche der männlichen Identität überdecken. Massive Desintegrations- und Fragmentierungsängste werden durch Gewaltdurchbrüche abgewehrt, durch die sich das bedrohte Selbst wieder als Herr der Lage zu inthronisieren versucht.

In der Pubertät wächst erneut den Vätern eine entscheidende Aufgabe zu. Viele frühkindliche Konflikte und Entwicklungsprobleme brechen unter dem Einfluß des pubertären Triebschubs erneut auf, und jetzt entscheidet sich, ob ursprünglich mißglückte Lösungsversuche doch noch einen glücklicheren Ausgang finden, oder ob der Heranwachsende auf die Kindheitsmuster fixiert bleibt. Triebhafte Impulse, sexuelle wie aggressive, erschüttern alle bisher eingespielten Gleichgewichtszustände und erfordern neue, reifere Synthesen. Das Ich verfügt noch nicht über ausreichende Abwehr- und Anpassungsmechanismen, um diesen Triebaufbruch und die ihn begleitenden Gefühle von Selbstzweifeln, Kränkung und Orientierungslosigkeit unter Kontrolle zu bringen. Wenn dem Jungen jetzt nicht eine väterliche Figur helfend beispringt und die Konflikte mit ihm durchkämpft und ausficht, droht die Identitätsdiffusion zur Quelle von dissozialen Entwicklungen und Lösungsversuchen zu werden.

Die mangelhafte Integration und Stabilität des in der Kindheit ausgebildeten psychischen Apparats, das Gefühl, daß alles unsicher und in der Schwebe ist, mobilisiert mannigfache Ängste. Eine wichtige Angstquelle der männlichen Adoleszenz ist die Veränderung im Destruktionspotential: Das Kleinkind kann seine Haßgefühle im Erleben zulassen, weil seine reale Zerstörungsfähigkeit durch seine Körperschwäche begrenzt ist. Der Jugendliche kann real zerstören und töten. Wenn die Integration der Aggression bereits in der Kindheit mißlang und die psychischen Energien in archaischen Ambivalenzen eingefroren blieben, besteht eine hohe Wahrscheinlichkeit, daß der Adoleszente auf den Abwehrmodus der Externalisierung der Aggression und auf die «projektive Identifizierung» zurückgreift, um sich vor einem Abgleiten in die Psychose zu schützen. Größen- und Allmachtsphantasien verbünden sich mit den weitgehend unsozialisiert gebliebenen Antriebspotentialen, und diese Amalgamierung kann zur Quelle von Drogenabhängigkeit, Kriminalität, Destruktion und Verwahrlosung werden. Wenn Eltern, vor allem Väter, ihre Kinder mit solchen Konflikten allein lassen und sich nicht stellen, werden die Auseinandersetzungen woanders, etwa an den Schulen oder auf der Straße ausgetragen – eine heute massenhaft zu beobachtende Tendenz.

Ein unheimlicher Aspekt in diesem Zusammenhang besteht darin, daß die Kinder gegenwärtig immer früher in die Strudel der Pubertät geraten. Erinnern wir uns an den Schul-Amoklauf von Jonesboro/Arkansas. Dort hatten ein 11- und ein 13jähriger das Feuer auf Mitschüler und Lehrer eröffnet, als diese nach einem von den beiden Jungen ausgelösten Feueralarm die Schule verließen. Vier Schülerinnen und eine Lehrerin kamen ums Leben. Nach der Scheidung seiner Eltern, entnehmen wir dem *Spiegel* (30. 3. 1998), vermißte Mitchell Johnson, der ältere der beiden, seinen Vater. Die Mutter war mit dem Sohn in eine andere Stadt gezogen. Rachegefühle hegte er aber vor allem gegen seine Ex-Freundin, die gerade mit ihm Schluß gemacht hatte. Ein 13jähriger fühlt sich von Mädchen zurückgewiesen und durchlebt Konflikte, die einem Heranwachsenden früher mit 16, 17 oder 18 Jahren zum ersten Mal zustießen. Die intellektuelle Entwicklung und die Ausbildung von Konfliktverarbeitungskapazitäten hinken der körperlichen Entwicklung um Jahre hinterher. Mit seinen Konflikten auf sich allein gestellt, steigert sich Mitchell in einen Haß auf Mädchen und Frauen hinein, der sich schließlich in einem Massaker entlädt, dem vier Mädchen und eine Lehrerin zum Opfer fallen. Sie mußten stellvertretend für die Kränkungen büßen, die Mutter und Freundin ihm zugefügt hatten. Ein Grundmuster männlicher Gewalt, wie wir gleich sehen werden.

Vor allem im Verhältnis zu Frauen droht einer fragilen, borderlineartig organisierten männlichen Identität zeitlebens Gefahr. Der «nicht-zuende-geborene» (Klaus Theweleit) und auf die Mutter fixierte Mann hat die Neigung, bei jeder Annäherung an eine Frau von Panik vor symbiotischer Vernichtung und Wiederverschlingung befallen zu werden. Klaus Theweleit hat in seinen «Männerphantasien» gezeigt, welch verheerende Folgen der Kampf gegen die verschlingende präödipale Mutter, die die eigene Identität bedroht, zeitigen kann. Je problematischer die Ablösung von der Mutter verlaufen ist, desto verletzlicher und bedrohter ist die erlebte Gewißheit männlicher Identität.

Eberhard Schorsch hat die Symbioseangst und den aus ihr resultierenden permanenten Kampf um die Aufrechterhaltung prekärer männlicher Identität als eine kollektive Störung begriffen, die nicht nur Dissozialität und männliche Gewalt hervortreibt, sondern als Extremvariante die «sexualisierte Gewalt» der Perversion. Diese wäre also zu verstehen als der gewaltsame Versuch, die Symbioseangst zu bewältigen. Auch Bernd Nitzschke hat darauf hingewiesen, daß die landläufige Rede vom «Triebtäter» eigentlich in die Irre geht: Der «Perverse» sei streng genommen weniger ein «Trieb»-Täter, sondern weit mehr ein «Ich»-Täter, der sich im Akt sexualisierter Gewalt das bedrohlich-verschlingende Objekt vom Leibe halten wolle. Jede wirkliche emotionale Berührung, jede die Distanz bedrohende

Nähe könnte sein brüchiges Ich endgültig in Stücke zerfallen lassen. Der Perverse quält, unterwirft, demütigt sein Opfer, um seinem eigenen psychotischen Untergang zu entgehen, der ihm drohen würde, ließe er sich liebend aufs Objekt ein.*

Frauen und Kinder verkörpern in einer Welt erzwungener (männlich-kapitalistischer) Homogenität das Heterogene, das an Glücksmöglichkeiten erinnert, die der Mann unter dem Einfluß gesellschaftlicher Drill- und Abstraktionsprozesse unter Schmerzen und Verzichten begraben mußte. Diese Schattenseite der Vergesellschaftung haben schon Horkheimer und Adorno benannt: «Furchtbares hat die Menschheit sich antun müssen, bis das Selbst, der zweckgerichtete, männliche Charakter des Menschen geschaffen war, und etwas davon wird noch in jeder Kindheit wiederholt. Die Anstrengung, das Ich zusammenzuhalten, haftet dem Ich auf allen Stufen an, und stets war die Lockung, es zu verlieren, mit der blinden Entschlossenheit zu seiner Erhaltung gepaart.» ** Das Andere, das vermeintlich Schwache, reizt den zu spastischer Selbsterhaltung verurteilten, vermeintlich Starken zu blinder Wut.

Vor einiger Zeit war in *Spiegel-TV* ein Bericht über Ausbildungstorturen in der russischen Armee zu sehen. Nach einem bekannten Muster haben sich Folterer und Quälgeister bei ihrem Tun filmen lassen, um den Triumph ihrer männlichen Brutalität und Härte festzuhalten. Das entstandene Video zeigt, wie Vorgesetzte mit nacktem Oberkörper nachts Rekruten aus dem Bett scheuchen: «Raus mit euch, ihr Schwanzlutscher und Muttersöhnchen!» Die schlaftrunkenen und verstörten Soldaten müssen antreten und werden dann nach Strich und Faden gequält und gedemütigt. Man tritt ihnen in Rippen, Bäuche und

* Bernd Nitzschke, Sexualität und Männlichkeit, Reinbek 1988, S. 42.
** Dialektik der Aufklärung, Frankfurt am Main 1969, S. 40.

Unterleib, läßt sie über den Boden kriechen, wo man sie weiter schlägt und mißhandelt. Die sich vor Schmerzen krümmenden Soldaten rappeln sich wieder hoch und treten erneut in die Reihe ihrer Kameraden. Warum tun sie sich nicht zusammen und wehren sich? Sie sind ihren Peinigern doch numerisch haushoch überlegen. Doch die Situation scheint Gegenwehr nicht zuzulassen.

Dieses Video ist auf Umwegen an die Öffentlichkeit gelangt und hat Aufsehen erregt, weil einige Soldaten in der Folge solcher Quälereien zu Tode gekommen waren. Es wurden erschütternde briefliche Hilferufe von Rekruten an ihre Eltern, vor allem Mütter, verlesen, in denen sie um Hilfe flehten. Einige Mütter haben daraufhin das Komitee «Mütter geschlagener Soldaten» gegründet. Ein höherer Offizier, zu den Vorwürfen befragt, verteidigt die Torturen als zur Erzeugung von «Kampfbereitschaft und Härte in einer Elitetruppe» gehörig und unverzichtbar. Auch einer der ehemaligen Folterer rechtfertigt sein Handeln mit dem Verweis darauf, er habe das ebenfalls über sich ergehen lassen und es habe ihm genützt. Was aus ihm geworden sei, verdanke er jenem Drill und dem Überleben der Tortur.

Mehr oder weniger offene Gewalt scheint immer noch die Grundlage jedes militärischen Initiationsrituals zu sein. In seinem Film «Full metal jacket» (USA) schildert Stanley Kubrick ähnliche Szenen aus der Ausbildung der «Marines», einer amerikanischen Eliteeinheit. Sergeant G. H. brüllt seine Soldaten in der Begrüßungsszene an: «Wenn ihr Ladies meine Insel verlaßt, wenn ihr meine Ausbildung überleben solltet, seid ihr eine Waffe, seid ihr Priester des Todes und betet um Krieg. Aber bis zu diesem Tag seid ihr Dreck, seid ihr die niedrigste Lebensform auf Erden, seid ihr noch nicht mal annähernd so etwas wie Menschen, seid ihr nichts anderes als ein unorganisierter Haufen amphibischer Urscheiße.» Etwas später folgt eine Ansprache des Ausbilders zum «Nachtgebet» der angehenden Marines: «Heute nacht werdet ihr Schleimer mit eurem Gewehr schlafen, und dann werdet ihr euch für euer Gewehr einen Mädchennamen ausdenken, weil das die einzige Möse sein wird, die ihr Pisser hier kriegen werdet. Die Zeiten, wo ihr Gretchen Modermöse durch ihr hübsches rosa Höschen fingergefickt habt, sind vorbei. Ihr seid jetzt mit dem Gewehr verheiratet, dieser Waffe aus Eisen und Holz. Und ihr werdet nicht fremdgehen.»

Diese Szenen aus Kubricks Film besitzen dokumentarischen Wert und demonstrieren, daß auch in amerikanischen Elite-Einheiten die systematische Züchtung von Sadismus durch radikale Entwertung zum Alltag gehört.

Inzwischen macht sogar der amerikanische Strafvollzug Anleihen bei dieser militärischen Praxis der Konditionierung. Verurteilte bestimmter Täterkategorien können wählen zwischen einer mehrjährigen Gefängnisstrafe und einer erheblich kürzeren Zeit in einem Umerziehungs- und Straflager, «bootcamp» genannt. Dort werden ihnen die Köpfe kahlgeschoren, man beraubt sie ihres Namens und ersetzt ihn für die Dauer des Aufenthalts durch eine Nummer. Systematisch werden die Neuankömmlinge erniedrigt und gedemütigt, angebrüllt und zur Sau gemacht. Diese Art des Strafens durch rabiate Identitätszerstörung und nachfolgende Identifikation mit dem Aggressor ist offensichtlich auf dem Vormarsch und findet auch hierzulande seine Anhänger.*

Klaus Theweleit** hat solche militärischen Praktiken als «Körperumerziehungsdrill» bezeichnet. Unter Schmerzen wird ein Männerkörper geboren, das «Muttersöhnchen» abgetötet,

---

* Ketten in der Wüste, in: *Frankfurter Rundschau* vom 11. 11. 1996.
** Männliche Geburtsweisen, in: Das Land, das Ausland heißt, München 1995, S. 40ff.

alle weichen und empfindsamen Regungen zum Verstummen gebracht. Die durch die Tortur hervorgerufene ungeheure Angst führt zur vollständigen Unterwerfung unter den Willen des Angreifers. Wer die Ich-Funktionen und den Reizschutz eines Menschen durch Erzeugung von Angst und Panik schwächt oder zerstört, treibt ihn entweder in den Wahnsinn, oder bietet ihm als Rettung einen Ausweg an, der die Identifikation mit der Macht selber ist. In die Enge getrieben, springt der Verängstigte schließlich durch den brennenden Reif auf die Seite des Angreifers hinüber. Der Mann wird zum «Charakterpanzer», zur Zitadelle: «Außen soll alles tot, innen kein Gefühl sein.» Der junge Mann macht die schmerzhafte Erfahrung, daß die Mutter ihn nicht vor dem Zugriff der männlichen Peiniger und des von ihnen repräsentierten Realitätsprinzips bewahren kann. Ihre Macht reicht in diese Welt nicht hinein und er beginnt, die Erinnerung an sie aus Körper und Bewußtsein zu tilgen.

Theweleit sieht in dieser Form männlicher Enttäuschung eine trübe Quelle des Frauenhasses. Durch eine spezifische, meist über die Mütter vermittelte Verführungskunst werden wir in die Welt gelockt: Es wird anfangs so getan, als ginge es um Bedürfnisse und Wünsche. In Gestalt mütterlicher Zuwendung und Liebe macht uns das Leben in der Morgenstunde ein Versprechen, das es dann in seinem Fortgang nicht hält. Der junge Mann merkt, daß jene mütterlichen Züge, die ihn nährten, die ihn gehalten, angeregt und entwickelt haben, einfach ausgelöscht werden durch die Kraft männlich dominierter gesellschaftlicher Institutionen und Verhältnisse. «Die Attraktionen der Mutter sind zu schwach – lernt der Junge, zu schwach, um woanders damit zu überleben. Wer an ihnen festhält, wird ausgelacht.»* Enttäuschung bemächtigt sich des Jungen, wenn er realisiert, daß die Mutter nicht in der Lage ist, den Forderungen des Vaters, Leh-

* Klaus Theweleit, ebd., S. 59.

rers, Trainers, Chefs oder militärischen Ausbilders etwas entgegenzusetzen. Ohnmächtig wohnt sie der Vernichtung des durch sie vermittelten Glücksversprechens bei. Der junge Mann wendet sich von ihr ab und identifiziert sich notgedrungen mit dem Realitätsprinzip. Zurück bleiben Verachtung mütterlicher Schwäche und ein Ressentiment gegen «Weiber».

Man könnte das «tragisch» nennen, würde es nicht einen Grundzug warenproduzierender moderner Gesellschaften charakterisieren, von dem im Verlauf dieses Textes schon mehrfach die Rede war. Primäre Sozialisation muß einer Logik des Gebrauchswerts folgen, wenn Identität und psychische Struktur sich ausbilden sollen. Das Gebrauchswertversprechen und die Verführungskünste der Mütter locken uns in die Welt und eine Gesellschaft, in der uns dann das Fell über die Ohren gezogen wird. Glück, so Ernst Bloch sinngemäß am Ende des «Prinzips Hoffnung», ist etwas, das uns allen (zumindest in Spurenelementen) in der Kindheit aufscheint, und das uns dann abhanden kommt.

Gebrauchswertbezogene Umgangsweisen, erfüllte Bedürfnisse und Wünsche in der Kindheit erzeugen einen spezifischen Überschuß in Gestalt eines Glücksversprechens. Doch was wird daraus im Laufe der Lebensgeschichte? Wieso nehmen die Menschen die Vernichtung dieses Überschusses hin? Es sind in erster Linie Gewalterfahrungen, die ihre Unterwerfung unters Realitätsprinzip erzwingen und die raren Glücksmomente der Kindheit dem Vergessen und der Verdrängung überantworten. Unter dem Druck einer übermächtig erscheinenden gegenläufigen Realität, dem berühmten «Ernst des Lebens», geben die Menschen ihre Glücksansprüche auf und beugen sich ihrem vermeintlichen Schicksal. Schule, Betrieb und Militär wirken wie Kühlsysteme, die die überschüssigen Glücksmomente einfrieren. Was immer der Markt- und Kapitallogik zuwiderläuft, wird nach innen in die Verdrängung geschoben.

Jeder Erwachsene ist ein erwachsen gewordenes Kind, das in ihm den Kampf um das kindliche Lustprinzip fortsetzt: Tagträume und Phantasien halten die Erinnerung an kindliches Glück wach und wirken als Kritiker unerträglicher Verhältnisse. Wir bestehen aus verschiedenen «Teilpersonen», die in uns koexistieren oder im Streit miteinander liegen. Unser Leben besteht aus einer komplizierten Balancearbeit, deren Ergebnis unsere «Identität» darstellt. Nun sind jedoch die Chancen, etwas von der Erinnerung an die alternative Logik des Anfangs und damit an das Prinzip des Lebendigen lebensgeschichtlich fest- und durchzuhalten, in Klassengesellschaften ungerecht verteilt. Wessen Kindheit zeitig zu Ende ging und wessen Unterwerfung unters Realitätsprinzip gewaltsam erzwungen wurde, lernt unter Schmerzen, die Erinnerung an Spuren von Glück in sich zu tilgen und das Kind in sich zum Verschwinden und Verstummen zu bringen.

Resultat ist jenes Ressentiment des Beschädigten, der gleiches Unrecht für alle fordert und auf alles, was ihm lebendiger vorkommt, mit einem Vernichtungsimpuls reagiert. Wo immer er auf ein Mehr an Glück und Lust stößt, das auch ihm in der Kindheit versprochen war, ergreift ein Haß von ihm Besitz, der das Nachgefühl erzwungener eigener Verzichtsleistungen ist. Glücksansprüche und Schwäche haben für ihn stets etwas Bedrohliches, da sie ihn an einen Zustand erinnern, aus dem man ihn rabiat vertrieben hat. Vor allem Frauen kitzeln seinen Haß hervor, weil er die Erinnerung an frühe, über die Mutter vermittelte Glücksmomente hat abtöten müssen und ihre Wiederkehr fürchtet. Zeitlebens wird für ihn vom weiblichen Körper ein sirenenhafter, regressiver Sog ausgehen, den er abwehren muß, um sein prekäres Freigewordensein nicht aufs Spiel zu setzen.

Es ist also letztlich ein zur Seite versetzter Haß auf die eigene Mutter, der sich im sexualisierten Amoklauf an Stellvertreterinnen austobt. Erst aufgrund der Exklusivität der Mutter-Kind-Beziehung in der modernen Kleinfamilie kann ihr Scheitern die katastrophalen Folgen zeitigen, von denen in diesem Kapitel die Rede war. Die «Schuld der Mütter» ist also eher die «Schuld» einer Kultur, die seit dem 18. Jahrhundert im Zuge ihrer Verbürgerlichung die Mütter mehr und mehr mit ihren Kindern allein läßt und im Ghetto der Kleinfamilie einsperrt. Damit wurde die Mutterliebe als eine exklusive Form der Bindung ebenso «erfunden» wie die Kindheit als ein eigenständiger, aus dem Leben der Erwachsenen ausgegliederter Lebensabschnitt. Die Spuren dieser ersten intensiven Beziehung zur Mutter schleppen die Männer ein Leben lang mit sich. Sie konstituieren eine Art Urtypus von Liebeserfahrung und Enttäuschung, der alle weiteren Beziehungen einfärben wird. Je nach Gelingen oder Mißlingen der Auflösung der Symbiose wird der männlichen Sexualität eine mehr oder weniger große Dosis von Haß beigemischt sein, der als Abwehr von Symbiosefurcht zu deuten ist.

Alle späteren Liebesbeziehungen werden von der unbewußten Rückerinnerung an das Erlebnis der ursprünglichen Verschmelzung angetrieben. Zum Gefühl der Liebe wird dieser Verschmelzungswunsch allerdings erst, wenn er durch das unvermeidliche Erlebnis der Trennung so weit enttäuscht worden ist, daß in ihn von nun an die Anerkennung des anderen als eine unabhängige Person einbezogen ist. Nur die geglückte Aufhebung der Symbiose läßt zwischen zwei Menschen eine produktive Balance zwischen Abgrenzung und Entgrenzung entstehen, die zur Basis einer reifen Liebesbeziehung werden kann.

Kurzum, ob einer sein Leben in den Dienst der Erzeugung des Menschlichen oder den einer «tödlichen Produktionsweise» (Klaus Theweleit) stellt, darüber entscheidet der Umgang mit den Überschüssen der frühen Kindheit. Wer zeitig «zur Sau gemacht» wird, indem man ihn rabiat und gewaltförmig dem Realitätsprinzip unterwirft und seine Erinnerung an die Glücksversprechen der Kindheit vernichtet, wessen Sexualität vom Lustprinzip zu einem Schmerz- und Gewaltprinzip umgebaut wurde, dessen gesamtes Leben droht in den Bann des «Todestriebes» zu geraten. Er wird alles daran setzen, seinem eigenen Glück auszuweichen und das anderer, wo immer er darauf stößt, zunichte zu machen. Vor allem an der prekären «Grenze» zu den Frauen wird ihm «das Messer in der Tasche aufgehen».

Wem hingegen das Privileg zuteil wurde, unter dem Schutz mütterlicher Fürsorge mit ersten unvermeidlichen Frustrationen und Enttäuschungen umgehen gelernt zu haben und in einer Umwelt heranzuwachsen, die seine Wahrnehmung für seelische Prozesse in sich und anderen schärft, hat bessere Chancen, seine Destruktivität in den Dienst der Lebenstriebe treten zu lassen und für eigenes und fremdes Glück offen zu sein.

Wo treffen Kinder solche Bedingungen noch an? Was wird gegenwärtig aus den Glücksüberschüssen der frühen Kindheit? Was, wenn Kälte und Gleichgültigkeit dafür sorgen, daß solche Überschüsse zeitig einfrieren oder sich erst gar nicht mehr ausbilden? Sie könnten dann weder zum Ferment utopischer Hoffnung werden, die ja von der Rückerinnerung an rare Momente von Kinderglück zehrt, noch zu traditioneller, auch krimineller Gewalt, die, wie wir gesehen haben, Folge gestörter Objektbeziehungen ist und in ihren Ausdrucksformen noch über gewisse Bindungen verfügt. Das Resultat wäre ein subjekt- und objektloser Haß, der vollkommen «rein» ist und richtungslose Gewalt hervortreibt. Wir werden deshalb damit rechnen müssen, daß sich an der Schwelle zum 21. Jahrhundert ein neuer Typ des Gewalttäters herausbildet, dessen Haß sich blind entäußert. Die kriminelle Zukunft, so fürchten wir, gehört dem Amoklauf.

Sinnentzug und soziale Dunkelangst

Verbrechensfurcht als Verschiebungsersatz

> «*Für die Friedenszeit hat die
> Gesellschaft in ihrer Weisheit
> professionelle Böse geschaffen.
> Diese ‹bösen Menschen› sind für
> die guten Menschen ebenso notwendig,
> wie die Bordellmädchen für die
> anständigen Frauen: sie sind
> Fixationsabzesse; wieviele friedliche,
> abgeklärte, beruhigte Gewissen kommen
> auf einen einzigen Sadisten.*»
>
> (Jean-Paul Sartre)

«Am Ende dieses Jahrhunderts war es zum ersten Mal möglich, sich eine Welt vorzustellen, in der die Vergangenheit (auch die Vergangenheit der Gegenwart) keine Rolle mehr spielt, weil die alten Karten und Pläne, die Menschen und Gesellschaften durch das Leben geleitet haben, nicht mehr der Landschaft entsprachen, durch die wir uns bewegten, und nicht mehr dem Meer, über das wir segelten», resümiert Eric Hobsbawm in seinem Buch «Zeitalter der Extreme».* Seit die industrielle Revolution die mehr oder weniger statische vorbürgerlich-agrarische Welt mit ihrer zyklischen Zeitstruktur, deren Rhythmus von den Rhythmen der Natur geprägt war, aufsprengte, hat sich die gesellschaftliche Entwicklung derart beschleunigt und ist zugleich so abstrakt geworden, daß immer mehr Menschen eine

---

* München/Wien 1995, S. 32.

Erfahrung machen, der Friedrich Hebbel durch seinen Meister Anton einen frühen Ausdruck verliehen hat: «Ich verstehe die Welt nicht mehr!»

Die «lineare Zeit» schiebt sich über die «zyklische» und ersetzt sie durch die immer gleiche, nur noch quantitativ verschiedene, abstrakte Zeit des Kapitals. Bis ins 19. Jahrhundert hinein war auf der Basis einer agrarischen, handwerklichen Produktionsweise die Vergangenheit des Großvaters die Gegenwart des Vaters und die Gegenwart des Vaters die Zukunft des Sohnes. Was ein Mensch in Kindheit und Jugend gelernt hatte, reichte in der Regel zur lebenslangen Orientierung aus. Mit der industriellen Dynamisierung der Verhältnisse erreichen die Veränderungen in der äußeren Welt eine Geschwindigkeit, die dazu führt, daß die jeweils nachgeborene Generation in einer fühlbar anderen Welt lebt als die Eltern.

Im 20. Jahrhundert ist das Tempo der gesellschaftlichen Veränderungen derart rapide geworden, daß ein und dieselbe Generation im Verlauf ihrer Existenz mehrfach radikal umdenken, fortgesetzt umlernen und einen permanenten psycho-sozialen Strukturwandel bewältigen muß. Eine sich vertiefende Kluft entsteht zwischen der Prägungsstruktur der Menschen und der gesellschaftlichen Anforderungsstruktur, zwischen der lebensgeschichtlich erworbenen inneren Ausrüstung und den sich ständig wandelnden Funktionsimperativen der gesellschaftlichen Realität. Wenn wir unter Identität diejenige Instanz verstehen, die das psychische mit dem gesellschaftlichen und das gesellschaftliche mit dem psychischen Leben vermittelt, ist klar, daß Massen von Menschen in große Identitätsnot geraten, wenn der Film der äußeren Realität schneller läuft als der Text, den die Menschen dazu sprechen. Oskar Negt kennzeichnet solche gesellschaftlichen Situationen als «Erosionskrise»: «Von den herkömmlichen Krisen unterscheiden sich Erosionskrisen dadurch, daß diese sich vor allem unterhalb des öffentlichen In-

stitutionensystems auswirken, daß sie die Subjekte in ihrer seelischen und geistigen Grundausstattung erfassen. Krisen dieses
Typs verändern die Subjekte in ihren wichtigsten Lebensäußerungen, in ihrem Arbeitsverhalten, in ihrem Selbstwertgefühl,
in ihren Wert- und Bedürfnisorientierungen.» *

Wo Veränderungen und Wandlungen epochalen Ausmaßes
geschehen, wie in den letzten Jahrzehnten im Vollzug der auf
die Mikroelektronik gestützten «dritten industriellen Revolution», entsteht eine für viele kaum noch überbrückbare Dis-
krepanz zwischen dem gewaltigen Überhang an veränderten
Verhältnissen und der Lernbereitschaft und -fähigkeit der Menschen. Die Art und Weise, wie sie gelernt haben, ihre Wahrneh-
mungen und Erfahrungen zu organisieren, taugt nicht länger
zur Erfassung vieler neuartiger Phänomene. Die Menschen fallen aus ihrer gewohnten Ordnung und machen massenhaft eine
Erfahrung, die Alexander Kluge als «Sinnentzug» beschrieben
hat: «Lebensprogramme und Orientierungen der Menschen
zerfallen schneller, als sie neue hervorbringen können.» Sie geraten in die Situation desjenigen, der versucht, sich mit einer
alten Wanderkarte vom Taunus im heutigen Frankfurt zurecht-
zufinden. Normen und Werte sind ja dazu da, die Menschen an
eine vorgefundene Wirklichkeit anzupassen und ihnen die Einfügung in die Alltäglichkeit des Lebens zu erleichtern. Was aber,
wenn Normen und Werte auf kein Lebensgelände mehr so richtig passen, wenn sich das, was auf die Menschen zukommt, ihrer
Verarbeitungslogik immer weniger fügt?

Ein Individuum, das durch starke Überzeugungen und das,
was man «Charakter» nennt, bleibt, wie und was es ist, während
die äußeren Verhältnisse sich ändern, droht zum Sonderling,
zum Kauz, zur komischen Figur zu werden. Treue zu kulturellen
Normen und eigenen Überzeugungen kann daher die Verunsi-

* Kindheit und Schule in einer Welt der Umbrüche, Göttingen 1997, S. 22.

cherung der Mehrheit nicht aufhalten, obwohl sie als Heilmittel von den Konservativen aller Länder bis heute gepriesen wird. Doch je mehr sich die Verunsicherten an die Überlieferung klammern, desto größer wird ihre Verunsicherung. Menschen, die an Denkmustern und Verhaltensweisen festhalten, über die die gesellschaftliche Entwicklung längst hinweggegangen ist, geraten leicht in eine abseitige Starrheit, die wahnhafte Züge annehmen kann.

Wilhelm Genazino ist seit Jahren der Chronist solchen «Privatwahns» und in seiner detailgenauen Beschreibungskunst der wohl beste Mikrosoziologe, den wir haben. Vielen Menschen wird durch die Veränderungen der äußeren Welt die Grundlage ihres Lebenslaufs entzogen. Durch kleine zwanghafte Rituale versuchen sie, die Verunsicherung aufzuhalten und wieder festen Boden unter die Füße zu bekommen. Sie reagieren auf den rabiaten Einbruch des Fremden und Unvertrauten mit der Entwicklung von Idiosynkrasien, kleinen habituellen Eigentümlichkeiten, die den Versuch ausdrücken, Haltevorrichtungen in den Alltag einzubauen und so symbolisch die Kontrolle über die ihnen entgleitenden Lebensbedingungen zurückzugewinnen oder aufrechtzuerhalten. In der Erosionskrise, besser: inmitten der sich miteinander verschränkenden vielen einzelnen Erosionskrisen, wird offenbar, daß es neben dem körperlichen auch eine Art von «sozialem Immunsystem» gibt, ein Geflecht von menschlichen Beziehungen, Alltagsinstitutionen, Stützen im Nahbereich, von dessen Intaktheit es abhängt, ob einer körperliche und psychische Abwehrkräfte mobilisieren kann.

«Was waren das doch für Zeiten, als die Menschen sich noch füreinander interessierten, als man sich noch grüßte und man beim Einkaufen noch wiedererkannt wurde?» Solche Sätze leben vom «noch», ein mit Sehnsüchten aufgeladenes Wehmutswort der idealisierenden Erinnerung an Zeiten, da man gesammelte Pilze bedenkenlos essen konnte und es viel öfter «Kaiserwetter» gab. Eine ganze Teilpopulation ist mit dem Fortgang des Ganzen gar nicht mehr wirklich verbunden, das aber dennoch von den Rändern her ins Bewußtsein und ins Unbewußte einsickert. Was, wenn der Laden schließt, in dem man noch erkannt wurde? Was wird aus dem kleinen Sparguthaben, wenn die neue Währung kommt? Uralte, ins kollektive Unbewußte eingelassene Inflationsängste flackern auf, die sich mit den lebensgeschichtlichen Inflationen von Erwartungen und Hoffnungen undurchsichtig mischen. Die während einer bestimmten Periode der gesellschaftlichen Entwicklung geprägten und akkumulierten Eigenschaften, die ihren Trägern die Einfügung in die Realität ermöglichten, werden plötzlich unbrauchbar.

Der Alltag vieler, vor allem älterer Menschen ist von Erfahrungs- und Wirklichkeitsverlust gekennzeichnet. Wenn man beim Warten an der Ampel, beim Gang über den Wochenmarkt oder am Stehausschrank bei «Tchibo» die Ohren spitzt, wird man Zeuge eines mehr oder weniger beredten Klagens: «So kann es nicht weitergehen, wo leben wir denn eigentlich? Wo sind wir denn hier? Der Staat ist viel zu schlapp, es müßte viel energischer gegen Kriminelle und Ausländer vorgegangen werden! Wir brauchen wieder einen starken Mann, der ordentlich durchgreift und den Saustall ausmistet. Daß die Verbrecher, kaum daß sie drin sind, gleich wieder rauskommen und Ausgang erhalten, wo gibt's denn so was? Deutschland ist nicht mehr deutsch, man fühlt sich fremd im eigenen Land.»

Immer mehr Kleineigenheime werden zu Festungen ausgebaut, mit Bewegungsmeldern, Alarmanlagen und vielfachen Schließvorrichtungen ausgestattet. Wovor sollen diese Anlagen schützen? Vor der in der Wahrnehmung der verunsicherten Menschen sprunghaft gestiegenen Kriminalität? Als ich holländische Freunde, beide fast 80 Jahre alt, nach der Begründung für den Umbau ihres kleinen Klinker-Reihenhauses in eine Sicherheitsfestung fragte, verwiesen sie auf die «draußen» grassierende Kriminalität. Im Nahbereich von Jan und Leni, die in einer immer noch fast idyllischen Kleinstadt leben, gibt es keine Belege für die Richtigkeit dieser These. Einmal, vor Jahren, hat sich eine Freundin, die an den Rollstuhl gefesselt war und in einer entsetzlichen Ehehölle lebte, in einem nahegelegenen Teich ertränkt. Die Bilder des kriminellen Schreckens werden ihnen ausschließlich medial vermittelt.

In den Gesprächen mit Jan und Leni ging mir auf, daß es sich bei der Kriminalitätsfurcht um eine Art von sozialer Dunkelangst handelt. Die Angst, die sie angesichts der gesellschaftlichen Veränderungen befällt, ist so groß und diffus, daß sie sich lieber vor der gestiegenen Kriminalität fürchten. Der Verbrecher, der «Jugendliche», besonders der ausländische, der Junkie, der wie ein Vampir durch die nächtlichen Straßen vagabundiert, fungieren als Verschiebungsersatz für frei flottierende Ängste, die die Erosionskrisen entbunden haben. Durch diese Projektion wird aus diffuser, richtungsloser Angst Furcht, die sich leichter ertragen läßt und gegen die man Vorkehrungen treffen zu können glaubt.

Ganze Industriezweige leben inzwischen davon, den verunsicherten Bürgern Alarm- und Sicherheitsanlagen zu verkaufen. Unlängst bekam ich mit der Post den Prospekt einer solchen Sicherheitsfirma zugeschickt. Unter der Überschrift «Der nächste Einbruch bei Ihnen?» heißt es da: «Funk-Alarm verhindert Einbruch-Diebstahl-Überfall-Vandalismus und Lebensgefahr für die Bewohner! Die Zeiten ändern sich, sehr verehrte Leser. Ging es früher darum, in erster Linie wertvolles Eigentum vor Diebstahl zu bewahren, so liegen die Prioritäten heute im Schutz vor Vandalismus und sehr ernst zu nehmender Lebensgefahr für die Bewohner. Bei Delikten wie Körperverletzung, Raub, Sachbeschädigung und Rauschgiftdelikten steigen die Zahlen der polizeilichen Kriminalstatistik deutlich an. Die Hemmschwelle zur brutalen Gewaltanwendung ist in vielen kriminellen Kreisen dramatisch herabgesetzt ... Personenkreise, die aus einer vermeintlich ausweglosen Situation heraus keinerlei Risiko scheuen, gegen Sie oder Ihr Eigentum kriminell vorzugehen, Wegfall der innereuropäischen Grenzen, Beschaffungskriminalität sowie Heerscharen von Diebesbanden, die aus allen Erdteilen über unser Land herfallen, überfordern unsere Polizeikräfte und unseren Rechtsstaat. Darum kann Ihnen eine Funk-Alarmanlage mit Aufschaltung auf unsere Notrufzentrale sowohl als präventive Maßnahme als auch im Ernstfall sehr wertvolle Dienste leisten.»

Seit das «Reich des Bösen» in Gestalt des Ostblocks zusammengebrochen ist, sind die von Globalisierungsprozessen geschwächten Nationalstaaten immer weniger in der Lage, eine bestimmte Zentralgefahr in der Gestalt eines äußeren Feindes zu präsentieren. Man wendet sich daher vermehrt den inneren Feinden zu, besonders in Gestalt des Kriminellen. Der Strafvollzug ist eine der wenigen Branchen mit Zuwachsraten. In Ohio gab es 1979 sieben Gefängnisse, 1997 waren es bereits 30. Der amerikanische Bundesstaat Kalifornien gibt seit 1994 mehr Geld für den Strafvollzug aus als für all seine Universitäten. In den gesamten USA sitzen mittlerweile 1,7 Millionen Menschen hinter Gittern, was ungefähr 0,7 Prozent der Gesamtbevölkerung entspricht.* Der Gefängnissektor ist zu einem florierenden Markt geworden, eine Vielzahl von *Correction Corporations* ist in diesem Geschäft tätig, einige Firmen sind bereits an die Börse gegangen.

Klaus Theweleit hat darauf hingewiesen, daß der Wegfall der Mauer enorme sozialpsychologische Konsequenzen für das wiedervereinigte Deutschland hatte. Auf allem, was vordem hinter der Mauer deponiert und ins jeweils andere System abgeschoben

---

* Vgl. *Frankfurter Rundschau* vom 17. 9. 1998 und *Der Spiegel* 11 / 1997.

werden konnte, bleiben wir nun sitzen. Wir haben niemanden mehr, den wir für unser Unglück und unsere Malaise verantwortlich machen können. Die Mauer «deckelte» mannigfache Ängste, und der jeweils andere Landesteil diente als «Groß-Container für das Gift und den Wahnsinn ganzer Volksgebilde; die Westdeutschen deponierten ungeheure Mengen ihres Gifts unter der Mauer; dank des Vorhangs, des Eisernen, hielt ihr Wahnsinnspegel seinen relativ erträglichen Tiefstand.» * Jetzt, nach der Schließung dieser sozialpsychologischen Schleusen und «Giftmülldeponien», ist die Position des «Bösen» vakant. «Nach dem Sieg hat man es mit sich selbst zu tun», heißt es bereits bei Tocqueville, und Heiner Müller stellte fest: «Wer keinen Feind mehr hat, trifft ihn im Spiegel.» Und das ist extrem unangenehm für einzelne wie für ganze Gesellschaften.

Nach dem Fall der Mauer wandte sich der Grenzbedarf nach innen und fand zunächst in «Kanaken» und «Asylanten» neuen Verschiebungsersatz. Erst als die gewalttätige Hatz auf Ausländer den «Standort Deutschland» zu gefährden begann, entschloß man sich staatlicherseits zu einem einigermaßen entschiedenen Vorgehen gegen fremdenfeindliche Gewalt, was nichts daran änderte, daß die Zahl rassistischer Pogrome vor allem in den neuen Bundesländern bis heute erschreckend hoch ist. Zumindest offiziell war damit die Position des «Bösen» erneut unbesetzt. Was aber nun? Wie sollte der Zusammenhalt des Gesellschaftskörpers aufrechterhalten werden? Eine schlagkräftige Linke, die zu Zeiten der sozial-liberalen Koalition als innerstaatlicher Feind gedient hatte, als man dem «Osten» gegenüber eine Entspannungspolitik betrieb, stand als Verschiebungsersatz nicht mehr zur Verfügung.

Der Feind ist plötzlich überall und nirgends, es entwickeln sich gesichts- und feindlose Bedrohungen, ein wahrer Super-

* Das Land, das Ausland heißt, München 1995, S. 24/25

markt der Ängste. Von deren Bewirtschaftung und Bekämpfung, am besten in Personalunion, leben ganze Industriezweige, der Esoterik- und Gesundheitsmarkt, der Rechtspopulismus und nicht zuletzt das kriminalpolitische Panikmanagement. Das Übermaß an Unübersichtlichkeit und offenen Schwebezuständen gebiert die Sehnsucht nach fundamentalistischen Gewißheiten, die Antworten versprechen, ohne neue Fragen aufzuwerfen.

Eine solche fixe Entlastungsidee liegt auch der Annahme zugrunde, man könne nach Anbruch der Dunkelheit das Haus nicht mehr verlassen, weil hinter der nächsten Ecke jemand lauere, um einen auszurauben oder zu vergewaltigen. Der Gesellschaftskörper scheint vom «Virus der Kriminalität» befallen wie der eigene Körper von Pilzen oder dem Erschöpfungssyndrom. Dieser Entlastungsmechanismus kommt krisengeschüttelten Gesellschaften zupaß. Klassengespaltene Herrschaftskulturen, die ihren Mitgliedern mehr Verzichte aufbürden, als geschichtlich nötig wären und die einzelnen ohne Beschädigung tragen können, kommen ohne Sündenbock nicht aus.

Je anomischer eine Gesellschaft wird, desto mehr bedarf sie eines außerhalb des «Normalen» situierten, heterogenen Objekts, das den Zusammenhalt gerade dadurch stärkt, daß es verstoßen wird. Inzwischen scheint es so, als mutiere auch hierzulande der «Kriminelle» zur Inkarnation des «Bösen», in dessen Verfolgung und Bekämpfung sich eine neue Einmütigkeit in der krisengeschüttelten Bevölkerung herstellt. Schon Emile Durkheim hatte dem «Verbrecher» eine wesentliche Rolle für die soziale Integration zugewiesen. «Das Verbrechen», schreibt er in den «Regeln der soziologischen Methode», bilde «einen Faktor der öffentlichen Gesundheit, einen integrierenden Faktor einer jeden gesunden Gesellschaft.» *

* Neuwied / Berlin 1970, S. 157.

Moderne Gesellschaften bedürfen des Rechtsbrechers. Der Verbrecher findet seine Strafe, und das schreckt die anderen ab. Er verbreitet so die Moral, sorgt dafür, daß Normen und Werte, die eine Gesellschaft zusammenhalten, von den meisten respektiert werden. Der Gesetzesbrecher macht durch seine Regelverletzung auf die Existenz der Regeln aufmerksam, die ohne diese Verletzungen gar nichts wert wären. Unwissentlich macht sich jede Mutter diesen soziologischen Mechanismus zunutze, die ihrem Kind anhand eines Passanten, der bei Rot die Straße überquert, erklärt, wie man es richtig macht. Statt den Regelverletzter zu beschimpfen und empört zur Rede zu stellen, sollte sie ihm dankbar sein, daß er sich als Abgrenzungsfolie zur Verfügung stellt.

In Gestalt des Verbrechers können die anständigen Bürger den Teil von sich selber hassen, den sie von sich weisen. Alle anderen, so verschieden sie auch sein mögen, erkennen sich doch darin als ihresgleichen, daß sie, Gott sein Dank, keine Diebe, Mörder oder Kinderschänder sind.

Jean-Paul Sartre hat diesen Mechanismus in seiner Biographie über Jean Genet eindringlich beschrieben: Die anständigen Leute führen aus ihrem Bedürfnis, über einen Sündenbock zu verfügen, die Metamorphose des Kindes in einen Dieb herbei. Das trägt ihnen den Vorteil ein, in Gestalt Genets jenen Teil von sich hassen zu können, den sie zuvor auf ihn projiziert haben. «Für die anderen besteht Genets Funktion darin, ihre verbotenen Wünsche auf sich zu nehmen und sie ihnen widerzuspiegeln; für sich selbst muß er sich diese Wünsche einverleiben, sie verinnern, aus ihnen seine Wünsche machen.» * Sartre erläutert diesen Prozeß an einem Beispiel: «Es gab früher in Böhmen eine blühende Industrie, die eingegangen zu sein scheint: man nahm Kinder, schlitzte ihnen die Lippen auf,

* Jean-Paul Sartre, Saint Genet, Komödiant und Märtyrer, Reinbek 1982, S. 62.

preßte ihnen den Schädel zusammen und setzte sie Tag und Nacht in eine Kiste, um ihr Wachstum zu verhindern. Durch diese und ähnliche Behandlungen machte man aus ihnen sehr amüsante und höchst einträgliche Mißgeburten. Um Genet zu machen, hat man ein subtileres Verfahren benutzt, aber das Ergebnis ist das gleiche: man hat ein Kind genommen und aus Gründen sozialen Nutzens eine Mißgeburt daraus gemacht. Wenn wir in dieser Sache die wahren Schuldigen finden wollen, wenden wir uns am besten den anständigen Leuten zu und fragen sie, aus welcher merkwürdigen Grausamkeit heraus sie aus einem Kind ihren Prügelknaben gemacht haben.» *

Wir müssen uns also fragen, ob nicht die Rechtsbrecher Produkte einer Gesellschaft sind, die das Institut der Strafe benötigt, weil sie auf Schuld und Angst zur Sicherung ihrer sozialen Integration und politischen Stabilität angewiesen ist. In Sozialisationsprozessen erworbene Hemmungen und verinnerlichte Dressate reichen nur dann lebensgeschichtlich aus, wenn sie durch die gesellschaftliche Umgebung eine Stützung erfahren. Das Über-Ich, das, wie wir gesehen haben, als innere Polizei fungiert und im Normalfall dafür sorgt, daß der einzelne sein Verhalten an gesellschaftlichen Normen orientiert, bedarf der Stützung durch das, was man «extrapunitives Verhalten» nennt: Das, was ich mir aus Gründen der Reputation, der Selbstachtung und der Moral verkneife, muß dort, wo es ungehemmt durchbricht und die Gestalt von Straftaten annimmt, geahndet und bestraft werden. Sonst gerät eine stillschweigende vertragliche Übereinkunft zwischen Bürger und Staat in Gefahr: Der einzelne Bürger verzichtet auf die Verübung von Straftaten, die er mitunter allzu gern begehen würde, und er verzichtet auf Rache, wenn er selbst Opfer einer Straftat geworden ist, erwartet dafür aber im Gegenzug eine staatliche Sicher-

* Ebd., S. 44.

heitsgarantie und stellvertretende Rache in Gestalt einer von der Justiz verhängten Strafe.

Justiz heißt entsagende individuelle Rache und ist insofern eine enorme zivilisatorische Errungenschaft. Die Ausübung von Gerechtigkeit soll in einen der Hitze von Näheverhältnissen entrückten öffentlichen Bereich verlagert werden, der – zumindest dem Anspruch nach – frei von Vorurteilen und verzerrenden Leidenschaften sein soll. Das Gericht soll das Für und Wider abwägen und Distanz gegenüber der Empörung der unmittelbar Betroffenen wahren. Strafe symbolisiert, daß sich die Gesellschaft auf die Seite des Opfers stellt, und restabilisiert gleichzeitig das durch die Straftat erschütterte Über-Ich der Bürger. «Die Strafe hat den Zweck, den zu bessern, welcher straft», schrieb Nietzsche in der «Fröhlichen Wissenschaft».

Das, was man Zivilgesellschaft nennt, basiert auf einem stillschweigenden Tauschhandel: Im Prozeß der Zivilisation tauscht der Mensch ursprüngliche Glücks-und Befriedigungsmöglichkeiten gegen Sicherheit und gedämpfte Leidenschaften ein. Wenn der Staat diese Sicherheit als Gegenleistung für erbrachte Verzichtsleistungen nicht mehr garantieren kann, gerät die Geschäftsgrundlage des alltäglichen Lebens ins Wanken.

Vor allem in Krisenzeiten droht die komplizierte zivilisatorische Balance stets aus dem Gleichgewicht zu geraten: Die Rachebedürfnisse der Menschen wachsen und verlangen, durch politische und mediale Kampagnen ermuntert und gesteuert, nach einem «härteren Durchgreifen» gegen Rechtsbrecher. Ein Szenario der Bedrohtheit durch Verbrechen wird entworfen, das mit der realen Kriminalität, wie sie in der polizeilichen Kriminalstatistik, wie auch immer problematisch, zum Ausdruck kommt, kaum etwas zu tun hat. Um die gefährdete Loyalität seiner Bürger nicht aufs Spiel zu setzen, ist ein Staat, der strukturell unfähig oder nicht willens ist, an die wirklichen Ursachen der wachsenden Verdrossenheit zu rühren, immer in Gefahr, mitzuagieren und den zunehmenden Rachebedürfnissen Rechnung zu tragen. Er rüstet die Polizei auf, militarisiert die innere Sicherheit, baut neue Gefängnisse, um den Bürgern das Gefühl zu vermitteln, es geschähe etwas, das ihren Nachtschlaf sichert.

Mit Hilfe synchronisierender Hysterien und homogenisierender Paniken wird versucht, das offene Aufbrechen sozialer Konflikte zu verhindern, sie zu kanalisieren und Massenloyalität aufrechtzuerhalten. Wie die hysterische Erkrankung dem einzelnen dazu verhilft, einen körperlichen Ausweg für seine psychischen Konflikte zu finden, so die Massenhysterie ganzen Populationen oder Teilpopulationen.

Seit der Aufdeckung der Verbrechen des belgischen Kinderschänders Marc Dutroux und einigen nachfolgenden sexuell motivierten Morden an Kindern hat dieses Panikmanagement auch in Deutschland die Form der Mobilmachung gegen «das Böse» in Gestalt des Kriminellen, besonders des «Triebtäters» angenommen. An die Stelle der außenpolitischen Paranoia des kalten Krieges sind neue integrierende und homogenisierende Strategien getreten, die den verunsicherten Massen ein Objekt bieten, auf das sie den Angstgrund und ihre akkumulierte Wut verschieben können.

Mit Recht hat der ehemalige Jugendrichter und Strafrechtsexperte Heribert Ostendorf in einem Interview mit der *Frankfurter Rundschau* darauf hingewiesen, daß die politisch und medial geschürte Angst vor Kriminalität inzwischen ein größeres Übel darstellt als die Kriminalität selbst.* Die seriöse kriminologische Forschung weist seit Jahren auf die Differenz zwischen objektiver und subjektiver Sicherheitslage hin: Während die objektiven Viktimisierungsrisiken eher rückläufig sind und die Zahlen der schweren Erwachsenenkriminalität stagnieren oder

* *Frankfurter Rundschau* vom 10. 7. 98.

gar leicht rückläufig sind, wächst die Kriminalitätsfurcht ins Unermeßliche. Bestimmte Tätertypen, die in der Realität eher selten auftreten, bevölkern – medial gesteuert – die Phantasien der Menschen und verleiten sie dazu, das Ausmaß und das Bild von Kriminalität ins Monströse zu übersteigern. Während die meisten schweren Delikte sich nach wie vor gerade dort ereignen, wo man sich vor ihnen sicher fühlt: im eigenen Haus, in der Familie, in der näheren Umgebung, verlegt das Panikmanagement den Tatort nach «draußen». Neben der realen Kriminalität entsteht so eine «virtuelle Kriminalität», die die Medien selbst geschaffen haben. Auf diese Weise werden Racheimpulse und Lynchgelüste entfesselt, denen die Justiz durch ein härteres Durchgreifen Rechnung zu tragen verspricht.

Unter Kriminologen herrscht dagegen weitgehend Einigkeit darüber, daß der zirkuläre Prozeß der Furchtvermarktung durch Medien, Politik, Polizei und private Sicherheitsindustrie geradezu als Beitrag zur Erzeugung von Kriminalitätsfurcht gewertet werden muß. So pflegt der Leidener Soziologe Nagel auf die Frage, was man denn gegen die Kriminalitätsfurcht tun könne, zu antworten: «Kaufen Sie sich eine andere Zeitung.»

Die durch die Auswirkungen der «Globalisierung» aus dem Traum immerwährender Prosperität gerissenen Bürger werden von Unsicherheit und Verlustängsten umgetrieben und sehnen sich nach komplexitätsreduzierenden, einfachen Ursache-Wirkungs-Erklärungen. Eine ebenso «simple wie offenbar probate Denkfigur dabei scheint zu sein, daß Unsicherheit aus Gefährdung resultiere, Gefährdung aus Bedrohung und Bedrohung schließlich vorzugsweise aus Kriminalität».*

Diese soziale Dunkelangst ist ein merkwürdiges Angst-Lust-Gemisch, das auf im Unterbau der Psyche fortdauernde archai-

* Ronald Hitzler, Der unberechenbare Bürger, in: Kinder der Freiheit, hrsg. von Ulrich Beck, Frankfurt am Main 1997, S. 184/85.

sche Kinderängste zurückgreift. Sie knüpft an Gefühlszustände des kleinen Kindes an, das sich auf der Basis seiner gewachsenen motorischen Fähigkeiten voller Entdeckungslust der Welt zuwendet, um dann vor der eigenen Courage zu erschrecken und ängstlich zur Mutter zurückzukehren. Bestimmte Nachrichten oder Bilder bohren längst verschüttete Schichten unseres Bewußtseins an, die sich als Verstärker an die gegenwärtigen Eindrücke anschließen oder sich über sie schieben. Das Angst-Lust-Gemisch beim kindlichen Versteckspiel, beim Zelten im Garten oder während der Pfadfinderzeit – nur eine dünne, verletzliche Außenhaut trennt einen vom Unheimlichen draußen –, alte kindliche Dunkelängste, die aufstiegen, wenn die Eltern das Kind allein zurückließen und das Haus seltsame Geräusche absonderte, Bilder vom «schwarzen Mann», der uns holt, wenn wir «böse» sind, leben in uns fort und werden von der aktuellen Kriminalitätsfurcht angezapft.

Tilmann Moser hat auf diesen sozial- und individualpsychologischen Vorgang hingewiesen und ihn durch ein Beispiel aus dem Heimatkundeunterricht seiner Kindheit illustriert: Wie die junge Donau nicht weit von ihrer Quelle versickert und ganz woanders wieder hervortritt, so können auch Affekte, Ängste und Vorurteile aus der frühen Kindheit lebensgeschichtlich versickern, vielfach überlagert werden und dennoch später in veränderten Kontexten wieder hervortreten und im Erwachsenenbewußtsein seltsame Amalgamierungen eingehen.

Wenn der «Volkskörper» reagiert wie ein Kinderkörper, muß man vor der Gefahr «da draußen» auf der Hut sein. Viele Kriminalfilme und Thriller, aber auch die angeblich der Prävention dienenden Magazine des Privatfernsehens arbeiten mit diesem Angst-Lust-Gemisch: Irgendwo «da draußen» liegt ein Monster auf der Lauer und kann jeden Moment auch vor deiner Tür, in deinem Haus auftauchen und dich, deine Frau, deine Kinder zum Opfer wählen.

Neues in Sachen
«Überwachen und Strafen»

«Was ist das, was in uns lügt,
mordet, stiehlt?»

(Georg Büchner)

Wir erleben seit einiger Zeit, daß «Sicherheit» zum neuen «Dispositiv der Macht» (Michel Foucault) avanciert. An die Stelle von «sozialer Sicherheit», die wir uns angeblich nicht mehr leisten können, treten Strategien der «inneren Sicherheit» und ordnungspolitische Konzepte, die anstatt gegen die Armut vorzugehen, die Armen und ihre das Lebens- und Sicherheitsgefühl der Bürger störenden und verunsichernden Lebensäußerungen bekämpfen. «Man muß die Ängste der Bürger ernst nehmen», ist allenthalben zu hören, und im Namen der Beschwichtigung dieser Ängste werden «Gefahrenabwehrverordnungen» erlassen, die darauf abzielen, die Innenstädte und repräsentativen Räume von Bettlern, Obdachlosen, Alkoholikern, Dealern, Drogenabhängigen und jugendlichen Migranten freizuhalten.

Vor den Folgen der Lockerung oder gar Auflösung der tradierten Formen der sozialen Integration und der durch sie gewährleisteten arbeitsgesellschaftlichen «Normalität» versucht sich der Staat dadurch zu schützen, daß er in seinen Praktiken und Diskursen Ausschließungen produziert, über die sich neue Normalitätsstandards durchsetzen sollen. Carl Schmitt ist der theoretische Ahnherr solcher «innerstaatlichen Feinderklärung»: «Diese Notwendigkeit innerstaatlicher Befriedung führt in kritischen Situationen dazu, daß der Staat als politische Ein-

heit von sich aus, solange er besteht, auch den ‹inneren Feind›
bestimmt.» *

Die «innerstaatliche Feinderklärung» kann auf propagandistische Vorbereitung und Begleitung nicht verzichten. Das Problem hierbei besteht in der Sichtbarmachung und Identifikation des Feindes, darin, kenntlich zu machen, wer ausgegrenzt und ausgebürgert werden soll. Ab und zu muß aus der anonymen Masse der Kriminellen einer hervortreten, an dem sich die Bedrohung konkretisieren läßt und dessen schemenhaftes Konterfei durch die Medien geistert. Die medial groß in Szene gesetzte sommerliche Fahndung nach Zurwehme, die «nebenbei» einen harmlosen Urlauber das Leben kostete, diente dieser «Sichtbarmachung» des ansonsten unsichtbar operierenden «Feindes». Die Festnahme Zurwehmes im August 1999 verdankte sich dann auch nicht den fast 1000 falschen Hinweisen pro Woche aus der hysterisierten Bevölkerung, die den polizeilichen Ermittlungsapparat an den Rand des Kollapses brachten, sondern dem Routinehandeln zweier brandenburgischer Streifenpolizisten. Statt sich also um Wiederherstellung der sozialen Sicherheit zu bemühen und so langfristig den Angst- und Panikpegel in der Bevölkerung abzusenken, betreibt man in einem mitunter obszönen Wechselspiel medialer Aufbereitung und ordnungspolitischer Intervention ein gerissenes Panikmanagement und erklärt bestimmte Randgruppen zum neuen Feind der städtischen und gesellschaftlichen Ordnung.

Von diesen regressiven und repressiven Tendenzen bleibt auch der Strafvollzug nicht verschont. Schon wird aus Kreisen der CDU zur Korrektur des «Strafvollzugsgesetzes», das 1977 nach parlamentarischer Zustimmung aller Parteien in Kraft trat, aufgerufen. «Resozialisierung darf nicht mehr an erster Stelle stehen», sagt der neue hessische CDU-Justizminister

* Der Begriff des Politischen, Berlin 1963, S. 46.

Wagner, dessen Regierungschef Koch bereits im Landtagswahl-kampf angekündigt hatte, Hessen werde im Falle eines Sieges der CDU den «härtesten und konsequentesten Strafvollzug Deutschlands» einführen. Die Sicherheit der Bevölkerung habe höchste Priorität, da man den Bürgern versprochen hatte, daß sie sich nach einem Wahlsieg der CDU «wieder sicher fühlen» würden.[*]

Die den Menschen suggerierte Notwendigkeit, sich zwischen einem wirksamen Schutz der Allgemeinheit und der Resoziali-sierung der Straftäter entscheiden zu müssen, beruht auf einer Milchmädchenrechnung, denn jener ist ohne diese langfristig gar nicht zu haben. Jede Strafe findet ihr Ende, und wenn man Straftäter lediglich verwahrt und wegsperrt und ihnen «Sühne und Buße» auferlegt, reichert sich ihr ohnehin hohes Aggressi-onspotential mit Ressentiments und Rachegefühlen an. Das gilt auch und gerade für Sexualstraftäter, worauf der Leiter der Fo-rensischen Psychiatrie der Universität München, Prof. Nedopil, in der *Frankfurter Rundschau* (29. 9. 1999) unlängst noch einmal hinwies. Die Tendenz, diese Tätergruppe mit immer höheren Strafen zu belegen, ihr die Aussetzung einer Reststrafe auf Be-währung zu verweigern und ihr keine Vollzugslockerungen zu gewähren, sei kontraindiziert und erhöhe die Rückfallgefahr. Wem es also um einen wirksamen Schutz der Allgemeinheit geht, dem muß daran gelegen sein, daß Straftäter nicht als hochexplosive lebendige Sprengsätze die Gefängnisse verlassen, sondern als Menschen, die während der Haft gelernt haben, mit ihren lebensgeschichtlichen Problemen anders als destruktiv umzugehen.

Eine Gesellschaft muß sich entscheiden, ob sie im Umgang mit Straftätern und anderen «Abweichlern» auf Integration oder Ausschluß setzen will. Das Strafvollzugsgesetz brachte im

[*] Vgl.: Auf die harte Tour, in: *Die Woche* vom 12. 11. 1999.

Zuge einer «nachholenden Demokratisierung» (Jürgen Habermas) den parteienübergreifenden politischen Willen zum Ausdruck, unter Wahrung der Sicherheitsinteressen der Allgemeinheit den Versuch zu unternehmen, die straffällig gewordenen Menschen für die Gesellschaft zurückzugewinnen. Der Vollzug sollte so gestaltet werden, daß das Leben der Insassen den allgemeinen Lebensverhältnissen so weit wie möglich angeglichen ist. Den negativen Folgen der Freiheitsberaubung sollte dadurch entgegengewirkt werden, daß man vom ersten Tag der Strafvollstreckung an daran arbeitet, den Gefangenen auf seine Entlassung vorzubereiten. Ein gestuftes System von Lockerungen und vor allem der offene Vollzug sollten dafür Sorge tragen, daß die Kluft zwischen dem Inhaftierten und der Welt draußen nicht allzu tief und schließlich unüberbrückbar wird.

Dieses Reformprojekt hatte seine weit zurückweisenden Wurzeln im Antitotalitarismus der Nachkriegszeit und zehrte unverkennbar vom sozialen Optimismus der siebziger Jahre und der damals vorherrschenden Reformbereitschaft, die es möglich machte, mit «Abweichungen» duldsam, aber nicht gleichgültig umzugehen und die damit verbundenen Risiken gelassen zu ertragen. Im Laufe der Jahre wuchsen dem Strafvollzugsgesetz jedoch viele Feinde zu, bis es gesellschaftlich und politisch gleichsam im Stich gelassen wurde und in der Alltagspraxis zu einem klappernden rhetorischen Gerüst verkam, hinter dem der alte Verwahrvollzug seine traurigen Urständ feierte. Die Bereitschaft, jene Risiken einzugehen, die mit der Umsetzung des Strafvollzugsgesetzes zwangsläufig verbunden sind und die eine demokratische Gesellschaft in Kauf nehmen muß, ist inzwischen drastisch gesunken und einer Tendenz zu immer längerem Wegsperren gewichen. Freilich: eingeschlossene Straftäter können vorläufig draußen keinen Schaden anrichten, aber solange Freiheitsstrafen zeitlich begrenzt sind und nicht in eine lebenslängliche Sicherungsverwahrung münden, wird man sie irgendwann entlassen müssen. Eine verantwortliche Politik hätte die gesellschaftlichen Folgewirkungen ihres Handelns in ihr Kalkül einzubeziehen und die Bevölkerung darüber aufzukären, daß bloßes Einschließen langfristig keinen Segen bringt und im Sinne einer Ökonomie, die auch die Kosten des Leidens und die Gewinne aus Erfüllung und Selbstverwirklichung berücksichtigt, sehr viel kostspieliger ist.

Die derzeitige hessische Landesregierung verhält sich wie eine «brandstiftende Feuerwehr». Zunächst wird, tatkräftig unterstützt von der Boulevardpresse und entsprechenden Magazinen des privaten Fernsehens, eine hysterische Stimmung in bezug auf das Verbrechen erzeugt, die mit der objektiven Sicherheitslage kaum etwas zu tun hat, und dann tritt man als derjenige auf, der den selbst entfachten Brand zu löschen vorgibt. Die hessische CDU hatte die Landtagswahlen im Frühjahr 1999 gewonnen, weil sie auf eine Weise, die in der Geschichte der Bundesrepublik für jene Parteien, die das Wort demokratisch in ihrem Namen führen, bislang tabu war, den ganzen trüben psychischen Untergrund von Vorurteilen und Ressentiments mobilisierte und auf die eigenen Mühlen leitete. Die Unterschriftenkampagne gegen die «doppelte Staatsbürgerschaft» nahm unverblümt xenophobe Stimmungen und Affekte in Dienst, und der Slogan: «Wir werden hart durchgreifen, damit Sie sich wieder sicher fühlen», suggerierte den Menschen, ihre diffusen Gefühle der Unsicherheit rührten aus einer stetig steigenden Zahl schwerer Verbrechen. Auf diese Weise wurde eine soziale Dunkelangst erzeugt, der man nun Rechnung tragen zu müssen glaubt.

Leo Löwenthal hat für diesen Typus der politischen Mobilisierung einmal den Begriff der «umgekehrten Psychoanalyse» geprägt: Der rechtpopulistische Politiker nähert sich seinen Wählern mit der gegenteiligen Intention, mit der der Analytiker auf seinen Analysanden zugeht. Die neurotischen Ängste, kognitiven Verunsicherungen und Regressionsneigungen von Teilen der Bevölkerung werden nicht über sich selbst aufgeklärt, sondern systematisch verstärkt, um auf ihnen ein trübes politisches Süppchen zu kochen. Unverblümt bedient man zuvor geschürte Strafbedürfnisse, die sich in jedem «anständigen Bürger» einstellen, sobald er das Gefühl hat, Straftäter, die die eigenen verdrängten Regungen ausleben, ereile nicht die verdiente Strafe. Auch eine zu milde Bestrafung des «Verbrechers» («Verwöhn- oder Hotel-Vollzug» nennt das die CDU) wird als Bedrohung der eigenen Verdrängungen und Verzichtsleistungen erlebt.

Im Verbund mit den privaten Medien, die auf der Jagd nach Einschaltquoten alle Spielregeln eines seriösen Journalismus aufzugeben bereit sind, trägt man dazu bei, daß eine Logik der Rache wiederentsteht, gegen die einstmals die gesamte juristische und auch politische Logik aufgebaut worden ist. An deren Stelle tritt eine pervertierte Form direkter Demokratie, die die Distanz zum Zeitdruck, zum Druck kollektiver, nicht unbedingt demokratisch zu nennender Leidenschaften abschafft – einem Druck, der in konsequenter Verlängerung zur Forderung nach Wiedereinführung der Todesstrafe führen kann.

Das Strafvollzugsgesetz, das dem traditionellen Vergeltungs- und Verwahrvollzug eine Absage erteilte und eindeutig die Re-sozialisierung der Straftäter als Ziel formulierte, gilt vielen Konservativen als ein lästiges Überbleibsel aus einer sozialromantischen Ära und soll Praktiken des Strafens weichen, die Ordnung durch Wegsperren und Ausgrenzen zu schaffen und die Ängste der Bürger zu dämpfen versprechen.

Eine demokratische Gesellschaft hat viel Mühe und Aufmerksamkeit darauf zu verwenden, diese Ängste zu bearbeiten, und sollte sich hüten, sie zum Ratgeber in Sachen Verbrechensbekämpfung zu machen. Sie muß viel Energie darauf verwenden, die Balance zwischen den nicht aus der Welt zu schaffenden Strafbedürfnissen der Bevölkerung und dem Recht jedes Straftäters, eine Chance auf eine Reintegration in die Gesellschaft und ein lebenswertes Leben zu erhalten, zu wahren. Unter anderem aus diesem Grund herrschte über weite Strecken der Nachkriegsgeschichte Einigkeit darüber, daß man das heikle und hochsensible Thema Strafe und Strafvollzug nicht zum Gegenstand des Parteienstreits und populistischer Profilierung machen dürfe. Ist diese Grenze einmal überschritten, bindet sich die Gestaltung der Strafe an das «gesunde Volksempfinden», dann besteht die Gefahr, daß ruhige, nüchterne Stellungnahmen gar nicht mehr gehört werden.

«Öffentlichkeit» war ursprünglich eine kritische Einspruchsinstanz gegen absolutistische Willkür. Nachdem man in diesem Jahrhundert mittels mentaler Massenmanipulation und medialer Dauerverblödung nichts unversucht gelassen hat, diese kritische Instanz auszuhöhlen und zu zerstören, ist es nachgerade zynisch, sich zur Rechtfertigung politischen Handelns auf die sogenannte öffentliche Meinung zu berufen. Was im emphatischen Sinn «öffentliches Interesse» ist, wäre oft nur im Dissens mit den empirisch antreffbaren Gestalten von öffentlicher Meinung durchzusetzen, die im Volke umgehen. Eine der Aufklärung und der Vernunft verpflichtete Politik kann sich nur insoweit unvermittelt aufs «Volk» berufen, als dieses über die *Möglichkeit* verfügt, vernünftig zu sein und zu denken. Im Interesse einer so verstandenen Öffentlichkeit läge es allemal, an den Vorstellungen eines humanen Strafvollzugs festzuhalten.

Die spärlichen Ansätze zur Behandlung der Häftlinge, die es bislang gab, drohen gegenwärtig einer unappetitlichen Mischung aus politischer Restriktion einerseits sowie Verschlankungs- und Qualitätssicherungsidealen andererseits zum Opfer zu fallen, die das Gefängnis als «Dienstleistungsunternehmen» konzeptualisieren. Im Umgang mit Straftätern dominieren sozialtechnische Verfahrensweisen, die vorgeben, der Delinquenz und der von ihr ausgehenden Gefährdung der Allgemeinheit mit pseudowissenschaftlicher Exaktheit wirksam zu Leibe zu rücken. Ein riesiger Apparat von Gutachten und standardisierten Eignungsprüfungen für Haftlockerungen wird aufgeboten, der verspricht, menschliche «Schlampereien» zu beseitigen und Risiken zu minimieren. Dabei wird so getan, als könnten die Gutachten im Zusammenhang der Frage der Lockerungseignung oder der Haftaussetzung zur Bewährung mit einer prognostischen Exaktheit aufwarten, die wissenschaftlich gar nicht möglich ist. Menschliche Triebschicksale und Biographien lassen sich schließlich nicht vermessen wie eine Bremsspur nach einem Verkehrsunfall. «Abgesehen von den Unsicherheiten schon bei der Diagnostik, hängen die Schwierigkeiten der Prognosebeurteilung damit zusammen, daß die menschliche Person kein statischer Apparat ist, den man analysierend auseinandernehmen kann, sondern ein geschichtliches Wesen, dessen Entwicklung auch sehr davon bestimmt wird, was ihm schicksalhaft begegnet ist und begegnen wird; und letzteres läßt sich nicht prognostizieren.» [*]

Diagnostische und andere Sozialtechniken, die den Delinquenten als defektes Maschinenwesen auffassen, das sich zur Reparatur im Gefängnis befindet oder, falls keine Reparaturmöglichkeiten mehr gesehen werden, auf den «Schrottplatz» lebenslanger Sicherungsverwahrung gehört, verdrängen verstehende Zugänge, die der Wirklichkeit verwickelter Triebschicksale und Lebensläufe angemessener sind. Nicht-technische Modi des Umgangs mit innerer Natur haben offenbar in einer Gesellschaft, die alles nach den Verfahren technischer Naturbeherrschung schnell und risikolos regeln zu können glaubt, kaum noch Chancen und unterliegen zum Schaden der Betrof-

[*] Eberhard Schorsch, Kurzer Prozeß, Hamburg 1991, S. 112.

fenen und der langfristigen Interessen der Allgemeinheit einer fortschreitenden Verdrängung und Diskriminierung.

Damit die Prognose, daß durch den repressiven Kurs der Gewaltpegel in den Gefängnissen steigen wird und die Gefahr von Selbstmorden, Geiselnahmen und raptusartigen Gewaltdurchbrüchen wächst, nicht nur wie eine düstere Drohung klingt, muß man sich die Schwierigkeiten der Identitätsbalance von Gefangenen vor Augen führen. Der Eintritt ins Gefängnis trennt sie von ihrem bisherigen Lebensumfeld radikal ab und verwandelt sie durch gewisse Rituale der Identitätsberaubung in Insassen, deren Existenz durch Geschlechts- und weitgehende Besitzlosigkeit, Anonymität und Bedeutungslosigkeit gekennzeichnet ist. Weil das menschliche Selbstverhältnis sozial konstituiert ist, bedeutet die Zerstörung der Sozialität zugleich die Destruktion der bisherigen Identität. In Gefängnissen zielt Herrschaft auf totale Kontrolle: Sie will jede Lebensäußerung dessen, der ihr überantwortet ist, regeln und darüber entscheiden, ob eine Lebensäußerung sein darf oder nicht. Und selbst wenn sie sein darf, wird ihr Ort, Termin, Dauer, Qualität und Quantität vorgegeben, eine Kontrolle, von der nicht einmal elementare Lebensfunktionen wie Schlaf, Nahrungsaufnahme, körperliche Bewegung und sinnliche Wahrnehmung ausgenommen sind. Diese allumfassende Kontrolle negiert die Initiative des Gefangenen, beraubt ihn seiner Zeit- und Handlungssouveränität und streicht ihn damit als Subjekt durch.

Wie soll ein Mensch unter solchen Bedingungen seinen Persönlichkeitszerfall aufhalten, wie seine Identität bewahren? Wie entgeht man der Gefahr, zu dem zu werden, was man in der Welt der Konzentrationslager «Muselmann» genannt hat – ein zerstörter Mensch, der sich seinem Schicksal stumpf ergibt? Indem sich die Gefangenen eine alternative Realität aufbauen, Nischen der Subjektivität, die sich unter- und innerhalb der Anstaltsrealität entwickeln. Man muß sich, um sich als singulärer Mensch durchzuhalten, distanzieren und distinguieren können, und die Gefangenen tun dies, indem sie ihre Zelle individuell gestalten, sich einen Kocher bauen, um sich selbst Gerichte zuzubereiten, die monotone und homogene Anstaltskleidung durch kleine Besonderheiten auflockern oder sonst irgendwelche meist harmlosen oder skurrilen Eigenheiten entwickeln. Die Identitätsarbeit ist unter Gefängnisbedingungen erfinderisch, kompliziert und manchmal verzweifelt bis zur Selbstverstümmelung.

Eine kluge Gefängnisleitung muß diese subkulturellen Identitätsbemühungen in gewissen, durch die Anstaltsordnung und die Aufrechterhaltung der Sicherheit gesetzten Grenzen respektieren und darf nicht der Obsession verfallen, sie restlos kontrollieren oder gar «ausmerzen» zu wollen. Der Umgang mit der Subkultur ist daher ein schwieriger Balanceakt. Gibt man ihr zuviel Raum zur Entfaltung, entwickeln sich Formen von mafiös organisierter Schattenwirtschaft und gegenkulturelle Identitäten, die den Behandlungsauftrag gefährden und vor allem junge und schwache Gefangene in ihr Magnetfeld geraten lassen, das den eigenen Kompaß durcheinanderbringt und auf sich fixiert. Überspannt man umgekehrt den Bogen in Richtung Kontrolle und Null-Toleranz-Strategien, läuft man Gefahr, die subjektiven Nischen und kleinen Inseln des Eigensinns zu zerstören, die für die Aufrechterhaltung der Identität unverzichtbar sind. Denn im Innern jedes Menschen gibt es einen sehr verletzlichen seelischen Kern, der unangetastet bleiben muß, weil seine Verletzung eine pathologische Entwicklung in Gang setzt, die im Gefängnis schnell bedrohliche Formen der Fremd- und Selbstgefährdung annehmen kann. Man kann nicht Hunderte von erwachsenen Männern, die gegen ihren Willen und unter Bedingungen qualvoller Enge festgehalten werden, seiner Kontrolle unterstellen, wenn man sie blank negiert, sondern ist auf ihre wie immer partielle Einwilligung und Mitarbeit angewiesen.

Gerade in totalen Institutionen, die ihre «Insassen» nahezu vollständig zum Mittel für fremde Zwecke herabsetzen, kommt es darauf an, jene Reservate, in denen die Reste menschlicher Würde oft skurril und verquer verkapselt sind, verständnisvoll und behutsam zu behandeln, was nicht mit Gleichgültigkeit und blankem Gewährenlassen verwechselt werden darf.

Die gegenwärtig um sich greifenden Verhärtungen und Verschärfungen sind also nicht nur deswegen bedrohlich, weil sie die ohnehin raren legalen Wege nach draußen erschweren oder gar beseitigen, sondern auch, weil sie jene Kultur des Kompromisses und der zivilen Konfliktmoderation zerstören, auf denen der Anstaltsfrieden im Sinne des Strafvollzugsgesetzes aufruht. Gerade die Berufsgruppen in den Gefängnissen, die sich bisher um einen verstehenden Zugang zu den Gefangenen bemühten und in oft mühevoller Kleinarbeit dafür sorgten, daß ein Kompromiß zwischen der subjektiven Logik des Gefangenen, der Vollstreckungslogik der Institution und den Sicherheitsinteressen der Allgemeinheit zustande kam – Sozialarbeiter und Psychologen –, verwandeln sich im Zuge der gegenwärtigen Entwicklungen aus Dialogpartnern in die Negation der Gefangenen. Das bürokratische Handeln, das immer schon einen großen Teil der Anstaltsrealität ausmachte, befreit von den Unwägbarkeiten der direkten Beziehung und von den Skrupeln, die aus der Nähe erwachsen können. Dem war bislang als Korrektiv ein verstehender Zugang beigemischt, der die abstrakte Rigorosität bürokratischer Verfahrenslogik durch eine Prise Sensibilität für besondere Umstände und durch Einfühlungsvermögen milderte. Schon Gustav Radbruch wußte, daß auf «ein Lot Jurisprudenz ein Zentner Lebens- und Menschenkenntnis» kommen müsse.

Anstaltspfarrer, Psychologen und Sozialarbeiter bemühten sich darum, hinter der Straftat und den aktenkundigen Auffälligkeiten einen Zugang zu den verschütteten psychischen Prozessen zu finden, die das Leben der Straftäter in lauter Unglücksserien zerlegen. Wenn die institutionelle Realität dieser Berufsgruppen zum bloßen Nein wird und sie zu Boten werden, die die Endstrafennachricht zu überbringen haben, wird die komplizierte Balance zwischen bürokratischer, juristischer Distanz und verstehender Nähe und Einfühlung zerstört, die bislang den Anstaltsfrieden leidlich sicherte, indem versucht wurde, noch für den kompliziertesten Gefangenen, der störrisch auf seiner subjektiven Logik beharrt, einen für beide Seiten tragbaren Kompromiß zu finden. Je mehr Gefangene aus Verständigungsprozessen und Beziehungen zum Personal herausfallen, desto größer wird das Potential einer anonymen Bedrohung. Hinter jeder Zellentür lauern unbekannte Gefahren. Angst, Unsicherheit und Verfeindung bestimmen das Anstaltsklima und rufen als Abwehrmaßnahme ein erneutes Drehen an der Sicherheits- und Überwachungsschraube hervor. Die Zerstörung der Dolmetscher- und Vermittlungsfunktion der verstehenden Berufsgruppen und eine rigorose Null-Toleranz-Politik, die darauf hinausläuft, daß bereits kleine Regelverstöße die Hoffnung auf Hafturlaub zunichte machen und die Entlassung in Richtung Endstrafentermin hinausschieben, werden dafür sorgen, daß der je schon prekäre Anstaltsfrieden auf der Spitze von Bajonetten balanciert wird und die Gefängnisse irgendwann un- oder nur noch mit blanker Gewalt regierbar sein werden.*

---

* Ehrlichkeits- und vollständigkeitshalber muß an dieser Stelle angemerkt werden, daß der konservative Kehraus, den wir in hessischen Haftanstalten gegenwärtig erleben, auch den Umstand quittiert, daß es der Vorgängerregierung nicht gelungen ist, den in vielerlei Krisen steckenden Strafvollzug sinnvoll zu gestalten. Von Anfang an wurde der grüne Justizminister mit dem Rücken an die Wand gedrängt und starrte in der Folgezeit seinerseits wie das Kaninchen auf die Schlange auf seinen heutigen Nachfolger, der keine Gelegenheit verstreichen ließ, nach irgendwelchen Vor-

Hat eine Gesellschaft die Kriminalität erst einmal als Verschiebungsersatz etabliert und der frustrierten und verunsicherten Bevölkerung als Blitzableiter zurechtgerückt, hat Aufklärung kaum noch eine Chance. Es existiert in dieser Kultur von Anfang an eine tief eingewurzelte Tendenz, «Normalität» in Abgrenzung gegen das «Unnormale» zu definieren, ein Mechanismus, der vor allem in Krisenzeiten in offene Feindseligkeit und Verfolgung umschlagen kann. Gegen solche Ra-

kommnissen in hessischen Gefängnissen den Rücktritt des Ministers zu fordern. Unter diesen Bedingungen mangelte es von Plottnitz an gestalterischer Phantasie und Kraft. Als sich nach den belgischen Ereignissen um den Kindesmißbraucher und -mörder Dutroux und einigen sexuell motivierten Kindstötungen durch ehemalige Häftlinge in Deutschland eine gereizte bis hysterische Stimmungslage breitmachte, ließ sich von Plottnitz affizieren, und es ergingen in schneller Folge und häufig aus der Hüfte geschossen Erlasse, die einen neuen und verschärften Umgang mit der Gruppe der Sexual- und Gewaltstraftäter zum Inhalt hatte. In den Anstalten führte die Umsetzung dieser Erlasse zu einer merkwürdigen anomischen Situation: Es bildete sich neben der traditionellen juristischen Hierarchie eine zweite psychiatrisch-therapeutische aus, deren Status und Einfluß ungeklärt blieb. Die Grenzen zwischen Haftanstalten und forensischen Kliniken verschwammen, die Vielzahl neuer Vorschriften und Maßnahmen wurde nie richtig aufeinander abgestimmt und in eine befriedigende Form gebracht. Die partielle Psychiatrisierung und Therapeutisierung der Gefängnisse trug den klassischen Konflikt zwischen forensischer Psychiatrie und Strafjustiz in die Anstalten hinein. Eine ganze Tätergruppe wurde im nachhinein für psychisch gestört und behandlungsbedürftig erklärt, obwohl sie vom Gericht für schuldfähig erachtet wurde. Der bis dahin herrschende therapeutische Abstentionismus schlug in therapeutischen Aktionismus um, der den Größenwahn nährt, alle kriminell oder pervers mäandernden Triebschicksale ließen sich nachträglich begradigen. Therapie wird zum Teil der Strafe und zum Nadelöhr, durch das der Gefangene hindurch muß, wenn er in den Genuß von Vollzugslockerungen gelangen will oder seine vorzeitige Entlassung anstrebt. Die partielle The-

cheimpulse und Ressentiments hat eine demokratische Gesellschaft starke Vorkehrungen zu treffen und dafür Sorge zu tragen, daß sie gezügelt und in vernünftige Bahnen gelenkt werden. Die Mauern, die unsere Strafanstalten umgeben, schützen nicht nur die Gesellschaft vor den Straftätern, sondern auch das Projekt «Justiz als entsagende Rache» vor den Vergeltungsgelüsten einer rachedurstigen Masse. Hat man das «Reich der niederen Dämonen» (Ernst Niekisch) in puncto Strafverfolgung und Strafvollzug erst einmal mobilisiert und damit aggressive und dumme Stammtischaffekte wachgerufen, die bislang ein demokratisch-ziviler Konsens in Schach hielt, wird man Mühe haben, die Ungeister wieder loszuwerden.

«Wenn jeder Mensch der ganze Mensch ist, muß dieser Abweichler entweder ein Kieselstein oder *ich* sein», hat Sartre den Grundkonsens einer humanen Haltung gegenüber Straftätern formuliert. Und wenn man versucht, die beunruhigende Frage Büchners: «Was ist das, was in uns lügt, mordet, stiehlt?» dadurch aus der Welt zu schaffen, indem man das «Böse» im An-

rapeutisierung und Psychiatrisierung der Gefängnisse verlangt von ihnen die Quadratur des Kreises: Gefängnisse sind traditionell Orte, wo Straftäter, die vom verurteilenden Gericht für fähig gehalten wurden, zwischen gut und böse, richtig und falsch wählen zu können, «sitzen» müssen, bis ihre Strafzeit eine Entlassung zuläßt. Handelt hingegen ein Mensch im Banne einer psychischen Störung mit Krankheitswert, also eines Determinismus, der sich dem Zugriff seines Bewußtseins entzieht und seine Willensfreiheit einschränkt oder aufhebt, gehört er in eine Klinik, aus der er entlassen wird, wenn er als geheilt betrachtet wird, und nicht dann, wenn seine Strafzeit zu Ende ist. Die Zeitstruktur therapeutischer Prozesse ist eine andere als die lineare Zeit der Strafzeit und verlangt nach einer anderen Synchronisierung von Therapieverlauf und Entlassungszeitpunkt, die Gefängnisse und ihr starres juristisches Regelwerk strukturell überfordern. Statt das inzwischen zur Ruine verkommene und gesellschaftlich im Stich gelassene Strafvollzugsgesetz zeitangemessen zu neuem Leben zu erwecken, begann die Plottnitz-Administration, fehlenden Sinn durch Sozialtechnik und Versatz-

deren deponiert und somit von sich weist, wird einer Entwicklung Vorschub geleistet, die noch viel rabiatere Verfahrensweisen im Umgang mit «menschlichem Müll» und «fragwürdigen Existenzen» parat hält. Man muß die Art und Weise, wie in einer Gesellschaft über Abweichung und Delinquenz gedacht und gesprochen wird und welche Metaphern die Medien in Umlauf setzen, aufmerksam verfolgen und zeitig Alarm schlagen, wenn Tendenzen zur Ausgrenzung und Dehumanisierung um sich greifen.

Die Hervorbringungen der Medien sind Lloyd deMause zufolge die «kollektive Traumarbeit der Nationen», und seit Freud wissen wir, daß Träume Wunscherfüllungen sind. Der kollektive Traum der (Un-)Vernunft droht neue Ungeheuer zu produzieren. Wenn es richtig ist, daß sich eine Gesellschaft in der Einstellung zu ihren Randzonen und Minderheiten als ganze enthüllt, und gegenwärtig die Tendenz zu ihrer Ausschließung dominant zu werden scheint, verhieße das für unser aller Zukunft nichts Gutes.

stücke aus der Betriebswirtschaft zu substituieren. Eine Institution, aus der der sie tragende Geist gewichen ist und die infolgedessen in einer Krise steckt, verstärkt den bürokratischen Apparat, statt selbstreflexiv den Ursachen der Krise auf den Grund zu gehen. Ein «Leitbild des Vollzuges» sollte als Äquivalent zur corporate identity der Industrie an die Stelle einer regulativen Idee treten, die das Handeln der am Vollzug Beteiligten steuert. Es ist politisch verhängnisvoll, wenn man an Reform-Ruinen nur noch sozialtechnisch herumwerkelt, statt sie gründlich zu renovieren. Vieles im Strafvollzug war also unfixiert wie Quecksilber, amorph und anomisch, und wir erleben gegenwärtig die konservative Wiederherstellung von Eindeutigkeit. Die Hegemonie der juristischen Hierarchie in den Anstalten wird wieder aufgerichtet, die spärlichen Ansätze von Resozialisierung werden zugunsten eines Vergeltungs- und Sühne-Konzepts verabschiedet, Therapie wird, wo vom Gesetz her zwingend vorgeschrieben, privatisiert und als externe Dienstleistung eingekauft, die Endstrafe avanciert von der ultima ratio zum Normalfall.

Der Amoklauf des Geldes

Apartheid oder Solidarität?

> «*Wenn die Menschheit eine erkenn-
> bare Zukunft haben soll, dann kann
> sie nicht darin bestehen, daß wir
> die Vergangenheit oder Gegenwart
> lediglich fortschreiben. Wenn wir
> versuchen, das dritte Jahrtausend auf
> dieser Grundlage aufzubauen, werden
> wir scheitern. Und der Preis für
> dieses Scheitern, die Alternative zu
> einer umgewandelten Gesellschaft,
> ist Finsternis.*»
>
> (Eric Hobsbawm)

Die Menschen in den sich globalisierenden Gesellschaften werden, wie wir gesehen haben, von Gefühlen der Unsicherheit und
Desorientierung heimgesucht. Es gehörte, wie man rückblik-
kend feststellt, zu den Leistungen des modernen Nationalstaats,
für seine Bewohner eine Art von Häuslichkeit herzustellen, die
sie als Übereinstimmung von Selbst und Ort erlebten, vor allem,
wenn die Zentrifugalkräfte des Marktes sozialstaatlich gebannt
waren. Durch die Deregulierung von Wirtschaft, Staat und Gesellschaft beginnt es nun im nationalstaatlichen Wohnzimmer
kräftig zu ziehen, und immer mehr Menschen «fühlen sich auch
zu Hause nicht mehr bei sich selbst und bei sich selbst nicht
mehr zu Hause».*

* P. Sloterdijk, Der gesprengte Behälter, in: *Spiegel Spezial* 6/1999, S. 26.

Der Trugschluß jener, die in der fortschreitenden Erosion ethnisch-nationaler «Container-Funktionen» die Chance für Entwürfe neuer lebbarer «Immunverhältnisse» sehen und davon schwärmen, daß die Subjekte in einer «ergebnisoffenen Sinn- und Kohärenzsuche» ihr «eigenes Beziehungsfeld selbst managen» und «eindrucksvolle Kunstwerke individualisierter Selbstkonstruktionen» hervorbringen können*, beruht darauf, daß solche Chancen sich nur denjenigen eröffnen, die von Mobilität und Flexibilität profitieren und für die das System des flexiblen Kapitalismus materielle und narzißtische Gratifikationen bereithält. Ich muß es wohl auf mich nehmen, von Heiner Keupp und anderen, die den zeitgenössischen «Beck-Messereien» anheimgefallen sind, als «Verfallstheoretiker» bezeichnet zu werden, dessen «katastrophisch inszenierte Desintegrationsklage» einem typischen Jahrhundertausgangslamento und eigenen apokalyptischen Sehnsüchten geschuldet ist.

Mir scheint die ganze Individualisierungs-Euphorie auf einer systematischen Verwechslung von Freiheit und zeitgemäßer Verflüssigung von Subjektstrukturen zu beruhen. Was wie Verlebendigung und eine Erweiterung von Handlungsspielräumen aussieht, ist in Wahrheit die der Struktur des flexiblen Kapitalismus entsprechende Enthemmung und Dynamisierung dysfunktional gewordener charakterlicher Prägungen. Den Übergang statischer Rollen und Identifikationen in Mobilität und Flexibilität mögen einige Zeitgenossen als Zugewinn an Wahlfreiheit erleben, weil dadurch die traditionelle Erstarrung des Lebensprozesses zur Charakterneurose aufgebrochen wird. Das ändert aber nichts daran, daß die Subjekte lediglich auf die Höhe der Zeit gebracht werden. Anpassung erscheint wie Spontaneität und Autonomie, und die gewachsenen Wahlmöglich-

---

* Heiner Keupp, Identität und Gemeinschaft im Wandel, in: *Frankfurter Rundschau* vom 25. 5. 1999.

keiten zwischen verschiedenen Formen des Zwangs erscheinen wie Freiheit. Nach meinem Verständnis ist es jedoch gerade die Aufgabe kritischer Gesellschaftstheorie, solchen Schein zu durchbrechen und den Übergang von einer historischen Stufe kapitalistischer Vergesellschaftung zur nächsthöheren zu benennen und ihn nicht als Eintritt in die «zweite Moderne» unkritisch abzufeiern.*

Ich halte es für fahrlässig, das Milieu einer kleinen privilegierten Schicht, die sich kokaingestützte postmoderne «Bastelbiographien» zimmert, einem Fitneß-Center-Narzißmus frönt und den Zugewinn an standardisiertem und verordnetem Spaß mit Freiheit verwechselt, für das Ganze zu nehmen und die regressiven Brutalisierungspotentiale zu unterschätzen, die die

---

* Max Horkheimer hat diesen konformistischen Zug schon in der Theoriebildung der frühen Sozialdemokratie wahrgenommen, die eine Idee der Vergesellschaftung gefördert habe, «die von der Verstaatlichung, Nationalisierung, Sozialisierung im Staatskapitalismus kaum verschieden war». (Autoritärer Staat, in: Gesellschaft im Übergang, Frankfurt am Main 1972, S. 14 f) Die Sozialisten vertraten gegen das Bürgertum seine eigene fortgeschrittenere Phase, die sie mit wirklicher Befreiung verwechselten. «Daß etwas auf der Welt Macht gewinnt, ist kein Grund es zu verehren», sagte Horkheimer, der bis in seine alten Tage daran festhielt, daß es Aufgabe einer kritischen Theorie der Gesellschaft sei, den Traum von einer Gesellschaft wachzuhalten, in der das Tauschprinzip nicht mehr gilt, und dem Sprache zu verleihen, «was stumm ist und leidet». Noch einmal den moralischen Impetus Kritischer Theorie hervorstreichend schrieb er 1969: «Wer nicht spürt, daß einer leidet und der andere davon profitiert, ist kein Mensch. Die Beschränkung auf das bloß Seiende, ohne daß eine andere Dimension geahnt wird, ist unmenschlich.» (Gesammelte Schriften Bd. 14, Frankfurt am Main 1988, S. 544) Wer heute noch moralisch argumentiert und sich gegen den Zeitgeist stemmt, wird von unseren zeitgenössischen Modernisierungstheoretikern, die elegant auf seinen Wellenkämmen surfen, behandelt wie jemand, der zur Sitzung der Ethik-Kommission mit geöffnetem Hosenstall erscheint.

gegenwärtigen gesellschaftlich-sozialen Umbrüche aus sich heraus setzen. Die Masse der von den Erosionskrisen erfaßten Menschen erlebt die Modernisierungsprozesse als Zugleich von Wirklichkeitsverlust, Erfahrungs- und Identitätsberaubung und reagiert gereizt auf die Unzahl neuer Verhaltenszumutungen. Die Wahlerfolge rechtsradikaler und rechtspopulistischer Parteien in ganz Europa, das weltweite Grassieren fundamentalistischer Restaurationen religiöser wie säkularer Art zeugen davon, daß die gegenwärtige Lage voller regressiver Gefahren steckt. In dem Maße, wie das Kapital alle Grenzen niederreißt und überspringt, wächst der Grenzbedarf der «kleinen Leute» und wendet sich nach innen, wo er xenophobe und rassistische Ressentiments schürt.

Wer die Gefahren der Gegenwart thematisiert, muß indes keineswegs die Vergangenheit verklären und ihre verheerenden Aspekte unterschlagen. «Modernisierung» heißt: unaufhörliche Transformation «gemeinschaftlicher» in «gesellschaftliche» Lebensformen. Die soziale Evolution verläuft vom Konkreten zum Abstrakten, führt aus vermeintlichen Heimaten in die gefürchtete Fremde, treibt aus glücklich erworbener Bodenständigkeit in ein neues Nomadentum. Die ständische Ordnung war ein stabiler, fraglos gegebener Lebenskontext, der die gesamte Existenz umschloß. Die Marktvergesellschaftung zehrt im Laufe ihrer Durchsetzungsgeschichte die Reservate alternativer Logiken auf.

Der ruinöse Fortschritt, dem die Menschen sich ausgesetzt sehen, überfordert sie und läßt sie, wie Freud gezeigt hat, die Kultur hassen, die ihnen das antut. Ihre aufgestaute Wut richtet sich gegen die Fremden, bevorzugt Juden und Zigeuner, die ihnen den Grund ihres Leidens symbolisieren. Seit dem 18. Jahrhundert reagierten die aus den zerfallenden traditionalen Gemeinschaften freigesetzten Individuen auf ihre Vereinzelung mit der Erfindung von imaginären Großgemeinschaften, die man Nation nennt. Seither bildet die nationale Zugehörigkeit den Kern, um den herum personale Identität sich kristallisiert. Doch die klassenübergreifende und deswegen illusorische Gemeinschaftlichkeit derer, die einer Nation angehören, geht auf Kosten all jener, die als Nichtzugehörige definiert werden. Die Tendenz zur ethnischen Homogenisierung, zur «ethnischen Säuberung» wohnt dieser Form von Identität von Anbeginn inne, und die Grenzziehung zum Anderen wird um so militanter, je krisenhafter und brüchiger die Situation ist. Schon für die Wiedervereinigungsmalaise mußten die Ausländer büßen, auf die verstörte ostdeutsche Jugendliche bis heute in ihren rassistischen Pogromen losgehen.

Längst aber sind die Produktivkräfte über nationale Grenzen hinausgewachsen, multinationale Konzerne und Banken dominieren den Weltmarkt, Staatenbünde und Wirtschaftsgemeinschaften schränken die Kompetenzen des Nationalstaats ein und versetzen die nationale Politik in die Lage einer Institution, «die über das Wetter herrscht» (Oskar Negt). Gleichwohl bezieht die große Mehrheit der vergesellschafteten Individuen ihre Identität – wie im 19. Jahrhundert, der Blütezeit der bürgerlichen Nationalstaaten – nach wie vor aus der Zugehörigkeit zu einer bestimmten Nation. Selbst ihre Leidenschaften, Libido und Aggression, sind noch ethnozentrisch ausgerichtet, denn von der Selbstdefinition hängt es ab, wer als «gleichartig», darum gleichberechtigt anerkannt wird und wer nicht, in wen man sich einfühlt, mit wem man mitleidet und wem Einfühlung verweigert wird. Die Grenze zum Anderen, Fremden entspricht der zwischen dem, was wir in uns selbst als Eigenes akzeptieren und als Fremdes verpönen.

Nur in dem Maße, wie der Angst- und Panikpegel sinkt und die Menschen nicht mehr genötigt sind, sich im Kampf ums Dasein durch Aggressivität und Unterdrückung zu behaupten, wird der xenophobe Furor aufhören, die Menschen zu beherrschen. Horkheimer schrieb einmal, das soziale Vorurteil fungiere als ein «Schlüssel», um «eingepreßte Bosheit loszulassen». In ihrer Identitätsnot laufen die Menschen selbsternannten Charismatikern und populistischen Rattenfängern hinterher, die sie mit ihren Wärmemetaphern ködern und ihnen versprechen, sie von der Unheimlichkeit der Gegenwart zu erlösen. Das integrierende Moment dieser neuen rechten Strömung ist meist die «Ethnizität»: Die eigene Identität soll stabilisiert werden, indem auf der Nicht-Identität der Anderen bestanden wird. Solche Formen von «Identitätspolitik» können aber keinen wirklich dauerhaften Schutz vor Fragmentierungsängsten bieten, da sich die wirtschaftlichen Realitäten nicht um solche Abgrenzungen scheren. Die internationalen Finanzmärkte, Weltbank und Währungsfonds sind vor jeder nationalstaatlichen und demokratischen Kontrolle gut geschützt. Das Geld selbst ist vollkommen unpatriotisch und hält sich nicht an Grenzen. Seine Heimat ist dort, wo die Rendite hoch und das Investitionsklima günstig ist, das heißt die Löhne und die lästigen Sozialabgaben niedrig sind.

Da, wo die Identitätssuche sich nicht verbräunt und nationalisiert, treibt sie mannigfache Formen religiöser, esoterischer, therapeutischer, gymnastischer und diätischer oder auch versicherungstechnischer Selbstsorge hervor, durch die sich die in einer oft hektischen Suchbewegung begriffenen Subjekte gegen die Wirbelstürme der Modernisierung und die soziale Kälte zu immunisieren versuchen. Die Mehrzahl dieser Behelfsheimaten und Lebensstilgemeinschaften trägt sektenhafte Züge: die je eigene Obsession oder Idiosynkrasie spreizt sich zum Allgemeinen auf, das sich gegen benachbarte Gruppierungen im Sinne eines Narzißmus der kleinsten Differenz streitbar abgrenzt. Missionarischer Eifer und Fanatismus wurzeln hier wie überall in verdrängtem und exkommuniziertem Zweifel.

Insgesamt herrscht in den fortgeschrittenen kapitalistischen

Gesellschaften die Tendenz vor, sich auf sich selbst und die private Glückssuche zurückzuziehen und sich um die Belange des Ganzen nicht weiter zu kümmern. Ein «absolut asozialer Individualismus» (Hobsbawm) greift um sich, der in den USA wohl am weitesten fortgeschritten ist, aber auch hierzulande als «Politikverdrossenheit» und Abstinenz vielen Formen gesellschaftlichen Engagements gegenüber in Erscheinung tritt. Der flexible und beschleunigungsfähige Mensch sucht seinen beruflichen Erfolg, will in seiner Freizeit «Spaß» haben und interessiert sich für Politik nur insofern, als sie ihm die Rahmenbedingungen für seine private Glückssuche und die Spaßkultur garantieren soll. Letztlich, so muß man fürchten, wird es dem außengeleiteten, anpassungsfähigen Menschen egal sein, welche Regierung an der Macht ist und wie genau diese es mit der Einhaltung demokratischer Spielregeln nimmt.

Die Anhänger des Lifestyle- und Fitneß-Center-Narzißmus empfanden bereits den Anfang der neunziger Jahre aufflammenden Rechtsradikalismus lediglich als «prolo» und unästhetisch. In ihrer postmodernen Welt des «anything goes» sind Normen Geschmackssache, und die Wahrheit ordnet sich dem Reiz und dem «Kick» unter. Von Wolfgang Weyrauch stammt der Satz: «Schönheit ohne Wahrheit ist böse.» Prägnanter kann man die heutige Spaßkultur und ihr dümmliches Motto: «Big fun in good life» kaum kritisieren. Aus einer hedonistischen Konsum- und utilitaristischen Leistungsmoral läßt sich im Ernstfall kein triftiger Einwand gegen den Mord herleiten, vor allem wenn er sich eines zeitgenössischen betriebswirtschaftlichen Kosten-Nutzen-Kalküls zu seiner Rechtfertigung bedient. Wie mir unlängst ein befreundeter Arzt anhand seines Praxisalltags demonstrierte, trägt bereits die sogenannte Gesundheitsreform Züge einer sozialen Euthanasie: «Rechnet es sich», einem 60jährigen ein künstliches Hüftgelenk einzusetzen oder ein teures Medikament zu verabreichen? Wozu sein Leben verlängern, wenn er zur Gruppe der Überzähligen gehört? Wer seinen Mantel so lange in den Wind der Moden und Trends gehängt hat wie unsere flexiblen Zeitgenossen, wird «schließlich selbst zu diesem Mantel» (Nietzsche), und es wird ihm gleichgültig, woher und wohin der Wind weht, der ihn bläht.

Die «Neue Mitte», auf die Blair und Schröder nun auch die Sozialdemokratie einschwören wollen, stellt eine äußerst unsichere und wenig prinzipienfeste Klientel dar. Deren Vertreter zur Basis einer politischen Strategie zu machen, heißt auf Leute zu setzen, die erlebnishungrig, karrieresüchtig und absolut flexibel sind und die einer politischen Partei oder gar Idee ebensowenig treu sind wie ihrem Job, ihren Partnern und Freunden oder Wohnorten.

Versuchen wir, mit Hilfe einer Kreuzung aus Lloyd deMause's Theorie der «Psychoklassen» und Ernst Blochs geschichtsphilosophischen Kategorien der «Ungleichzeitigkeit, Gleichzeitigkeit und Übergleichzeitigkeit» den Nebel zu vertreiben, der über der deutschen Gegenwartsgesellschaft liegt. «Psychoklassen» sind nicht deckungsgleich mit den Klassen in der Tradition der Marxschen Theorie, die sich entlang den Achsen Besitz oder Nichtbesitz von Produktionsmitteln, Kapital und Lohnarbeit bilden, sondern umfassen Menschen, die das gleiche Kindheitsmuster aufweisen und deren Affektsynthesen, Wahrnehmungsweisen und Denkstile deswegen eine gewisse Homogenität besitzen. Psychoklassen werden von Gruppenphantasien integriert, die ihre Träger gemeinsam haben und die von Phantasie-Führern zum Ausdruck gebracht werden.

Bringt man nun Bloch ins Spiel, könnte man sagen: Innerhalb «heißer» Gesellschaften, die von einer eingebauten dynamischen Unruhe zu einem permanenten psychosozialen Wandel angetrieben werden, existieren in der Bevölkerung stets mehrere Psychoklassen nebeneinander. Da wäre gegenwärtig die «ungleichzeitige» derer, über die Modernisierungsschübe hinweggegangen sind und die sich deswegen in der Defensive und der Position der Verstörung befindet, die «gleichzeitige», die sich psychostrukturell auf der Höhe des flexiblen Kapitalismus befindet, und die «übergleichzeitige», die nach Bloch etwas antizipiert, das erst gesellschaftlich durchgesetzt werden muß und vorerst nur in Gestalt mehr oder weniger konkreter Utopien existiert.

Wer verfügt nun im politischen Spektrum der deutschen Gegenwart über die Position des jeweiligen Phantasieführers, übt also so etwas wie die politische und kulturelle Hegemonie innerhalb der Psychoklassen aus? Die «ungleichzeitige» der sogenannten Modernisierungsverlierer wird traditionell von der CDU/CSU dominiert, wobei die Christdemokraten stets in Gefahr sind, dann, wenn sie selbst in der Regierungsverantwortung stehen, die Balance zwischen Konservatismus und Modernisierung zuungunsten des Konservativen zu verletzen. Die SPD verstand sich einst als Repräsentantin der «übergleichzeitigen» (Psycho-)Klasse, deren Zukunft zunächst jenseits des Kapitalismus zu liegen schien, die sich dann aber im Laufe der Zeit zu einer gleichzeitigen Klasse entwickelte, dem Alter ego des Kapitals, und die nun im Zuge der dritten industriellen Revolution und der Krise der Arbeitsgesellschaft in die Position einer ungleichzeitigen zu geraten droht. Weil sie soziologisch ihre Basis dahinschwinden sah, hat sie in den letzten Jahren der Kohl-Ära versucht, sich zum Phantasieführer der neuen Mittelschichten, also der gleichzeitigen Psychoklasse zu verpuppen. Ein eigenartiges Gemisch aus traditionellen, also partiell un- oder übergleichzeitigen Stammwählern und flexiblen, gleichzeitigen Menschen hat sie im September 1998 an die Macht gebracht. In ihrem Bemühen, «Modernisierung» mit sozialer Gerechtigkeit zu verknüpfen, verprellt sie jedoch beide Psychoklassen, die sie delegiert haben, ganz unterschiedliche Projekte zu realisieren.

Der Versuch, Globalisierung und Modernisierung mit sozialer Gerechtigkeit zu verknüpfen, gleicht der Quadratur des Kreises, an der schon Willy Brandt gescheitert war. Als Vorstand und Aufsichtsrat der «Standort Deutschland AG» ist die SPD eingespannt in scheinbar unausweichliche systemische Imperative, an denen sie nach dem von der Industrie und den Börsen gefeierten Rücktritt Lafontaines nicht mehr zu rühren gedenkt. Statt sich zur Verteidigerin des Sozialstaats aufzuschwingen und dem blinden Schalten und Walten des Marktes Grenzen zu setzen, werden die versprochenen Reformen auf dem Altar des Modernisierungsgötzen geopfert.

Durch die spektakulär in Szene gesetzte vorweihnachtliche Rettungsaktion des maroden und vom Management abgewirtschafteten Baukonzerns Holzmann versuchte Schröder, das erschütterte Vertrauen der traditionellen sozialen Basis der Sozialdemokratie in «ihre» Regierung zu restabilisieren. Eine Art umgekehrter «Kaiser-Delegation»: 1889 war der sozialdemokratische Bergmann Schröder in Begleitung zweier Kumpels nach Berlin zum Kaiser gereist, um diesen auf die katastrophale Lage der Bergleute und ihrer Familien hinzuweisen und um Unterstützung gegen die Grubenherren zu bitten; heute fährt der sozialdemokratische «Kaiser» von Berlin nach Frankfurt, um die Banken um Gnade für ein überschuldetes Bauunternehmen zu bitten, die dem Wunsch des Kanzlers in Gestalt einer einmaligen Ablaßzahlung, für die allerdings der Staat die Bürgschaft übernimmt, auch entsprachen. Eine teure symbolische Handlung, die die Grundregel der «freien Marktwirtschaft» gerade dadurch bestätigt, daß sie sie einmalig außer Kraft setzt. Diese Grundregel bekam der junge Walter Kempowski von seinem Vater in folgender Kurzfassung vermittelt: «Angebot und Nachfrage regele die Wirtschaft, der Schwache werde zerquetscht. Klare Sache und damit hopp!»

Der Begriff der «Reform», der sich im Wahlkampf noch

einmal mit der ursprünglichen Bedeutung von qualitativem Fortschritt auflud, schrumpft erneut zu einem Synonym für systematischen Sozialdarwinismus. Ein Jahr nach dem Regierungswechsel ist von der aufflackernden Euphorie, die für Augenblicke an den Reformoptimismus der Brandt-Ära und ihr Motto «Mehr Demokratie wagen» erinnerte, nur noch Hans Eichels Sparpaket geblieben. Es ist die puritanische Schwundstufe eines Reformversprechens, dem jede regulative Idee abhanden gekommen ist und das nun wahrlich keinen hinter dem Ofen hervorlockt. Je weniger dem Zugriff der Politik wirklich unterliegt, desto mehr kommt auf die «Agenda», eine Kategorie des Mangels, die zum neuen «Unwort» des Jahres werden könnte.

Im Vorgriff auf ihr absehbares Verschwinden von der politischen Bühne habe ich «Die Grünen» bislang aus der Betrachtung ausgeschlossen. Sie waren als politische Endmoräne der 68er-Zeit ja die Repräsentanten der «übergleichzeitigen» Psychoklasse, und viele hatten gehofft, sie würden im Bündnis mit der SPD dafür sorgen, daß diese ihre Verzagtheit überwindet und sich zu Einschnitten in die Markt- und Kapitallogik aufrafft. Aber auch sie haben sich in deren Treuhänder verwandelt und treiben sich gegenwärtig im Zeichen eines dürren Realismus, der nur ein anderer Name für die Kapitulation vor den Sachzwängen ist, die letzten Reste utopischen Vermögens aus. Ihre Parteitage gleichen Bußveranstaltungen, in denen man sich mit dem Eifer des Konvertiten für jeden utopischen Rest geißelt, der im Bann der neuen Religion des Neoliberalismus und des pausbäckigen Realismus wie unproduktive Gefühlsduselei erscheint. Joschka Fischers männliche Magersucht des Laufens steht symbolisch für eine völlig inhaltlose Beweglichkeit, der sich die Grünen insgesamt verschrieben haben: ein Marathonläufer, der keine Botschaft mehr zu überbringen hat. Kein Wunder, daß die Grünen ihre Hegemonie innerhalb der jüngeren Alterskohorten eingebüßt haben, bei denen sich Verdrossenheit und Enttäuschung breitmachen. Gegenüber den Erscheinungsformen gegenwärtiger Politik droht Verdruß nachgerade zur einzig humanen Regung zu werden.

Längerfristig zeichnet sich ab, daß nur drei Parteien überleben werden: neben CDU/CSU und SPD die PDS. Die Prozentpunkte, die «Die Grünen» im Westen bei allen Wahlen der letzten Zeit verloren haben, sind sicher größtenteils zur PDS gegangen. Die in die Jahre gekommenen 68er-Eltern, die ihre Ansprüche bis zur Unkenntlichkeit zurückgeschraubt haben, wählen grün oder rot, die Söhne und Töchter PDS. Sartre hat schon 1960 gefragt: «Bis vor kurzem sagten die Wunderkinder ‹Scheiße› zu ihren Vätern und gingen mit Sack und Pack zur Linken; der Aufrührer, das war klassisch, wurde militant. Aber wenn die Väter selbst links stehen? Was dann?» Heute sagen gewisse Kids «Scheiße» zu ihren grünen Eltern und wählen PDS.

In den neuen Bundesländern betätigt sich die PDS als eine politische Kraft, die jene «Schwarzmarktphantasien» aufsammelt und politisch bündelt, aus deren Reservoir sich ansonsten die Rechtsradikalen bedienen würden, die auf die Aneignung dieses Rohstoffs spezialisiert sind. Wenn es der PDS gelingt, diese Energien langfristig zu binden, und sich selbst in der Entwicklung zu einer demokratisch-sozialistischen Partei zu stabilisieren, könnte sie sich große Verdienste um die Aufrechterhaltung demokratischer Prozesse in diesem Land erwerben. Die durch den in vielem mißglückten Vereinigungsprozeß freigesetzten und im psychischen Untergrund grummelnden Ressentiments können, wie die 98er-Wahlen in Sachsen-Anhalt gezeigt haben, zu einem gefährlichen Potential der Desorientierung werden, das schnell rückwärtsgewandten, die nationale Identität beschwörenden Gruppierungen in die Hände fallen kann. Jene, die die PDS wegen einiger mitgeschleppter trüber Traditionen und Kontinuitäten außerhalb des demokratischen Parteispektrums situieren und Berührungsverbote verhängen, frönen den Traditionen eines dumpfen und undifferenzierten Antikommunismus, der in diesem Land eine lange und unsägliche Tradition hat und sie blind macht für die Wahrnehmung der Funktion, die die PDS erfüllen kann: das (Zurück-)Gewinnen junger Menschen für den demokratischen Prozeß.

Wenn die PDS der Versuchung widersteht, auch auf den neoliberalen Zug aufzuspringen, hat sie gute Aussichten, sich zu einer «ordentlichen» sozialdemokratischen Partei im besten Sinne einer ehrbaren Tradition zu entwickeln, die das von den in den neoliberalen Block integrierten rot-grünen Parteien aufgelassene Gelände besetzt und unterschiedliche gesellschaftliche Bedürfnislagen bündelt, die sich entlang ganz verschiedener Bruchlinien der sozialen Integration herausbilden. Die Versuchung, auf den neoliberalen Zug aufzuspringen, ist allerdings groß, denn er scheint gegenwärtig der einzige zu sein, der überhaupt noch fährt, wenngleich niemand weiß wohin. Schon ist zu lesen, daß die PDS nach dem Willen der parteiinternen Reformer bis zum Jahre 2002 «koalitionsfähig» werden soll. Dazu sei eine Anpassung des Parteiprogramms «an die aktuellen Realitäten» und eine Preisgabe ihrer «sozialistischen Visionen» erforderlich. Der Markt sei ein «unverzichtbarer dezentraler Selektionsmechanismus», und es könne nicht länger um «Profitbekämpfung» gehen, sondern um «Profitkontrolle».*

Es scheint dem Neoliberalismus gelungen zu sein, sich als unausweichliche und selbstverständliche Weltvorstellung zu etablieren, die den Status einer fundamentalistischen Religion besitzt: Wer es wagt, ihren Grundannahmen zu widersprechen, begeht Gotteslästerung. Wenn auch die PDS dieser Religion beitritt, wird sie die Chance verspielen, die Interessen der Her-

---

* *Frankfurter Rundschau* vom 30. 11. 1999.

ausgefallenen und Entbehrlichen, der von der Modernisierung Überrollten ebenso zum Ausdruck bringen zu können wie die richtig verstandenen, langfristigen Interessen der jungen Generation, der allemal daran gelegen sein muß, daß das zivilisatorische Modell des Sozialstaats nicht vollends planiert und einem um sich greifenden zynischen Sozialdarwinismus geopfert wird. Wir werden uns also einstweilen damit abfinden müssen, daß die Hoffnung auf eine Gesellschaft jenseits von Geld und Markt heimatlos und im strengen Wortsinn u-topisch, also ortlos ist. Derjenige, der sich diese Hoffnung nicht ab-markten läßt, wird zum «einsam wandelnden Nashorn», dessen Lage Peter Brückner mit der eines «sleepers» im Sinne der modernen Spionagedienste verglichen hat. Er «sitzt auf dem trockenen, er muß warten, bis das Wasser wieder um seine Füße spielt, ansteigt, ihn ‹hebt›, eine Strömung ihn mitreißt». Einstweilen bleibt den «einsam wandelnden Nashörnern» nur das «aktive Warten», das Praktizieren von Dienst nach Vorschrift, der Entzug der Affekte und die Weigerung, an der Universalisierung der ökonomischen (Un-)Vernunft mitzuarbeiten.

Es reicht, einen Schritt zur Seite zu treten und der High-Tech-Betriebsamkeit zuzusehen, und schon steht wie bei jeder stehengebliebenen Uhr, jeder defekten Maschine, jedem abgestürzten Computer das Schicksal der blinden Dynamik und des Homo faber symbolisch auf dem Spiel. Herbert Achternbusch hat diese Form der Weigerung an den Mongolen bewundert: «Die Mongolen schauen der selbstlosen Betriebsamkeit der Chinesen blasiert zu. Die Chinesen bauen den Mongolen Schulen und Fabriken, die die Mongolen meiden. Die Mongolen machen den Eindruck, als wären sie mit etwas anderem beschäftigt, vielleicht mit nichts. Wenn die fleißigen Chinesen meine Achtung haben, so haben diese Mongolen mein, wie soll ich es nennen? Was soll ich ihr Eigenleben irgendwie noch bezeichnen? Sie haben mein Vertrauen. Ich bin ihnen irgendwie zu eigen. Die Mongolei ist das Land meiner inneren Emigration.»*

Die gleichzeitige Psychoklasse der dynamischen, flexiblen Dienstleiter in den städtischen Ballungsräumen, die «Neue Mitte», der vor einem Jahr nach einem «Politikwechsel» zumute war, weil die Kontinuität und Beharrung Helmut Kohls ihren Flexibilitätsidealen zuwiderlief, weil seine an einen japanischen Sumoringer erinnernde Körperfülle ihren Fitneß-Center-Narzißmus kränkte und weil Schröder mehr «persönliche Ausstrahlung und Sexappeal» besaß, kann der neuen Regierung jederzeit wieder Affekt und Stimme entziehen. Den Sozialstaat vor der völligen Demontage bewahren, Renten und Sozialleistungen langfristig sichern? Wozu, wenn man auf herkömmliche Erwerbsarbeit nicht angewiesen ist, sein Geld für sich «arbeiten» läßt und die Gesundheits- und Altersvorsorge privat finanziert? Die *winner* und Geldverdiener preifen auf alle Formen solidarischer Pakte und gesellschaftlicher Verträge, die in ihren Augen überflüssig sind wie ein Kropf. «Die neue Unordnung», schreibt Reimer Gronemeyer, «bleibt den Menschen nicht äußerlich. Erfolgreich werden künftig Menschen sein, die ohne feste Ordnung auskommen, Leute, die im Chaos aufblühen. Die Sieger von morgen sind beschleunigungsfähig, ihre höchste Tugend ist ihre Orientierungslosigkeit, sie leiden nicht unter der Fragmentierung. Deregulierung ist ihr Lusterlebnis.»**

Das «Noch-nicht-Bewußte» wohnt laut Blochs Philosophie der Hoffnung in «Zeitenwende, Jugend und schöpferischer Produktivität». Schöpferische Produktivität wird von neuen Managementstrategien als die entscheidende Produktivkraft des globalisierten Kapitals begriffen und in Beschlag genom-

---

* Das Ambacher Exil, Köln 1987, S. 227.
** Die 10 Gebote des 21. Jahrhunderts, München / Düsseldorf 1999, S. 12.

men. Bei José Ignacio Lopez, dem Propheten der Verschlankung und des Qualitätsmanagements, liest sich das so: «Um eine Beschleunigungskraft zu entwickeln, die zu potenzierten Verbesserungen führt, bedarf es eines starken Impulses, einer unbegrenzten Energie. Aber welche Energie auf diesem Planeten ist unbegrenzt? Die Antwort ist einfach: die menschliche Kreativität. Denn die Kreativität ist eine Kraft der Seele, die das Abbild ihres göttlichen Schöpfers ist. Alles, was wir auf der Basis des Neuen Paradigmas verwirklichen wollen, muß in Verbindung zum Menschen stehen, der die unerschöpfliche Potenz der Kreativität in sich trägt.» Wenig später folgt dann Klartext, und der göttliche Funke verwandelt sich unverblümt in eine Produktivkraft: «Die Kreativität ist der Rohstoff, der uns erlaubt, uns im globalen Wettbewerb, mit dem wir es heute zu tun haben, zu behaupten. Dieser ‹Motor› erzeugt den Kundenwert, indem er Wege zu besserer Qualität, zu besserem Service und besseren Preisen eröffnet. Kreativität ist das Gegenteil von Bürokratie, sie steht in krassem Widerspruch zu den bisher gültigen Werten; sie ist der Schlüssel zu Wettbewerbsvorteilen auf dem globalen Markt, weil sie Ideen in Kundenwert verwandelt. (...) Die Kreativität löst einen Prozeß aus, der nur noch in die richtigen Bahnen gelenkt werden muß.»*

Und die Jugend? Jugend ist, was junge Leute heute selten haben. Ihre Subkulturen sind mit der Erwachsenenkultur kurzgeschlossen und entbehren jeder transzendierenden, gegenkulturellen Dimension. Die jungen Leute begreifen sich entweder als die *winner* von morgen und wählen mehrheitlich die CDU, oder sie dösen im Abseits vor sich hin und schlagen ohnmächtig auf andere Menschen ein, die sie für ihre Malaise verantwortlich machen.

* Du kannst es, Düsseldorf/München 1998, S. 210 f.

In einer Zeitenwende leben wir zweifellos, aber gegen die in ihr schlummernden besseren Möglichkeiten mobilisiert das System der Ware und des Marktes all seine repressiven und integrativen Fähigkeiten. Ein Schleier aus Technik und Sachzwängen verdeckt die Anwesenheit und Wirksamkeit ökonomischer Interessen in den Formen der Bedürfnisbefriedigung, die das System den noch integrierten Menschen bietet. Die Reklame der Selbstverwirklichung fördert die Zentrifugalkräfte, die die Gesellschaft mehr und mehr zerstören und auflösen. Die Sehnsucht nach einem wirklichen Leben in lebendiger Gesellschaftlichkeit, die das rot-grüne Projekt für einen Moment auf sich gezogen hatte, verwandelt sich wieder in das, was sie vorher war, und diffundiert in alle möglichen Richtungen.

Die ehemals halbwegs homogenen Gesellschaften der fordistischen Massenintegration lösen sich in lauter Segmente auf, die Bevölkerung zerfällt in Teilvölker, die sich in ihre Reviere zurückziehen und sich gegeneinander abschotten. Der globalisierte Kapitalismus bringt seinen eigenen, von der Nation losgelösten Raum hervor, er mauert sich in Stadtstaaten und Privatstädten ein, wie man sie in den USA schon findet, und führt seine Privatkriege gegen Teile einer infolge des gesellschaftlichen Zerfalls nomadisch und kriegerisch gewordenen Bevölkerung. Die im Bereich neuer Strafverfolgungsstrategien ausgebildeten Mechanismen dringen ins Innere der Gesellschaften ein und führen zur Auflösung des ehemals von allen geteilten Raums und zur Herausbildung einer neuen Apartheid.

Ihren prägnantesten Ausdruck findet diese Tendenz zur Ghettobildung und Exterritorialisierung des als bedrohlich erlebten Anderen in den «Gated Communities» der USA, sozial homogenen Stadtvierteln, die von Kameras und privaten Sicherheitsdiensten überwacht werden und in die nur eingelassen wird, wer sichtlich «unsereiner» ist. Sie setzt sich fort in den «Shopping Malls», welche auch bei uns nach und nach die klassischen Einkaufsstraßen ersetzen, die für jeden zugänglich waren. Der Zutritt zu den Malls wird kontrolliert, und private Sicherheitsdienste achten darauf, daß die jeweilige Hausordnung Beachtung findet. Wer hier bettelt oder nur Unterschlupf und Wärme sucht, wird notfalls mit Gewalt vertrieben. Die Wohlhabenden und Globalisierungsgewinner bleiben unter sich und rüsten sich zum Kampf gegen die «gefährlichen Klassen», gegen die auch der Staat seinen Gewalt- und Überwachungsapparat in Stellung bringt, um sich gegen gewaltsame Ausbruchsversuche der Masse der Herausgefallenen und Überflüssigen zu wappnen, die in ihrer akkumulierten blinden Wut irgendwann alles kurz und klein schlagen könnten.

Statt daß eine zur Vernunft gekommene Menschheit die gigantischen materiellen und intellektuellen Kräfte, die sich im Schoße der kapitalistischen Produktionsweise entwickelt haben, zur Einrichtung einer freien Gesellschaft einsetzt, wird sie mehr und mehr zum Anhängsel des kapitalfixierten technischen Fortschritts, der sich vollständig von seinen Erzeugern losgerissen hat und diese wie bloße Anhängsel mitschleift. Eine symbolische Darstellung dieses Sachverhalts hat kürzlich ein englisches Busunternehmen geliefert, dessen Busfahrer die Wartenden an den Haltestellen nur selten mitnahmen. Als sich die verschmähten Fahrgäste eines Tages beschwerten, bekamen sie vom Unternehmen die verblüffende Erklärung, anders könne der strikte Fahrplan nicht eingehalten werden. Wie Trabanten sollen die Menschen «die Sonne des Kapitals umkreisen» (Negt), sich den Imperativen des Marktes unterordnen, der einst der Mehrung ihres Wohlstands und ihrer Glücksmöglichkeiten dienen sollte.

Was heute boomt, ist die Börse und nicht der Wohlstand der Gesellschaft. «Die Aktiengesellschaft repräsentiert eine Anti-Gesellschaft, in der das Projekt von einer humanen Gesellschaft ausgespielt hat. Ortlos und geschichtslos ist sie allein am Gewinn orientiert und durch keine soziale Bindung behindert, ein asoziales Gebilde, dem weltweit die Zukunft zu gehören scheint.»* Sie kündigt den Gesellschaftsvertrag der Solidargemeinschaft auf, reprivatisiert die bislang sozialstaatlich einigermaßen abgefederten Risiken, erklärt das Wagnis zum Motor wirtschaftlicher wie gesellschaftlicher Entwicklung und reißt die Subjekte in einen Strudel der Entstrukturierung.

Die Mittel haben die Ziele aufgezehrt, Naturbeherrschung hat ihr Telos aus den Augen verloren und ist blind geworden. Die Null nullt, der sich verwertende Wert funktioniert als quasi kybernetisches System, als blanke Tautologie. Ein Arbeitsplatz wird unter ungeheurem Aufwand an Sachkapital geschaffen, drei andere vernichtet. Das Kapital wird realiter jenes «automatische Subjekt», das es seinem Begriff nach immer schon war.

Der Amoklauf des hochproduktiven oder fiktiven Kapitals droht uns alle in einem finalen Crash mit in den Abgrund der Selbstzerstörung zu reißen. Das zum Kapital, das heißt zum Selbstzweck mutierte Geld, das weder zwischen gut und böse, noch zwischen moralisch und unmoralisch, schön und häßlich, giftig und ungiftig zu unterscheiden vermag, schleppt Gebrauchswerte und inzwischen auch Massen von Menschen, deren Arbeitskraft es nicht mehr verwerten kann, nur noch wie lästige Anhängsel hinter sich her. Im Laufe der letzten Jahrzehnte hat sich das Verhältnis von Realökonomie und spekulativer Finanzmarktbewegung umgekehrt, und Firmen wie etwa Siemens sind mittlerweile eher Banken mit einer angegliederten Elektroabteilung. «Die spekulative Kurssteigerung nimmt nicht mehr die realökonomische Entwicklung vorweg, sondern umgekehrt simuliert die Hausse fiktiver Wertschöpfung eine Realakkumulation, die es schon gar nicht mehr gibt.»**

* Horst Kurnitzky, Beten für die Börsenkurse, in: *Frankfurter Rundschau* vom 11. 7. 1998.
** Gruppe Krisis, Manifest gegen die Arbeit, Erlangen 1999, S. 33.

Erinnert die blinde und tautologische Selbstbewegung des Kapitals, die, keinerlei sinnlicher Bedürfnislogik folgend, in immer wahnwitzigere Abstraktionen schießt und alles niederreißt, was sich ihr in den Weg stellt, nicht an das, was wir als Kennzeichen des individuellen Amoklaufs kennengelernt haben? In einer beispiellosen Welle von Fusionen und «unfreundlichen Übernahmen» rüstet sich das globale Kapital zum «letzten Gefecht der Betriebswirtschaft». Wäre die drohende Implosion der von den Finanzmärkten dominierten Weltwirtschaft, in der Geld durch Kauf und Verkauf von Geld, ohne den Umweg über die Produktion zu gehen, zu mehr Geld wird, nicht als der «erweiterte Selbstmord» des Kapitals zu fassen? Sage niemand vorschnell, das sei eine lediglich formale Analogie. Wir haben versucht zu zeigen, daß sich die abstrakte Logik des Geldes im Innern der Menschen als rabiate Vergleichgültigung und psychische Frigidität reproduziert. Alle anderen Vermögen, die man lange für die eigentlich menschlichen hielt, verblassen und bilden sich zurück. Moral und innere Selbstzwänge werden von einer galoppierenden Atrophie befallen.

Seitdem Objektbeziehungen und ihr verinnerlichter Niederschlag den Absatz des Massenausstoßes an Waren und die Flexibilität behindern und als dysfunktional geschleift werden, werden Wut und Destruktion, die die Verwandlung von menschlicher Natur in «Kultur» nach wie vor entbindet, immer weniger in Objektbeziehungen eingebunden. Derart ungebunden, entmischt entfalten sie eine blinde Dynamik und werden zur Quelle einer grundlosen Brutalität.

Wenn die Integration der Gesellschaft, schreibt Adorno in den «Minima Moralia», «die Subjekte immer ausschließlicher als Teilmomente im Zusammenhang der materialen Produktion bestimmt, dann setzt die ‹Veränderung in der technischen Zusammensetzung des Kapitals› in den durch die technologischen Anforderungen Erfaßten und eigentlich überhaupt erst

219

Konstituierten sich fort. (…) Das, wodurch die Subjekte in sich selber als Produktionsmittel und nicht als lebende Zwecke bestimmt sind, steigt wie der Anteil der Maschinen gegenüber dem variablen Kapital. Die geläufige Rede von der ‹Mechanisierung› des Menschen ist trügend, weil sie diesen als ein Statisches denkt, das durch ‹Beeinflussung› von außen (…) gewissen Deformationen unterliege. Aber es gibt kein Substrat solcher ‹Deformationen›, kein ontisch Innerliches, auf welches gesellschaftliche Mechanismen von außen bloß einwirkten: die Deformation ist keine Krankheit an den Menschen, sondern die der Gesellschaft, die ihre Kinder so zeugt, wie der Biologismus auf die Natur es projiziert: sie ‹erblich belastet›. Nur indem der Prozeß, der mit der Verwandlung von Arbeitskraft in Ware einsetzt, die Menschen samt und sonders durchdringt und jede ihrer Regungen als eine Spielart des Tauschverhältnisses a priori zugleich kommensurabel macht und vergegenständlicht, wird es möglich, daß das Leben unter den herrschenden Produktionsverhältnissen sich reproduziert. Seine Durchorganisation verlangt den Zusammenschluß von Toten.»

Das zeitgenössische Subjekt zerlegt sich in die nach innen hin fortgesetzte Maschinerie der gesellschaftlichen Produktion und einen unaufgelösten Rest, der in den Formen der Zwangsvergesellschaftung nicht aufgeht und der in der Gegenwart entweder zum Rohstoff für Aneignungsprozesse durch Werbung, Konsum und Kulturindustrie wird und/oder eine gespenstische Eigendynamik entfaltet. Die Abkömmlinge des «Todestriebs», Aggression und Destruktivität, werden immer weniger in Verschränkungen mit libidinösen Objektbesetzungen gezwungen und so den Kräften des Eros dienstbar gemacht. Die gegenwärtig zu beobachtenden Tendenzen zur Triebentmischung lassen offenbar werden, daß Aggression ohne diese Legierung mit Libido kaum Sublimierungsfähigkeit besitzt. Schlägt das innerpsychische Führungsverhältnis um und gerät das Leben von immer mehr Menschen unter die Regie kaum gebändigter aggressiv-destruktiver Regungen, ist mit einem weiteren Anstieg von blinder Gewalt zu rechnen.

Angesichts des Irrsinns eines quasi-theologischen Glaubens an den uneingeschränkten freien Markt und der von ihm freigesetzten Gewaltpotentiale sind wir dringender denn je genötigt, nach Formen der friedlichen Nutzung des «Todestriebs» zu suchen. Das Antidot gegen ihn ist die gesellschaftliche und individuelle Utopie. «Ziele im Leben sind die beste Verteidigung gegen den Tod: nicht nur im Konzentrationslager», schrieb Primo Levi.

Vom Antidot der Utopie

Der «*Griff der Menschheit zur Notbremse*»
(Walter Benjamin)

> «*Der Kapitalismus, den wir höflich und
> aggressionsfrei nur noch Markt nennen, ist
> an der Hinfälligkeit der Kultur – sagen wir
> es zurückhaltend – nicht ganz unbeteiligt.*»
> (Wilhelm Genazino)

> «*Hoffen wir mal, daß der Sozialismus auch
> nur ein Unkraut unter anderen ist, das
> immer wieder durchkommt, ob sie wollen
> oder nicht.*
> (Peter Rühmkorf)

Wir werden ein Volk von mehr oder weniger gewalttätigen
High-Tech-Fellachen werden, wenn es uns nicht gelingt, den
blindwütigen Amoklauf der losgelassenen Ökonomie und seiner psychischen Korrelatformen zu stoppen und sie in den
Dienst der Erzeugung des Menschlichen zu stellen.

Die wild gewordene Warenproduktion muß zurückgepfiffen
und einer gesellschaftlichen Vernunft unterstellt werden. In gewisser Weise bedürfen wir einer neuen «moralischen Ökonomie» (Thompson), die der gesellschaftlichen Produktion Sinn
und Form gibt, indem sie sie vernünftigen gesellschaftlich-poli-
tischen Zielsetzungen unterordnet. Deren Maßstäbe wären zu
gewinnen aus den Kategorien einer sinnlichen Vernunft, die die
nicht zu beseitigenden Spannungen zwischen Natur und Kultur,
Sinnlichkeit und Abstraktion, Besonderem und Allgemeinem,
Distanz und Nähe, Ich-Zeit und Welt-Zeit neu und wahrhaft dialektisch ausbalanciert. In einer Art spiegelbildlicher Umkehrung
der Anfangsphase der kapitalistischen Entwicklung, als sich die

ökonomische Vernunft von den religiösen, ethischen, normativen Beschränkungen befreite, die ihr die mittelalterliche Welt auferlegt hatte, geht es heute darum, der Markt- und Kapitallogik Grenzen zu setzen und ihrer Totalisierung auf alle gesellschaftlichen Lebens- und Tätigkeitsbereiche Einhalt zu gebieten.

Ein solches Projekt der Einhegung und lebensweltlichen Einbindung der ökonomischen Vernunft hält André Gorz für die geschichtlich angemessene Fassung des Begriffs «Sozialismus». Die Überwindung des Kapitalismus und der durch ihn gesetzten Markt- und Kapitallogik wird zur dringenden Aufgabe, weil seine Systemimperative immer lebensfeindlicher und seine entfesselte Produktivität immer offener in pure Destruktion umschlägt. Es hat sich ein System etabliert, das die Arbeit massenweise abschafft. «Es zwingt alle, gegen alle um die immer weniger werdende ‹Arbeit› zu kämpfen, und stellt dadurch die schlimmsten Formen von Herrschaft, Unterwerfung und Ausbeutung wieder her. Aber nicht diese Abschaffung der ‹Arbeit› dürfen wir diesem neuen System vorwerfen, sondern daß es eben diese ‹Arbeit›, deren Normen, Würde und allgemeine Zugänglichkeit es abschafft, weiterhin als Pflicht eines jeden, als verbindliche Norm und unersetzliche Grundlage unserer Rechte und unserer Würde postuliert. Deshalb müssen wir den Mut aufbringen, den Exodus aus der ‹Arbeitsgesellschaft› zu wagen.»[*]

Um dieser Überwindung näherzukommen, müßte sich die Einsicht durchsetzen, daß die «unwiderstehliche Macht der Märkte» lediglich auf der Kapitulation der Politik vor der Macht des Geldes beruht und den Regierungen als Vorwand dient, ihrerseits den Krieg zu führen, den das Kapital den Menschen und der Gesamtgesellschaft erklärt hat.

Eine solche Neufassung des Sozialismusbegriffs kann sich

---

[*] André Gorz, Arbeit zwischen Misere und Utopie, Frankfurt am Main 1999, S. 9.

nur noch begrenzt auf Marx beziehen, der angesichts der heute zu bewältigenden Aufgaben noch zu sehr einer Idee des Fortschritts verhaftet war, mit der wir kritisch brechen müssen: 200 Jahre Fortschritt haben genügt, um den Globus sturmreif zu schießen. Ein zeitgemäßer Sozialismus fände einen seiner Ahnherren in Walter Benjamin, der in seinem Text «Über den Begriff der Geschichte» früh auf einen konformistischen Zug des Marxismus hingewiesen hat, den er in einem unkritischen Anknüpfen an die Idee eines der Geschichte innewohnenden, unaufhaltsamen Fortschritts erblickt, wie sie im berühmten Diktum von Josef Dietzgen, einem sozialdemokratischen Parteiphilosophen, zum Ausdruck kam: «Wird doch unsere Sache alle Tage klarer und das Volk alle Tage klüger.»

Der Benjaminsche Begriff des Fortschritts erschließt sich uns in seiner Interpretation eines Bildes von Paul Klee, das Angelus Novus heißt: «Ein Engel ist darauf dargestellt, der aussieht, als wäre er im Begriff, sich von etwas zu entfernen, worauf er starrt. Seine Augen sind aufgerissen, sein Mund steht offen und seine Flügel sind ausgespannt. Der Engel der Geschichte muß so aussehen. Er hat das Antlitz der Vergangenheit zugewendet. Wo eine Kette von Begebenheiten vor *uns* erscheint, da sieht *er* eine einzige Katastrophe, die unablässig Trümmer auf Trümmer häuft und sie ihm vor die Füße schleudert. Er möchte wohl verweilen, die Toten wecken und das Zerschlagene zusammenfügen. Aber ein Sturm weht vom Paradiese her, der sich in seinen Flügeln verfangen hat und so stark ist, daß der Engel sie nicht mehr schließen kann. Dieser Sturm treibt ihn unaufhaltsam in die Zukunft, der er den Rücken kehrt, während der Trümmerhaufen vor ihm zum Himmel wächst. Das, was wir Fortschritt nennen, ist *dieser* Sturm.»*

---

* Über den Begriff der Geschichte, in: Illuminationen, Frankfurt am Main 1977, S. 255

Aus der Benjaminschen Perspektive erschien Marx als Beschleunigungs- und Mobilmachungsdenker, dessen Bestreben darin bestand, einem durch die bürgerlichen Produktionsverhältnisse blockierten Fortschritt vollends zum Durchbruch zu verhelfen und dessen Prinzip der Naturbeherrschung auf die Spitze zu treiben. Folglich gelangt er zu einem anderen Begriff von Revolution: «Marx sagt, die Revolutionen sind die Lokomotive der Weltgeschichte. Aber vielleicht ist dem gänzlich anders. Vielleicht sind die Revolutionen der Griff des in diesem Zuge (des Fortschritts) reisenden Menschengeschlechts nach der Notbremse.»* Ohne ein Stoppen der rasanten Zeitbeschleunigung und der toll gewordenen Uhren des Fortschritts ist ein Aufsprengen des repressiven Kontinuums der Geschichte nicht möglich. Das ahnten wohl schon die französischen Juli-Revolutionäre und schossen am Abend des ersten Kampftages auf die Pariser Turmuhren.

Die Revolution zerbricht die alten Zeitverhältnisse, sprengt das Kontinuum der linearen Zeit auf und eröffnet so neue Erfahrungs- und Lebensräume. Nicht Atemlosigkeit, sondern das Anhalten des Atems ist das Zeichen solcher Erfahrung, zu der die bestehenden Verhältnisse uns wenig Gelegenheit einräumen. Erst das Stillstellen der Uhren und die gesellschaftliche Durchsetzung eines anderen Zeitbegriffs ermöglichten eine Wiederaneignung der entfremdeten Lebensbedingungen und eine Synchronisierung von Ich-Zeit und Welt-Zeit. Zeit würde aus etwas, das rast und sich dabei vom Rhythmus der lebenden Menschen immer mehr losreißt, zum Raum für menschliche Entwicklung, zum Tätigkeitsfeld, in dem, was sich wandelt, der Kontrolle der Menschen unterliegt: «Die Zeit ist mein Besitz, mein Acker ist die Zeit.» (Goethe)

Der Fortschritt, der im Laufe der kapitalistischen Entwick-

* Gesammelte Schriften, Frankfurt am Main 1974, Bd. I/3, S. 1232

lung mehr und mehr in den Bann der Energien des Todestriebes geraten ist, muß zukünftig von libidinösen Energien gespeist werden und Bedürfnisse nach Schönheit, Stille, Zärtlichkeit, Raum und Zeit zur Entfaltung gewähren. Lebenszeit muß nicht länger der Hälftung in Arbeitszeit und Freizeit unterliegen, Körper und Geist müssen nicht länger bloße Instrumente im Dienst unlustvoller Verrichtungen sein, die Grenzen zwischen dem Reich der Notwendigkeit und dem der Freiheit können neu bestimmt werden. Fortschritt, der sich zur Selbstaufklärung der Aufklärung verpflichtet, «löst den Alptraum der verdrehten gesellschaftlichen Verhältnisse auf und erweitert den Umkreis von Raum und Zeit, in dem die Menschen selbsttätig und in politischer Eigenverantwortung ihre Angelegenheiten im persönlichen Alltag wie in der Gesamtgesellschaft zu regeln beginnen» (Oskar Negt).

Wir benötigen keine «zweite Moderne», die die erste durch ihre dreifache Potenz von Rationalisierungs-, Beschleunigungs- und Individualisierungswahnsinn zu überbieten versucht, sondern die Eröffnung einer praktischen Handlungsperspektive, die an den emanzipatorischen Errungenschaften der Aufklärung festhält und verhindert, daß das Leiden der Menschen unter Modernisierungs-, Abstraktions- und Beschleunigungsschüben ins Gravitationsfeld rückwärtsgewandter Lösungen gerät. Es bildet sich, wie wir gesehen haben, unterhalb der Ebene des öffentlichen Ausdrucks ein Schwarzmarkt regressiver Sehnsüchte, entlastender Phantasien und diffuser Aggressionen, die dringend der intellektuellen und moralischen Kontrolle bedürfen, weil ihnen eine Tendenz zur Brutalisierung und gewaltsamen Wiederherstellung von Übersichtlichkeit innewohnt. Wenn die äußeren Uhren toll werden, immer mehr Menschen aus der lebendigen Vermittlung zum Ganzen der Gesellschaft herausfallen, die Wirklichkeit durch ein Übermaß fremder, unverständlicher Bedeutungen zu erodieren droht und wenn das, was aus der Zukunft auf die Menschen zukommt, sich ihrer Verarbeitungsroutine nicht mehr fügt, «träumen die Wünsche von der Gartenlaube» (Thomas Assheuer).

Erosionskrisen sind sozialpathologische Situationen, in denen Massen von Menschen auf primitivere Mechanismen der inneren Regulation regredieren. Ambivalenztoleranz, die Fähigkeit, Widersprüche auszuhalten, bildet sich zurück und weicht dem Wunsch nach übersichtlichen Freund-Feind-Verhältnissen. Das Leiden unterm rasenden Tempo des Fortschritts und der wachsenden gesellschaftlichen Kälte gebiert den Wunsch nach der Idylle und bergenden Formen von Gemeinschaftlichkeit, den schon einmal die «Volksgemeinschaft» zu erfüllen versprach. Der Aufbruch *in* die Zeit, der die kapitalistische Moderne immer war, und erst recht ihre Beschleunigung in der zweiten Hälfte des 20. Jahrhunderts, mündet in einen Aufstand des Raumes *gegen* die Zeit, der Rassismus, Nationalismus und eine Suche nach einfachen Identitäten freisetzt. Denn in seinem Bestreben, die Zirkulationszeit zu minimieren, während der der Wert in Waren eingeschlossen ist, gebiert das Kapital eine Tendenz, «den Raum durch die Zeit zu vernichten» (Marx).

Vor allem die Bevölkerung der ehemaligen DDR lebte bis 1989 in einer anderen Zeitzone. Die Gesellschaften des «realen Sozialismus» waren, wie Heiner Müller bemerkte, «Systeme der Verlangsamung», gewissermaßen stehende Gewässer. «Mit dem Verschwinden der räumlichen Grenzen zwischen Ost und West ist auch die Abschottung gefallen, die zwei verschiedene Zeitsphären, eine von den Kapitalverwertungsprozessen und eine von ideologischen Prämissen und territorialer Abschottung bestimmte, voneinander trennte. Die expandierende Zeit des Westens strömt mit unhörbarem Zischen durch die plötzlich geöffneten Ventile in die bisher verschlossenen Räume des Ostens wie in eine undicht gewordene Unterdruckkammer. Die

ler Russischen Oktoberrevolution unternommene und mit
heuren Opfern erkaufte Anstrengung, dort eine eigene
enzeit zu schaffen und aufrechtzuerhalten, hat sich als ver-
gebliche Mühe herausgestellt.*

Über solche abrupten Zeitsprünge kann man den Verstand
verlieren, die plötzliche Ver-Rückung von einer Zeitzone in die
andere kann einen ver-rückt machen, wie jene Verstädterten
der ersten Generation, die den Umzug vom Land in die Großstadt nicht verkrafteten und einen Großteil der psychisch
schwer Erkrankten um die letzte Jahrhundertwende ausmach-
ten. Wenn plötzlich Geld und Markt die einzigen Werte sind,
auf die es ankommt, darf man sich nicht wundern, daß vor
allem junge Menschen, denen man den Zutritt zu dieser Welt
verwehrt, überwiegend Enttäuschung, Ärger und gestaute Wut
empfinden. Diese Jugendlichen sind auf der verzweifelten Suche nach Identität in einer Gesellschaft, die ihnen bedeutet, daß
sie sie nicht benötigt. Man kolonialisiert ihre Phantasie mit Bildern eines schönen, luxuriösen Lebens und verweigert ihnen
gleichzeitig die gesellschaftlich lizenzierten Mittel, um ihre
Träume realisieren zu können.

«Arbeit» wäre ein solches Mittel, ist aber zugleich weit mehr
als das. Es ist, wenn man so will, eine Gemeinheit der arbeitsgesellschaftlichen Integration, daß, wer keine Arbeit hat, auch
keine Identität ausbilden kann. Gerade für junge Leute besteht
die Funktion der Arbeit auch darin, ihnen das Gefühl zu vermitteln, daß sie gebraucht werden, ihre narzißtischen Größenphantasien zu «erden» und Legierungen mit gesellschaftlichen Zielen eingehen zu lassen. Solange es nicht gelingt, die für
das Selbst unerläßlichen narzißtischen Gratifikationen aus anderen Qualitäten und Fähigkeiten zu gewinnen, werden Menschen, die keine Arbeit haben, das Gefühl nicht loswerden, daß

* Lothar Baier, Volk ohne Zeit, Berlin 1990, S. 25.

sie selbst überflüssig und wertlos sind. Arbeit trägt dazu bei, die oft noch «ungekonnten» Äußerungsformen jugendlicher Antriebspotentiale zu bändigen, sie der Kontrolle des Ichs zu unterstellen und seinen Absichten dienstbar zu machen. Fehlende Arbeit führt zum Verrotten des in Elternhaus und Schule Gelernten und wird da, wo die primäre und sekundäre Sozialisation ohnehin bereits unvollständig blieb, die Tendenzen zur psychischen Desintegration und Regression befördern. Arbeitslosigkeit findet Anschluß an lebensgeschichtlich frühe Demütigungen und narzißtische Kränkungen und kann auf diese Weise, wie wir gesehen haben, zum Auslöser schwerer Persönlichkeitsstörungen werden, die mit enormen Gewaltpotentialen einhergehen.

Massen von Menschen, vor allem eben die jungen Leute, entbehren der Dimension der Zukunft, die ja der Projektionsraum der Lebensbewegung ist. Hoffnung ist ihre psychische Energie. Zukunftsberaubung und Zeit-Entzug führen zur Ausbreitung von Hoffnungslosigkeit und Resignation. Der Mensch kann nicht leben, ohne zu hoffen, «Hoffnungslosigkeit ist das Unaushaltbarste, das ganz und gar den menschlichen Bedürfnissen Unerträgliche» (Ernst Bloch).

Wenn die subjektive Vergegenwärtigung von Zeit, von Zukunft, nicht mehr den Index von qualitativer, inhaltlicher Veränderbarkeit trägt, gerät das immer spannungsvolle Gleichgewicht zwischen Individuum und Gesellschaft vollends aus dem Lot. Die «freie» Zeit des Arbeitslosen erweist sich als Danaer-Geschenk, denn losgelöst von seinen gesellschaftlichen Verwirklichungsbedingungen und auf sich zurückgeworfen büßt er die Fähigkeit ein, von der Zeit sinnvollen Gebrauch zu machen. «Die Gegenwart stirbt ab, wenn sie nicht gleichsam als Stufe erlebt wird, die zum Morgen führt» (Manés Sperber). Interessen bilden sich zurück, die Erfahrung, nicht gebraucht zu werden, überflüssig zu sein, demoralisiert und erschüttert das Selbstwertgefühl, das in Alkohol und Drogen Trost und Vergessen sucht. Unter Entbehrungen und Einsatz von Energie und Lebenszeit haben sich schulische und berufliche Qualifikationen entwickelt, die dann nicht abgerufen werden. Die gesellschaftliche Entwicklung macht sie gegenstandslos: jetzt waren Anstrengung, Entbehrung, Hoffnung und Loyalitäten überflüssig.

Eine Gesellschaft, die Massen von Jugendlichen wie Fische auf dem Sand liegen läßt, darf sich nicht wundern, wenn sie sich Sündenböcke hält oder blind und ungerichtet um sich schlägt, wobei in den sogenannten neuen Bundesländern der rassistische Entlastungsmechanismus des Pogroms immer noch vorherrschend ist. Zu rassistischen Jagdmeuten zusammengeschlossen, fallen dort frustrierte junge Männer über Vietnamesen her oder hetzen Algerier durch Glasscheiben in den Tod. Das mag in einer spezifischen kulturellen und psychischen «Rückständigkeit» der ehemaligen DDR-Gesellschaft seinen Grund haben, in deren abgeriegeltem Gehege traditionelle deutsche Werte, Haltungen und Erziehungsstile ungemindert fortbestanden. In beiden deutschen Teilstaaten gab es nach 1945 zunächst keinen Bruch mit einer Normalität und Alltäglichkeit, die zu den Bedingungen der Möglichkeit des Faschismus gehörten. Erst die 68er-Revolte sprengte in der alten Bundesrepublik dieses Kontinuum auf und sorgte dafür, daß sich die Kluft zwischen Ost- und Westdeutschen vertiefte.

Während die antiautoritäre Bewegung in ihrer politischen Zielsetzung scheiterte, hinterließ sie im Alltagsleben nachhaltige Spuren, die sich allerdings mit den gewandelten Funktionsimperativen des konsumistischen Zeitalters undurchsichtig verfilzten. Gegen ihre eigene Intention bereitete die Revolte jener Verflüssigung der Subjektstrukturen den Weg, die die Menschen für die gewandelte Realitätsstruktur des flexiblen Kapitalismus öffneten. Die Karriere der Anti-Baby-Pille demonstriert diese Dialektik: Aus einem Medikament, das er erlaubte, die repressiven Zwecken dienende Verkoppelung von Lust und Fortpflanzung aufzusprengen, avancierte sie in ihrem gesellschaftlichen Siegeszug zu einem Mittel, das unbeherrschbare generative Verhalten der Population mit den Flexibilitätserfordernissen der Industrie zu synchronisieren.

Während also in der alten Bundesrepublik mancher wilhelminische Mief aus Schlafzimmern und Familien vertrieben wurde, hielt er sich in der gegen solche Einflüsse abgeschotteten DDR-Gesellschaft hartnäckig durch und sorgte dafür, daß sich die Wut vieler junger Männer nach wie vor «verbräunt» und männerbündisch-rassistisch entäußert. Wir haben ja darauf hingewiesen, daß man die «Wut» des Autoritären vom «Haß» des narzißtisch Gestörten oder des Borderliners unterscheiden muß. Jene ist das Produkt einer an Objekte, die Triebeinschränkung und Gehorsam mehr oder weniger gewaltsam erzwingen, gebundenen Enkulturation, und ist noch in ihrer Entladung an ausmachbare Objekte und Sündenböcke fixiert, während der Haß neuartigen Formen von objektbeziehungsarmer und dennoch gewaltgesättigter Erziehungsverwahrlosung entspringt und auch in seiner Entladung anonym, individualisiert und objektlos ist. Da es nur eine Frage der Zeit ist, bis in den neuen Bundesländern die Restbestände der traditionellen Ost-Kultur und die in ihren Nischen entwickelten Formen von Solidarität und gegenseitiger Hilfe geschleift und der postmodernen kulturellen Wüste gewichen sind, wird sich auch dort die zeitgemäße Form von Gleichgültigkeit und Kälte durchsetzen und die Wut in frei flottierenden Haß verwandeln.

Etwas pointiert könnte man im Anschluß an Freuds Bemerkungen zum «Sündenbock» aus «Das Unbehagen in der Kultur» sagen: Die Funktion von Juden, Zigeunern, überhaupt der «Fremden» bestand und besteht darin, die gestaute Wut, die die Zumutungen der Kultur hervorruft, auf sich zu ziehen und so die «Wirtsvölker» davor zu schützen, daß sich ihre Mitglieder untereinander umbringen. Es könnte sein, daß mit dem Fortschreiten der Vergesellschaftung dieser klassische Sündenbockmechanismus an Wirksamkeit einbüßt, da er, wie wir zu zeigen versucht haben, an eine bestimmte Form der gesellschaftlichen Zurichtung von Subjektivität gebunden ist. Je weiter die Vergesellschaftung fortschreitet und je tiefer sie sich in die Subjekte hineingräbt, desto anonymer wird der Haß, und wir alle werden zu «Kanaken»: es kann jeden treffen.

Wenn die Jugendlichen nicht auf Dauer abdriften und sich in einer Spirale aus Hoffnungslosigkeit und sinnloser Gewalt verlieren sollen, muß man den Versuch unternehmen, ihr rebellisches Um-sich-Schlagen der regulativen Idee der Emanzipation zu unterstellen und sie durch Eröffnung praktischer Handlungsperspektiven für den Kampf um eine lebenswerte Gesellschaft zu gewinnen, die ihnen und uns allen die Dimension der Zukunft zurückgibt. Der sich unter unseren Augen abspielende Erosionsprozeß der Gesellungsform Familie, die über weite Strecken der jüngeren Geschichte die Aufgabe der Domestizierung des egozentrischen Machtanspruchs wahrgenommen hat, den jedes Kind durch seine Triebdynamik mitbringt, nötigt uns mit hoher Dringlichkeit zur Erfindung und Schaffung «neuer verläßlicher Räume» (Oskar Negt), die es den Kindern ermöglichen, unter Bedingungen raum-zeitlicher Konstanz, leiblicher Anwesenheit von Erziehungspersonen und einer von ihrem Reifungsrhythmus geprägten Zeitstruktur ihre psychische Geburt und damit Menschwerdung zu vollenden.

Es gibt also eine Menge Erfahrungsrohstoff, der unserer, der Linken, Aneignung und Bearbeitung harrt. Die Wirklichkeit drängt sich durchaus zum Gedanken, aber wo ist unser Gedanke? Wo ist unsere Fähigkeit, die Leidenserfahrungen der Menschen beredt werden zu lassen? Alles ist in der Schwebe, unfixiert wie Quecksilber, die Welt-Zeit rast und löst stabile Anhalts- und Orientierungspunkte auf. Der Angst- und Panikpegel steigt, die Zukunft steckt voller Ungewißheiten, viele einzelne und schließlich die ganze Gesellschaft drohen darüber den Verstand zu verlieren.

Die Linke muß lernen, ein Sensorium und eine Sprache für das Leiden an der Modernisierung zu entwickeln, was voraussetzt, daß sie ihre bis heute fortwirkende Bindung an Konzepte kritisch überdenkt, die dem bürgerlichen Begriff des Fortschritts verhaftet bleiben. Wir benötigen einen Sozialismus der Verlangsamung, der Entbrutalisierung des Umgangs zwischen den Menschen und zwischen Mensch und Natur, der an die Stelle der wild gewordenen betriebswirtschaftlichen Ökonomie eine «Ökonomie des ganzen Hauses», eine «Ökonomie des Glücks» setzt, «die auf menschlicher Initiative und menschlichem Willen basiert, und die in ihre Berechnungen die Kosten des Leidens und die Gewinne aus Erfüllung und Selbstverwirklichung berücksichtigt, welche dem ausschließlich ökonomisch orientierten Produktivitäts- und Rentabilitätskult fremd sind» (Pierre Bourdieu). Um dabei nicht selbst in den Sog der Regression zu geraten und zu vergessen, daß, wie Sartre bemerkte, die «Natur des Menschen die Kultur» ist, ist es wesentlich, auf dem Unterschied zwischen «Solidarität» und «Gemeinschaft» zu bestehen. Diese will die Phase der Individualisierung rückgängig machen und durch Formen von Zwangsgemeinschaft ersetzen, die sich in Abgrenzung vom und unter Ausschluß des Anderen konstituieren und die Entfaltungsmöglichkeiten von Besonderheit radikal beschneiden, jene besteht darauf, daß freie, reziproke Verbundenheit die Verschiedenheit der Individuen zur Voraussetzung hat, die sich aus ihrer nomadenhaften Isolierung und Parzellierung lösen und ihre Gesellschaftlichkeit auf kollektiven Formen des Zusammenschlusses und der freiwilligen Kooperation gründen.

In diesem Sinne wäre der Sozialismus, im Gegensatz zu seinen gescheiterten geschichtlichen Verwirklichungsversuchen, keine mehr oder weniger terroristisch zusammengezwungene Gesinnungsgemeinschaft, sondern ein aus freier Übereinkunft resultierendes System von Verkehrsregeln, das die Entfaltung von Verschiedenheit und Dissens ermöglicht, sofern diese sich aus der dialektischen Balance von Besonderem und Allgemeinem nicht grob vereinseitigend herauslösen. Zur Entfaltung und Gestaltung dieser Balance brauchen wir «mittlere Gefäße, lebensfähige und identitätsstiftende Einheiten», die es erlauben, die nicht aufzuhebenden Spannungen zwischen Individuum und Gesellschaft, Besonderem und Allgemeinem, Nähe und Distanz auszutragen, und die Individuen aus jenem abstrakten Gegenüber von undurchschauten Macht- und Herrschaftsverhältnissen und individueller Lebensperspektive herauszuführen. Die «mittleren Gefäße», in denen sich das Leben in einer subjektiven Landschaft entfalten kann, die nicht zu groß und nicht zu klein sein dürfen, um Selbstkritik und Urteilskraft mit aufklärerischer Rationalität verbinden zu können, sind Kristallisationspunkte für Identität und Bindungsfähigkeit, die sich nur unter Bedingungen einer halbwegs stabilen und überschaubaren Um- und Mitwelt herausbilden und aufrechterhalten lassen.

Es ist sicher heikel, in diesem Zusammenhang von «Heimat» zu sprechen. «Heimat» schleppt Aufladungen und Konnotationen wie «Vaterland, Rasse, Blut und Boden, Brauchtum, Gemüt und Gemütlichkeit» mit sich, die uns einen unreflektierten Gebrauch dieses Begriffs verbieten. Angesichts dieser «Besetzung» hat Peter Brückner vom «Nahraum» gesprochen, dessen Wiederaneignung die räumliche Dimension der Rückeroberung der Zeit wäre. Ausgehend von der erlebten Erfahrung hätten Revolten des Nahraums konkreten, sinnlichen Zusammenhalt herzustellen und die Parzellierung, Isolation und Segregationen aufzuheben, die den machtförmigen, serialisierten Alltag prägen. «Nahraum» als Kategorie der Emanzipation heißt: Aufsprengen der ghettoartigen Wohnverhältnisse vor allem für Alte und Kinder, Wiederbelebung von Nachbarschaftsbeziehungen, die Vermenschlichung einer Architektur, die die Menschen in Wohn-Haft hält, und die Transformation der Städte, die unterm Diktat der Bodenspekulation und der beschleunigten Zirkulation des Kapitals zum bloßen Aufmarschgebiet der Waren verkommen sind. «Erweiterter Nahraum» ist ein Kampfbegriff, der darauf abzielt, inmitten der «Eiswüste der Abstraktionen» (Walter Benjamin) wieder kleine Stücke «Heimat» herzustellen, die anknüpfen an rare Glücksmomente der Kindheit, wie dies Ernst Bloch am Ende des «Prinzips Hoffnung» angedeutet hat: Hat der Mensch «sich erfaßt und das Seine ohne Entäußerung und Entfremdung in realer Demokratie begründet, so entsteht in der Welt etwas, das allen in die Kindheit scheint und worin noch niemand war»*.

Wenn Ernst Bloch noch leben würde, würde er der Linken und auch den «Grünen», auf die er durch seinen Schüler Rudi Dutschke in der Gründungszeit durchaus Einfluß hatte, empfehlen, statt auf den neoliberalen Zug mit aufzuspringen, sich um emanzipatorische Aneignungsformen solcher Leidenserfahrungen zu bemühen und den Begriff «Heimat» oder «Nahraum» der nostalgischen Rechten abspenstig zu machen, die ihn betrügerisch ausschlachtet und die frei flottierenden Energien nach rückwärts in Gang setzt.

Das Leiden der Menschen unterm ruinösen Prinzip des Fortschritts ist massenhaft vorhanden, aber es ist in den psychischen Untergrund gedrängt, wo es sich in ein chiffriertes, körpersprachliches Ausdrucksgeschehen verwandelt, mit dessen Bearbeitung Therapeuten und mit dessen Ausschlachtung esoterische Scharlatane befaßt sind. Die gegenwärtigen Gestalten des «Unbehagens in der Kultur» aus ihrer privatsprachlichen und

* Ebd., Bd. 3, Frankfurt am Main 1969, S. 1628.

idiosynkratischen Verkapselung zu lösen, beredt werden zu lassen und gegen ihre gesellschaftliche Verursachung zu kehren, wäre Aufgabe einer wiederauferstandenen, geschichtsangemessenen Linken.

Bei der Verwirklichung dieses Projekts können wir uns weder auf eine der Geschichte innewohnende Tendenz, noch auf ein kollektives Subjekt verlassen. Wir, die heute lebenden Menschen, sind es, die der Geschichte eine andere Richtung geben und ihr einen Sinn verleihen müssen, wenn wir in Zukunft als Menschen leben, arbeiten und glücklich sein und nicht ein «Volk von Fellachen» werden wollen.

Nun geht jedoch der Höchststand kapitalistischer Entwicklung mit einem Tiefststand gesellschaftsverändernder Kräfte und Phantasien einher. Wo ist unsere, der Linken, Fähigkeit zur Antizipation freierer Arbeits- und Lebensverhältnisse, ja selbst zur theoretischen Durchdringung und Kritik versteinert erscheinender Strukturen? Seit dem Zusammenbruch der realsozialistischen Staaten ist die westliche Linke in eine eigenartige Anästhesie verfallen, schämt sich ihrer selbst und hat jedweder Utopie in Büßermanier abgeschworen. Das hat Lothar Baier zu folgendem Kommentar veranlaßt: «Daß viele das Wort Sozialismus nicht mehr hören können, kann ich gut verstehen; vielleicht gibt manchen der mit gutem Grund Desillusionierten aber der Umstand zu denken, daß in der Nähe zum utopischen Bekenntnis realistischer Klarblick offenbar viel besser gedeiht als im Lager der Antiutopisten, die mit ihren merkwürdigen ‹Prothesen utopischer Gewißheiten› auch ihren analytischen Verstand über Bord geworfen zu haben scheinen. Heute hinausschreien, daß die Utopie gescheitert ist, ist etwa so klug, wie im Spätherbst, wenn die Blätter fallen, zu dem Schluß zu kommen, daß die Idee des Frühlings gescheitert ist. Nieder mit dem Frühling!»*

* Die verleugnete Utopie, Berlin 1993, S. 40.

Im Eifer vieler Konvertiten schwingt immer noch die Enttäu-schung des einstigen Liebhabers mit, der sich für die chinesi-sche Kulturrevolution begeisterte oder von der stalinistischen Sowjetunion schwärmte. In nachträglichem Gehorsam wirft man sich einer Gesellschaft an die Brust, die alternativlos er-scheint, und verbellt jeden, «der in Verdacht steht, weder ihre vergangenen noch ihre gegenwärtigen Irrtümer zu teilen, als unseriösen ‹Alarmisten› oder intellektuellen ‹Populisten›, der ‹historisch› abservierten ‹Illusionen› anhänge»*.

Ob sich die Gewalt einer anomischen jungen Generation weiter im Kreise dreht und sich gelegentlich in blinden Amok-läufen entlädt, ob Massen von Menschen sozial-regressiv nach rechts abrutschen, hängt also entscheidend von der Formu-lierung und Praktizierung von Alternativen ab. Der Haß als Inbegriff einer negativen Leidenschaft kann sich nicht verallge-meinern, eine «Haßföderation kann man sich nicht vorstellen» (Jean Baudrillard). Er muß, wenn er nicht in seiner keinerlei Regeln unterworfenen Entladung das Soziale weiter zerstören und die Subjekte zerreißen soll, einer regulativen Idee unter-stellt werden, die ihm politische Objekte und Sublimierungs-formen zurückgibt.

Theoretisch sehe ich mich zu einem radikalen Pessimismus genötigt und erlebe den Optimismus unserer zum Neoliberalis-mus konvertierten Ex-Linken als Resultat von Verdrängungen und Vergessen. Der naive Optimismus derer, die die Wieder-kehr der Sonne nach ihrer Verfinsterung im August 1999 als Symbol dafür nahmen, daß «alles gut» wird, steht mir nicht zu Gebote. Dennoch kann ich als Mensch nicht aufhören zu hof-fen, daß die gegenwärtigen Verhältnisse nicht das letzte Wort haben werden, und daß doch noch «Notausgänge» aus der neo-

* Wolfram Schütte, Nur ein intellektueller Volkstribun? in: *Frankfurter Rundschau* vom 5. 9. 1998.

liberalen Hölle existieren. Alles hängt vom Willen und Bewußt-sein der heute und in Zukunft lebenden Menschen ab und davon, ob es ihnen gelingt, ihre vage Ahnung, daß man auch anders leben könnte, in den Kampf für eine Gesellschaft zu überführen, die ihren Zusammenhalt nicht auf Markt und Geld, sondern auf solidarische Kooperation innerhalb freiwillig eingegangener Assoziationen gründet. «Alles bleibt», wie André Gorz sagt, «in der Schwebe, alles bleibt von unserer Freiheit abhängig – auch unsere Freiheit selbst.»

Im Sinne des Rühmkorf-Zitats, das diesem letzten Kapitel vorangestellt ist, kann man nur hoffen, daß der gegenwärtige Tiefstand gesellschaftsverändernder Kräfte und Utopien vor-übergehend und trügerisch ist und daß sich durch die Globali-sierung und die mit ihr verbundenen Zerstörungen und Leiden hindurch neue Formen des Widerstands herausbilden, die den Wahnsinn der entfesselten Ökonomie stoppen, bevor er uns alle mit sich in den Abgrund reißt. Die Revolution, die einem wie-derauferstandenen, geschichtsangemessenen Sozialismus zur Durchsetzung verhelfen könnte, wäre nicht mehr im Kontext des traditionellen Paradigmas als gewaltsame Inbesitznahme der Schaltzentralen der Macht zu denken, sondern als eine Alli-anz der verschiedensten Subversionen, die der etablierten Macht durch die Herausbildung neuer, nicht warenförmiger Vergesellschaftungsformen von unten das Wasser abgräbt.

«Keiner kann das Glück ausschließen», sagt Alexander Kluge in Erinnerung an Adorno, «daß es durch ein Bündnis aller Spu-ren mit allen Spuren, durch eine plötzliche Ankunft mehrerer Flaschenposten in einem glücklichen Hafen doch noch zu einer gesellschaftlichen Veränderung kommt.»

Uwe Britten (Hg.)
2020 *Kinder und Jugendliche über unsere Zukunft*
(rororo sachbuch 60685)
Die jungen Autorinnen und Autoren entführen uns in eine Zukunft der Abenteuer und der Apokalypse, der Naturidyllen und der Technik-Märchen, erzählen von Hoffnungen und Träumen, Befürchtungen und Ängsten. Ein Feuerwerk der Phantasie.

Daniela Dahn
Wir bleiben hier oder Wem gehört der Osten *Vom Kampf um Häuser und Wohnungen in den neuen Bundesländern*
(rororo aktuell 13423)

Götz Eisenberg /
Reimer Gronemeyer
Kinder der Kälte *Die neue Jugendgewalt*
(rororo aktuell 22738)

Die Gesellschaft der Behinderer
Das Buch zur Aktion Grundgesetz
Hg. von Aktion Grundgesetz
(rororo aktuell 22339)

Hans-Günter Heiden (Hg.)
«Niemand darf wegen seiner Behinderung benachteiligt werden» *Grundrecht und Alltag – eine Bestandsaufnahme*
(rororo aktuell 13937)
Im neuen Grundgesetz des vereinigten Deutschland sind die Rechte Behinderter ausdrücklich berücksichtigt. Wie aber sieht die Wirklichkeit aus – und wie könnte sie aussehen? Die Autorinnen und Autoren dieses Bandes geben Antworten.

Frauke Hunfeld
"Und plötzlich bist du arm" *Geschichten aus dem neuen Deutschland*
(rororo aktuell 22209)
Stern-Redakteurin Frauke Hunfeld läßt in eindringlichen Porträts Menschen zu Wort kommen, die mit plötzlicher Armut oder dem aufreibenden Kampf dagegen fertig werden müssen.

Wolf-Dieter Just (Hg.)
Asyl von unten *Kirchenasyl und ziviler Ungehorsam. Ein Ratgeber*
(rororo aktuell 13356)

Burkhard Schröder
Im Griff der Rechten Szene *Ostdeutsche Städte in Angst*
(rororo aktuell 22125)

Weitere Informationen in der **Rowohlt Revue**, kostenlos im Buchhandel, und im **Internet: www.rowohlt.de**